称霸中亚的西辽

从土拉河走出的黑契丹

赤军 著

中国国际广播出版社

图书在版编目（CIP）数据

称霸中亚的西辽——从土拉河走出的黑契丹 / 赤军著. —北京：中国国际广播出版社，2021.8（2023.4重印）
（消失的帝国）
ISBN 978-7-5078-4952-3

Ⅰ.①称…　Ⅱ.①赤…　Ⅲ.①契丹－民族历史－通俗读物　Ⅳ.①K289-49

中国版本图书馆CIP数据核字（2021）第164028号

称霸中亚的西辽——从土拉河走出的黑契丹

著　者	赤　军
责任编辑	张博文　张娟平
校　对	张　娜
设　计	GF Design Studio
出版发行	中国国际广播出版社有限公司［010-89508207（传真）］
社　址	北京市丰台区榴乡路88号石榴中心2号楼1701 邮编：100079
印　刷	环球东方（北京）印务有限公司
开　本	710×1000　1/16
字　数	216千字
印　张	21
版　次	2021 年 10 月 北京第一版
印　次	2023 年 4 月 第二次印刷
定　价	48.00 元

目录

楔　子

让我们的思绪溯着历史长河蜿蜒而上，把目光移向大约一千年前的撒马尔罕吧。撒马尔罕北面是泽拉夫尚河，渡过河去是一片广袤的平原，被称为卡特万草原，在公元 1141 年，也就是回历的五百三十六年，这里曾经发生过一场改变河中地区归属，甚至影响到整个中亚细亚和西亚细亚命运的大决战。

有一个地名叫作“河中”。

顾名思义，所谓河中就是由几条河流包夹起来的地方，中国有个河中，也就是今天的运城市，正好位于山西省的最西南端，西、南两面都是黄河，北面有汾河流过，因此元朝初年定名为河中府。

从中国的河中府向西北方向划一条直线，将近四千公里以外的中亚细亚地区，也有一个河中。这个河中，西北面是咸海，注入咸海的两条大河——锡尔河和阿姆河——一北一南包夹出了这个河中地区。凑巧的是，河中的中心城市撒马尔罕，中国史书上或者音译为“萨末鞬”，或者纯意译，也称它为“河中府”。

河中地区的地势是东南高、西北低，范围广阔，一望无际，相当于现在的整个四川省那么大。虽然沙漠、戈壁纵横，但其间也星罗棋布着很多绿洲，加上可以挖渠引阿姆河、锡尔河水灌溉庄稼，因此自古以来农牧业就非常发达，物产丰富。

不仅如此，著名的丝绸之路从东欧、西亚接到波斯以后，就会分为三条线路迤逦向东进入中国境内，其中北线正经过河中府也就是撒马尔罕，因此河中地区的商业也很发达，无数的骆驼、马队行进在戈壁和绿洲之间，把中国的丝绸、陶瓷等物产源源不断运向西方。

农牧业发达、商贾辐辏，这河中地区真是一块风水宝地。而正因为它的地理位置如此优越、经济发展如此繁荣，周边势力莫不垂涎三尺，争夺河中地区统治权的战争也时有爆发。古代东西方的文化在这里交汇、碰撞，东西方的军队在这里展开一场又一场激烈的决战。

让我们的思绪溯着历史长河蜿蜒而上，把目光移向大约一千年前的撒马尔罕吧。撒马尔罕北面是泽拉夫尚河，渡过河去是一片广袤的平原，被称为卡特万草原，在公元 1141 年，也就是回历的五百三十六年，这里曾经发生过一场改变河中地区归属，甚至影响到整个中亚细亚和西亚细亚命运的大决战。

根据波斯史料记载，战斗发生在萨法尔月的第五天，换算为公历就是 9 月 9 日。这一天，当炽烈的阳光普照大地的时候，两支大军旌旗蔽天、盔甲耀日，浩浩荡荡地分别从东、南两个方向进入了这个名叫卡特万的战场。

当然，那时候没有人会想到，河中地区的统治权能够在一天之内就得以确定，而整个中亚和西亚的局势也将由这一仗来做彻底的颠覆。

以撒马尔罕为大本营，渡过泽拉夫尚河，从南面进入战场的是一支联军，包括来自呼罗珊、西吉斯坦、伽兹纳、马赞德兰和古尔等地的国王们所统率的部队，总数超过 10 万。

上述地区大致位于里海、咸海和印度河之间，包括今天伊朗、土库曼斯坦和阿富汗的大部分领土，几乎和 14 年前灭亡的中国北宋王朝（亡于 1127 年）差不多大。然而，这些占据中亚要冲、波斯故地的国王们却都不能完全独立地决定自己的命运，从很多年以前，他们就被迫低下高贵的头颅，匍匐在一个人脚前，而此人就是这次战争的召集者、这场决战的指挥者——塞尔柱苏丹桑贾尔。

塞尔柱王朝，或者翻译为塞尔柱克王朝，乃是由突厥种的土库曼人在公元 1037 年，也就是在卡特万大战的 104 年前创建的大帝国，疆域全盛时期东起河中地区，西到小亚细亚半岛，北接黑海，南抵印度洋，包括今天土耳其、叙利亚、伊拉克、伊朗、阿富汗、巴基斯坦，以及除哈萨克斯坦外的中亚五国的绝大部分领土，有现在大半个中国那么大。

考虑到当时的中国南北分裂，北方的辽朝，南方的北宋王朝，都比不上塞尔柱王朝的疆域辽阔，可以说，塞尔柱王朝是当时世界上最强大的帝国。

王朝君主的名号是“苏丹”，这个名词出自阿拉伯语，本义为权柄，引申义为“摄政王”或者“世俗之主”，乃是当塞尔柱人杀进巴格达，控制了伊斯兰世界政教合一的最高君主——哈里发——

以后，由阿拔斯王朝的哈里发嘎义木所封赐。此后伊斯兰世界就有了两位君主，即名义上的、精神上的教主——阿拔斯王朝哈里发，以及真正握有实权的皇帝——塞尔柱王朝苏丹。

桑贾尔是塞尔柱王朝的第六位苏丹，当他的父亲——苏丹马里克·沙于 1092 年去世以后，同族争权，帝国曾一度陷入混乱，最终担任呼罗珊总督的桑贾尔从兄弟之中脱颖而出，1117 年登上至尊之位。随即在桑贾尔如同烈火疾风一般的统一攻势面前，西方的同族藩王们纷纷承认了他的宗主地位，东方各王国也陆续拜服在他脚下——桑贾尔基本上完成了帝国的中兴，因为他是皇帝，是王中之王，因此也被冠以塞尔柱大君的名号。

把视线重新拉回卡特万战场，大君桑贾尔此次召集了麾下几乎所有东方诸侯，聚集了十万雄师杀入河中，原本是为了救援西喀喇汗国。西喀喇汗国也是塞尔柱王朝的附庸，其君主马合木汗数年前就写信给桑贾尔："有一支异教徒的军队突然从东方侵入我的国土，穆斯林遇上了前所未有的灾难，请求您尽速赶来救援。"于是，在稳定了帝国西部局势，腾出手来以后，桑贾尔立刻召集大军，浩浩荡荡向东开进。据说仅仅整合和检阅这些部队，他就花费了整整六个月。

其实大君桑贾尔并没有把什么"来自东方的异教徒的军队"放在眼里，况且据马合木汗后来的汇报，那些"异教徒"在取得了一定优势后就退兵了，似乎并没有继续西进的意图。桑贾尔真正的目的是讨伐在西喀喇汗国内造反作乱的葛逻禄人，同时威慑河中以西叛服不定的花剌子模国，以彻底稳定帝国东部的局势。

然而，最终他还是当面撞上了那些“异教徒”，因为“异教徒”首领竟敢藐视塞尔柱大君的权威，跳出来为葛逻禄人撑腰。于是在马合木汗的引导下，联军如同潮水一般开向河中地区的中心城市撒马尔罕，并决定在撒马尔罕北方的卡特万草原消灭敌军。

塞尔柱军队武器锋利、铠甲厚密，人人都抱有必胜的信心。众所周知，联军中无论波斯人、突厥人还是阿拉伯人，个个都是天生的勇士，而上述这些民族此时所占据的地区，也都是世界上最精良的武器产地。世界三大名刃中最负盛名也最精美的“大马士革刃”，其主要产地不在叙利亚的大马士革，而是在波斯的呼罗珊，也就是大君桑贾尔的根据地；武器的原料则大部分来自印度河流域，也就是当时塞尔柱的附庸古尔王国境内。同时将原料产地和制作地囊括为一的塞尔柱，士兵们的武器装备还能差吗？

况且，根据哨探所报，“异教徒”军队的数量也不如塞尔柱联军，最多只有三分之二强，也就是七万人。在大君桑贾尔看来，这次远征是胜利在握、毫无悬念的。

然而事实果真如此吗？桑贾尔很可能并不了解那支“异教徒”军队究竟来自何方，他们的机构组织、指挥模式、武器装备究竟达到何种程度，他们向西挺进（被马合木汗惊呼为“穆斯林遇上了前所未有的灾难”）的真实目的究竟是什么。在面对一个自己并不了解的敌手的时候，真的有谁可以拍着胸脯自称“必胜”吗？

就在联军开入战场的同时，“异教徒”军队也在东方出现了。那也是一支联合部队，包括他们前几年征服了的东喀喇汗国的军队，也包括刚归附的葛逻禄人，还包括一些不知民族的“异教徒”战士。这些“异教徒”穿戴着形状奇特的盔甲，手持无论在波斯、伊拉克还是印度都见不到的样式古怪的兵器，就连他们旗帜上的文字也是非常奇特的，笔画独立，很少弯曲和黏结，远远望去就像是一个又一个的方块。

随着双方阵列的排开，苏丹桑贾尔的身影伫立在西方，而“异教徒”的首领也终于出现了。那个首领冠着一个在中亚细亚常见的称号“汗”，只不过既不是东喀喇汗国的“阿儿斯兰汗”，也不是西哈喇汗国的“桃花石汗”，而是异常狂妄的“菊儿汗”（也写作“古尔汗”）。“菊儿汗”的意思是众汗之汗，是统领众王（汗）的皇帝。在大君桑贾尔刀剑所及之处，又怎能容忍他人自称皇帝呢？

然而，桑贾尔并不知道，这位“菊儿汗”其实正有一个用方块字写成的名号——“天祐皇帝”，他是来自极东至海之处的中国人。此次引导桑贾尔出兵卡特万草原的西喀喇汗国，君主的世袭称号桃花石汗（“桃花石”即指中国）也可以翻译为“东方和中国之王”。但是这个中国之王是假的，今天桑贾尔将要面对一个真正来自中国的皇帝。

那么，这个来自中国的天祐皇帝、“菊儿汗”，究竟是何许人也？他来自中国哪一个地方，又出身于哪一个民族呢？是什么促使他千里远征，来到中亚细亚，并企图染指富庶的河中地区？两虎相争，最终谁胜谁负，谁将真正成为河中地区的统治者呢？想要解开这种种谜团，先要从 30 年前的一幕讲起……

第一章
长春州：丧钟敲响的地方

卡特万草原决战是在公元1141年秋季。30年前的1111年，在中原大地上，北宋和契丹辽朝（这个国家自称“大契丹”，在和宋朝交涉的时候则往往用汉名“大辽”）南北并立，都自称是正统的中国王朝。这一年是宋徽宗赵佶政和元年，契丹天祚帝耶律延禧天庆元年。

黑夜来访的叛逃者

卡特万草原决战是在公元1141年秋季。30年前的1111年，在中原大地上，北宋和契丹辽朝（这个国家自称“大契丹”，在和宋朝交涉的时候则往往用汉名“大辽”）南北并立，都自称是正统的中国王朝。这一年是宋徽宗赵佶政和元年，契丹天祚帝耶律延禧天庆元年。

赵佶和耶律延禧，全都是昏庸无道的亡国之君，两个存在数百年的王朝，眼看要毁灭在他们两个的手上。

这一年的农历九月，耶律延禧过生日，宋徽宗赵佶按惯例派出一个使团北上，前去送礼庆祝。使团的团长是郑允中，副团长名叫童贯。

童贯可是个风云人物，他本是宦官出身，却一身铜皮铁骨，魁梧过人，并且下巴上长着几十根硬毛，看着和胡须一样——宦官当到长胡须，实在是千古第一人了。童贯早年间因为巴结太师蔡京，被蔡京推荐去西北前线当监军（历代很多皇帝不信任大将，反而信任宦官，因此命将出师，总要派个宦官跟着去监督）。前线打了几个胜仗，功劳不算在统兵将领头上，却全算在他童贯头上了，于是回来以后就被提升为领枢密院事，相当于国防部长。

童贯、蔡京，都是北宋末年的大奸臣，两人狼狈为奸，坏事做尽。当时老百姓都蔑称童贯是“媪相”——媪就是老太太，宦官不算男人，就当他是老太太吧——而相对的，蔡京就是“公相”，当时的朝政几乎有一半都是被这两人给搞烂的。

当童贯所在的使团走到卢沟（今北京市丰台区内）的时候，天色已晚，负责接待的契丹官员请他们进入馆驿歇息，待次日一早再继续赶路。童贯走得乏了，吃过晚饭，早早洗漱，准备上床睡觉，可是突然随从进门来递上张名帖，说一个契丹官员神秘兮兮的，有机密大事要和他面谈。

童贯感到非常奇怪，心说什么机密大事，你不去找正团长，倒来找我这副团长？一瞧名帖，这人的官职也不小，乃是光禄卿（主管祭祀），姓马名植，看名字不是契丹人，倒是个汉人。

多年以来，契丹强，北宋弱，契丹的官员可得罪不起，况且这马植既然是汉人，大概也不存在语言不通的问题吧，童贯犹豫了一下，还是请他进来了。

马植进屋以后，朝着童贯施以大礼，然后凑近了低声说："小人虽然身在契丹，心却一直向往着南朝。此次前来，是要向您献计，可以不费吹灰之力就夺回幽云十六州！"

童贯闻言，不禁大吃一惊。

所谓幽云十六州，是指两百多年前被后晋儿皇帝石敬瑭割让给契丹人的幽、蓟、瀛、莫、涿、檀、顺、新、妫、儒、武、云、应、寰、朔、蔚十六个州，包括今天的京津唐地区和河北、山西两省的北部——因为幽州背靠燕山山脉，俗称"燕京"，所以也叫"燕云十六州"。

幽云十六州可是宋人心头永远的痛，因为北宋和契丹辽两国的边境如果划在十六州北，有高山和长城做阻隔，大家都有凭借，互不吃亏，划在十六州南，则宋朝北部边境完全无险可守，只有被动挨打的份儿。

正因为这样，所以宋太宗赵光义在公元979年灭掉了割据太原的北汉政权以后，立刻移兵攻打契丹，想要一举将十六州收复。可惜却在高梁河（今北京市西直门外）吃了个大败仗，连赵光义本人都身负重伤，堂堂天子竟然乘着辆临时找来的驴车，混在乱军之中才勉强逃脱。

从此以后，北宋在气势上被契丹彻底压倒，不但再无力北伐，甚至还被迫要签订屈辱的和约，年年向契丹送交大量金银布帛，称为“岁币”。

正因为这样，所以童贯听马植说要献计夺回幽云十六州，才又惊又喜，两人并着头，密谈了整整一个晚上。最终童贯答应马植，把他带回北宋的都城东京汴梁，让他直接向皇帝赵佶献上这一策。

马植未必真像他所说的那样“身在曹营心在汉”，他大概是得罪了朝中当权之人，在契丹无法安身，所以想要投靠宋朝。可是契丹和北宋两国间已经和平一百多年了，对于逃亡分子是一定会引渡回国受审的，想要安安全全去宋朝，并且还不失现在的富贵荣华，总得带点见面礼吧，因此他才甘冒风险，夜访深得赵佶宠信的童贯，吹牛说能够收回幽云十六州。

为了掩人耳目，童贯给马植改了个名字，叫作李良嗣，等使团的任务一完成，就把他藏在队伍里，带回了东京汴梁。

这一天，宋徽宗赵佶临朝听政，童贯就把改名叫作李良嗣的马植带了过来。赵佶虽然是个昏君，但未能夺回幽云十六州终究是祖宗多少代的遗憾，所以听说有了机会，也不禁喜出望外，雄心大起。于是就问：“爱卿有何妙计，可以夺取幽云呢？”

李良嗣虽然是为了避祸才找个借口逃到宋朝的，可是他打算献上的这份大礼，也并非无中生有，信口开河。听到皇帝询问，李良嗣赶紧回答说：“现在契丹皇帝无道，四方离心，即将分崩离析，正是收拾他们的大好时机。有一个民族叫作女真，位于契丹的北方，女真人悍勇善战，又愤恨契丹人的统治。如果陛下能够联合女真，北伐幽云，则十六州的失地唾手可得也！”

赵佶听得一头雾水，就问大臣们，这女真族是什么来头？

女真人的祖先原本是靺鞨族的黑水部，被契丹征服以后称为“女真”或者“女直”。女真分为两部分，一部分被契丹人迁往辽阳以南，编入国家户口，叫作“熟女真”；另一部分留在老家粟末江（今黑龙江）以北、宁江州（今吉林省扶余市）以东的，则叫作“生女真”。

生女真居于苦寒之地、茂林之间，社会生产比契丹人落后，民风之剽悍却有过之而无不及。在中原人看来，女真和先他们崛起的突厥、契丹，以及后他们崛起的蒙古都是一样的“北虏”，但其实他们有着本质上的区别——突厥、契丹、蒙古都是游牧民族，女真却是渔猎民族。

所谓游牧民族，其特点是以放牧牛羊为主要生产活动，间或狩猎，迁徙不定，逐水草而居。渔猎民族却不同，捕鱼、打猎是主要口粮来源，间或农耕，也养牲畜，多为鸡、猪这种不用放养而可以圈养的动物，所以渔猎民族的生活地比较固定，也不大迁徙。

想想看，契丹人在草原上碰到最凶猛的野兽不过是狼而已，而女真人却在密林中追杀野猪、狗熊和老虎，其战斗力可想而知。契丹人自己也明白这一点，他们曾经编过一句民谣说：“女真不满万，满万不可敌！”

这里所说的“满万”，当然不是指全部人口，而是指青壮年男子，也就是部族兵力。好在女真的兵力长年不满万，根本不是契丹数十万大军的对手，因此女真人只好暂时蛰伏，服从契丹人的统治。因为地处荒蛮，不太好管理，契丹人也就不把那些还留在老家的生女真划归朝廷统一指挥，援引对待其他游牧民族的例子，由得他们自治，只要别闹事，按时进献贡品就好。

需要进献一些什么贡品呢？其实契丹贵族最喜欢的生女真的特产，是一种名叫“海东青”的猎鹰，他们喜欢打猎，实在离不开这种好帮手。贵族们的胃口从来就是无底洞，尤其当国家稳定、外无战事以后，除了打猎、玩女人，还能干什么呀？所以几乎年年要求生女真进贡，也根本不管对方是不是拿得出来。

后来有一本书叫《松漠纪闻》，是南宋大臣洪皓写的，内中记述契丹贵族欺压女真人的事情，说：“辽国强盛的时候，经常派遣腰佩银牌的使者到女真族里去催取贡品，公开提出要玩女人。女真人没有办法，只好把贫穷人家没嫁人的姑娘献出来陪床。后来催取海东青的使者去得越来越多，仗着是大国来使，自己挑选陪床的女人，只论相貌，根本不管对方是否有丈夫，对方家族地位有多高。女真人愤怒了，于是起兵叛乱。”

两个民族之间，或者说帝国与其藩属之间的关系，当然不会因为几个女人就彻底破裂，洪皓所说，只是从一个侧面反映出契丹人对女真人的欺压。年年催贡，索取海东青和美女，契丹贵族们的胃口变得越来越大，对女真人的身心造成了很大伤害，在这种情况下，女真人还可能不反抗吗？

但是女真人的情况，契丹人了解，宋人却不了解，虽然李良嗣反复说明情况，宋朝的大臣们仍然纷纷表态，反对发兵。他们认为，宋朝和契丹两国间的和平局面已经维持一百多年了，怎能擅自撕毁盟约开战呢？况且女真偏处僻远，谁知道是怎么一回事呀？

虽然最终还是没能说动宋朝君臣采纳自己的献策，但李良嗣本身的目的倒是达到了。因为赵佶挺欣赏他——伐不伐辽还在其次，这个李良嗣心怀故土，忠心实堪嘉奖——于是赐给国姓，让他以后改名叫赵良嗣，并且官拜秘书丞，虽然只有从七品，好歹也算在宋朝立住了脚跟。

然而，联合女真，北伐契丹，夺取幽云十六之事，并没有因此落实，因为很快地，不用宋朝相帮，女真人自己就动起手来了。

我是破辽鬼

就在赵良嗣逃亡宋朝的第二年一开春，契丹的天祚帝耶律延禧就离开都城去北方游玩，一直跑到长春州（今黑龙江省肇源县西），顺便还去混同江（松花江）捕了一回鱼。包括女真人在内的附近各民族酋长一听说皇帝来了，匆忙整理行装，赶到长春州去朝见。

耶律延禧听人说，按照本地风俗，每年春季最早捕到的鱼都要供给死去的祖先，并且还要设宴庆祝，请祖先保佑，一整年都能有充足的鱼货。他觉得这事挺好玩，就也摆下宴席，起个名字叫“头鱼宴”，招待各族酋长。

酒过三巡，耶律延禧有点醉眼惺忪，下令各族酋长起身跳舞为自己助兴——这道命令多少有点无礼，摆明了看不起这些外民族酋长，不把他们当自己的臣子，却把他们当演员看待（那个时代演员地位可是很低的）。然而命令再无礼，酋长们慑于契丹辽朝的淫威也不敢反抗，只好强忍愤恨，纷纷在酒席宴前跳将起来。

耶律延禧很开心，可是仔细一看，却发现有一个年轻人仍然稳稳当当地坐在那里，不肯听命跳舞。他问左右，这个愣头小子何许人也，大臣们告诉他说，那是生女真完颜部酋长乌雅束的弟弟阿骨打。

耶律延禧不高兴了，大声催促阿骨打赶快起来跳舞，别的酋长害怕皇帝发怒，也从旁不住地劝说，可是阿骨打是天生的倔脾气，梗着脖子回答说："我从来不会跳舞。"始终岿然不动。

于是耶律延禧满肚子好心情化为乌有，一甩袖子离开宴席——好好的一场"头鱼宴"，就这么让阿骨打的臭脾气给搅了。

事后，耶律延禧越想越气，竟敢让身为皇帝的自己下不来台，这个阿骨打真是该死呀！他转头就问自己的大舅子、枢密使萧奉先："朕下诏把那小子砍了怎么样？"

萧奉先赶紧阻拦："陛下您何必跟个粗人一般见识？他们小地方的蛮族，没有见过世面，不识陛下的天威，所以才会胡来。可他好歹也是酋长的弟弟，杀了他恐怕完颜部会造反，虽然不难剿灭，终究要劳神费力，咱们何必惹这种麻烦呢？"

萧奉先的这句话，本意是出于永保契丹和平稳定的考虑，却不想反而加速了契丹辽朝的衰亡。

完颜部的阿骨打是女真族的大英雄，他并非不会跳舞，但契丹辽朝对生女真多年来的压榨和欺凌常使他愤恨不已，一直憋着造反的心，怎么还能受此侮辱，就为让耶律延禧一个人痛快呢？而此次他在“头鱼宴”上故意违令，让耶律延禧下不来台，其实也是一种试探，看看契丹人是不是有决心、有能力压制反抗的苗头。

结果在萧奉先的劝阻下，耶律延禧竟然放了自己一马，阿骨打越琢磨越觉得契丹辽朝连根子都已经烂掉，不足为惧了。“头鱼宴”之后的第二年，也就是公元1113年，阿骨打的哥哥乌雅束死了，把完颜部酋长和都勃极烈的位置传给了他，他就开始厉兵秣马，寻机起事。

勃极烈在女真语中的意思是“管理众人”，后来引申为首领，都勃极烈就是大首领。也就是说，继承兄长之位的阿骨打不仅仅是完颜部的领袖，也成为生女真各部联盟的大酋长。为了试探契丹辽朝的态度，阿骨打一上任就开始频繁地向外扩张，攻城略地。

生女真里有个名叫阿疏的贵族，因为不服阿骨打的统治，叛逃去了契丹。阿骨打派人去契丹索要，契丹人这时候已经从阿疏的嘴里得到了阿骨打阴谋造反的情报，就反过头来责问，阿骨打却说：“不要听信阿疏的胡言乱语，明明是你们包庇罪人在先。如果赶紧把阿疏绑送回来，我就继续称臣进贡，否则的话，难道让我们束手就擒？！”

于是，阿骨打就以契丹人不肯交还阿疏为借口，在1114年的九月正式起兵反辽。

这个时候的契丹辽朝早就已经外强中干了，女真兵所到之处，曾经强悍一时的契丹劲旅却望风而逃。都说“女真不满万，满万不可敌”，可其实女真战士还并不满万呢，阿骨打初起兵的时候，部下才不过两千五百人而已，但是一战就拿下了宁江州。耶律延禧听到这个消息，大感惊恐，立刻派遣都统萧糺里和副都统挞不野集合十万大军前往讨伐，结果被女真兵杀得几乎全军覆没。

连战连胜，阿骨打的兵力迅速膨胀，很快就不仅满万，而且过万了。于是第二年也就是公元1115年，他建号称帝，以表示不灭契丹辽朝誓不罢休的决心。阿骨打对部下说：“我听说契丹的意思就是镔铁，因为镔铁足够坚硬，所以才起这个名字。可是镔铁虽然硬，时间长了一样会生锈、毁坏，只有金子永远不变、不坏。好，咱们就以‘金’为号吧。”

契丹人汉化程度是很高的，他们向汉人学到了年号制度，而女真人就向契丹人学，完颜阿骨打也设个年号，叫作“收国”——光从这两个字里就可以看出他讨伐契丹辽朝的决心有多么坚定，态度又有多么强横了。

最终推倒契丹辽朝这座数百年大厦的金朝，就这样建立起来了。

1115年正月，阿骨打称帝后不久，就在达鲁古城（今吉林省前郭尔罗斯蒙古族自治县）大破契丹兵二十七万。九月份，又顺利攻克了契丹辽朝的北部重镇黄龙府（今吉林省农安县）。消息传来，契丹君臣大惊失色，臣子们纷纷建议说："只有陛下御驾亲征，才能鼓舞士气，打败女真叛贼。"

耶律延禧没有办法，只好下诏亲征，召集了步骑兵十余万，号称七十万，浩浩荡荡地向东开拔，去和女真人见仗。

照理说二十七万敌兵都被金军打败了，再过来十多万有什么可怕的？但或许是被那号称的"七十万"唬住了吧，金朝各路将领闻报都有点含糊，打算先收缩防线，以避敌人的锋芒。

阿骨打站在兵将面前，手持利刃，仰天痛哭，说："当初实在是无法忍受契丹人对我们的压迫，这才起兵反抗，路既然走到了这一步，现在除了殊死作战，没有别的办法。要不然，你们杀了我完颜一族，去向敌人投降吧，那样你们就肯定都有活路了。"说着话，提起刀来就往自己脸上划。

众将大惊失色，急忙扑过去扯住阿骨打的胳臂，起誓说："我们都听陛下的号令，谁都没有二心。请您下命令吧，我们要和契丹人决一死战！"

后人都看得出来阿骨打是在演戏，他连"收国"的年号都定了，野心那么大，哪有没开战就先自杀的道理？可是当时身处那种情境下的女真官兵，别说看不出来，就算看得出来，也都被他的激将法感动了，于是士气大振。

古时候打仗，第一靠的就是士气，士气高昂就能以一当百，士气要是低落，没等看到敌人就可能一盘散沙。金兵是在阿骨打的鼓舞下士气高涨了，那么契丹军方面又如何呢？

堂堂的契丹辽朝这个时候早已日薄西山、濒临绝境了，境内到处都是造反、暴动，贵族们也都离心离德，内讧不断。耶律延禧率领大军行至中途，御营副都统耶律章奴就突然不见了踪影，耶律延禧还在想："这小子不像是个怕死鬼呀，怎么就跑了呢？"突然部下来报，说耶律章奴原来并不是临阵退缩，而是悄悄跑回上京临潢府（今内蒙古自治区赤峰市巴林左旗东南）造反去了！

耶律延禧闻报又惊又怒，急忙下令全军掉头，回去平叛。可是才走了不到三十里地，又有快马来报，说女真兵从后方发动突袭，已经把先锋军——现在变成了殿后——给打散了，正在穷追不舍。于是耶律延禧勒令诸军第二次掉头，迎战女真兵。

统帅朝令夕改，小兵们可全都慌了神，军心就此涣散。结果两军在一个叫护步答冈的地方一接仗，十多万契丹兵竟然被两万女真军杀得大败。

这一仗吓傻了耶律延禧皇帝，就此落下了畏金如虎的病症。皇帝既如此，麾下将领还可能奋勇作战吗？败将、逃兵是越来越多，金军轻轻松松地就拿下了契丹辽朝的东京辽阳府（今辽宁省辽阳市）——百年王朝的末日即将到来。

顺便提一下前面说过的那个叛逃去契丹的女真贵族阿疏，数年以后，他终于在战场上被女真兵给逮住了，可是捉他的女真兵并不认识他，还问："你是什么人？"阿疏把脖子一梗，脸上充满骄傲地大声回答："我是破辽鬼！"

史书记错的状元

契丹辽朝的都城在大定府（今内蒙古自治区宁城县），称为“中京”。此外还有四个陪都，就是东京辽阳府、上京临潢府、西京大同府（今山西省大同市）和南京析津府。

金军首先拿下了东京辽阳府，然后阿骨打转向东方，打算进攻上京临潢府，首先派兄弟斜也领兵猛攻上京的门户泰州（今黑龙江省泰来县境内）。1117 年春季，泰州失守，1120 年五月，金军终于开进上京城下。

听到这个消息，耶律延禧吓得再不敢亲征去前线打仗了，不但不打仗，反而逃出中京大定府，毫不羞耻地背对着敌人，跑去南京析津府暂时栖身。

契丹辽朝的南京析津府，就是现在的北京城，不过近千年后的今天，已经保留不下什么古迹了，只有广安门内的天宁寺砖塔，据专家考证，是在辽代遗址上修建的，已经算是北京现存古建筑里最古老的一座。

其实这里就是幽云十六州中的幽州，当年契丹人从石敬瑭手里拿到这座城池，立刻就改名为幽都府，定为南京，后来又改名析津府。契丹辽朝的五京里，要数这座南京析津府的人口稠密，工商业发达，最为繁华热闹。

契丹辽朝的一级行政区划为道，就以五京为中心，设立上京道、中京道、东京道、西京道和南京道，道下设州（五京所在的州改称府），为二级行政区划。州的民政长官叫刺史，而五京所在的府及其附近各州还额外设有掌管军政的节度使。以幽都府为例，设置卢龙军节度使司（节度使司是指节度使的衙门），它东面的平州则设置辽兴军节度使司；幽都府改名析津府以后，撤掉了卢龙军节度使司，等于说南京周边的最高军政长官就只剩下一个辽兴军节度使了。

耶律延禧既然逃到了南京，他当然需要任命一位有才能的大将来担任辽兴军节度使之职，好就近保护自己。派谁来担当这个重任才好呢？想来想去，突然被他想到一个人选，那就是担任祥州（今吉林省农安县东北部）刺史的耶律大石——

“大石忠勇善战，又是朕的同宗兄弟，嗯，把他调到身边来是再合适不过的了。”

前因叙过，进入正题，主人公耶律大石登场——他就是开篇提到的那位来自中国、后来千里迢迢远征河中地区的菊儿汗——天祐皇帝。

耶律大石，表字重德，乃是契丹辽朝的正牌宗室，是开国皇帝、太祖阿保机的第八代孙子，根据专家考证，他很可能出生于公元 1087 年。耶律延禧也是阿保机以后的第八代，生于 1075 年，比大石大 12 岁，所以论起辈分来，他算是大石的远房堂兄。

随着契丹辽朝的衰败，贵族们也大多毫无生气，王子王孙们八成都是不学无术的纨绔子弟。但是耶律大石不一样，他不但保留了老祖宗的游牧民族本色，善于骑马射箭，并且很有文化修养，精通契丹和汉两个民族的文字，可以说是文武双全了。

《辽史》上记载说，公元1115年——也就是耶律延禧御驾亲征，在护步答冈被金军杀得大败的那一年——虚岁29岁的大石进京赶考，因为学识渊博，文采斐然，很轻松地就夺得了状元。按照习惯，新科状元要进入翰林院，就任翰林应奉，相当于政府机关的高级秘书。

不过这条记载有点问题——《辽史》和《金史》都是元朝宰相脱脱召集一批人编出来的，人们常说“盛世修史”，可是脱脱时代元朝早就不“盛”了，国家日益衰弱的时候，文教事业也走下坡路，这两部匆匆忙忙赶工出来的史书，纪年讹误、译名混乱、史实矛盾等问题比比皆是，有关耶律大石的事情记岔了也不奇怪。

首先，按照契丹辽朝的制度，进士考试是专为汉人设置的，而契丹人和“贱庶”之人比如奴隶、屠夫、医生、算命的之类，全都不准参加——当然，两者有着本质的区别，契丹人自有别的做官道路，“贱庶”则根本不让当官。曾经有个契丹贵族耶律蒲鲁去参加科举考试，竟然还考中了，可是随即就被人告发，皇帝下令：“擅自让儿子去参加考试，破坏制度，这是他老子庶箴的过错。”下令抽了耶律庶箴二百鞭子。

契丹辽朝两百多年，除了耶律蒲鲁以外，还有别的契丹人参加过科举考试吗？可能有，但是没有证据。况且一碰到开进士科，

《辽史》都会把得中之人的名单开列出来，虽然未必完全，里面却的确没有耶律大石的名字。所以说耶律大石进士及第云云，这条记载恐怕不可信。

很可能是脱脱等人理解错了资料，把后代的制度给安到契丹辽朝去了。因为在金朝的时候，是允许女真人和汉人一样去考进士的，只不过不是同一套考题，而且女真人的录取分数线会相对低一些；元朝虽然不大搞这种考试，但偶尔搞一回，也从来不区分民族，没有蒙古人不准参加的规矩。

所以大石不大可能去参加科举考试，更不会考中状元，当上翰林应奉的官。当时并非只有一个翰林院，大石进入官场的第一步，其实应该是在另外一个翰林院吧。

因为按照契丹辽朝的制度，是建立两套官僚班子，分开来管理蕃人（指以契丹为首的游牧民族）和汉人的，前一种叫北面官，全是沿袭老祖宗传下来的那一套；后一种叫南面官，是完全模仿了唐朝的官制。对应南面官里面的翰林院，北面官也有一个机构，名叫大林牙院——林牙，就是契丹语翰林的意思。

耶律大石最早做官，应该不是通过科举考试，而是通过契丹族内部的推荐，当上了大林牙院里的某一级林牙（翰林）。在中原王朝，考中进士，能进翰林院是很风光的事情，翰林虽然品级不高，却往往前途无量，汉化程度很高的契丹人也很看重这一点，所以很多年以后，即便大石已经身居高位，大伙儿还是习惯尊称他为“大石林牙”。

历朝历代，只要有翰林，所负责的就不外乎朝廷诏令、文书的起草和润色，它有点类似于皇帝或者政府机关专管文字工作的秘书，但是没有什么权力，纯粹一个清水衙门。

当上林牙也就是翰林的时候，耶律大石只有29岁，风华正茂，精力旺盛。年轻人满腔热血，想要实现自己的远大抱负，再加上看到国家危机重重、风雨飘摇，当然不肯在那样一个纯文字机构里干点不痛不痒的帮闲工作。好在他有优势条件，他既是契丹人，又是耶律氏，甚至还和皇帝沾亲，想外放个地方官，去干点实事，应该不是很困难的事情吧。

所以大石在大林牙院里干了没多久，就被外放去做了泰州刺史，然后1117年春季，女真大将斜也就攻陷了泰州。没有记载大石此时是否还在泰州任上，是否当面抵抗过金兵的猛攻，但想来大石虽然精于骑射之道，保持着契丹游牧民族的本色，可领兵打仗还是头一回，所以肯定不是身经百战的斜也的对手吧。

况且，当时女真兵纵横驰骋，如入无人之境，契丹辽朝兵败如山倒，士气低落。大石很可能因此丢掉了泰州，逃回首都，并且根据《辽史》记载，他在不久后又平调祥州刺史。

有趣的事情又来了，其实祥州早在三年前也就是1114年的时候就已经被女真兵收降了。难道说大石投降女真，去当了金朝的官吗？那当然是不可能的。或许是《辽史》又编错了；还有一种可能性，是此祥州非彼祥州，乃是一个侨置州。“侨置”就是说一旦地方政府沦陷了，就另外找块地方，按原名设置一个新的地方政府，和所谓的“流亡政府”没有太大区别，或许朝廷还给划点土地、拨点人口，量可比原来少了不知多少倍。

从泰州刺史到祥州刺史，算是平调，而从祥州刺史到辽兴军节度使，就是升迁了。很可能大石在防守泰州的时候表现不错，后来担任祥州刺史，其间还和女真兵打过几仗，不一定得着什么大胜利，只要临阵不逃，败而不溃，在当时就已经罕见了。耶律延禧听说了大石的事迹，又调查到他是自己的远房堂兄弟，自然而然就会想要加以重用。

不过耶律延禧这糊涂皇帝从来就没有什么眼光，也说不定他根本就没有看重过大石的才能和功绩，仅仅因为是亲戚关系，才任命大石当辽兴军节度使的。大石崭露头角、声名鹊起，虽然是在辽兴军节度使的任上，却并非在耶律延禧的领导下。

因为耶律延禧只在南京析津府待了两年，等到1122年正月，金军开进了防备薄弱的中京城，他就又胆战心惊地坐不住了，并在不久后匆匆地逃出了南京城。大石仍然留守析津府，没有跟随在皇帝身边，其实这对他自己，甚至对整个契丹族来说，都算是很幸运的事情……

南使射中了

公元1117年，女真兵攻克了泰州城，作为日后卡特万草原决战双方统帅之一的耶律大石登上了这个风高浪急的历史舞台。那么，作为决战另一方的统帅桑贾尔，他此刻又在做些什么呢？

非常凑巧，这一年桑贾尔刚刚继承苏丹之位，成为塞尔柱王朝的最高统治者、大君。

塞尔柱人的前身是突厥民族的一支，中国史书上称为“乌护”，阿拉伯史书上称为“乌古斯”。这个部族最早居住在天山山脉东麓，公元682年，被唐朝庭州刺史王方翼打败，西迁到锡尔河下游。后来同为突厥民族一支的葛逻禄人占据了乌古斯人的牧场，又把他们继续往西赶，最远的一支跑到伏尔加河流域去了——在迁移过程中，逐渐形成了后来的土库曼民族。

10世纪末期，土库曼人中间出现了一位领袖，率先皈依伊斯兰教，这位领袖名叫塞尔柱，塞尔柱王朝由此得名。到了塞尔柱的孙子图格里克的时代正式建国，并且应阿拔斯王朝哈里发嘎义木所召，击败了控制伊拉克的白益王朝，赢得了苏丹的头衔。

图格里克以后是阿尔普，阿尔普于1072年遇刺身亡，把宝座传给了儿子马里克·沙。苏丹马里克·沙的时代，塞尔柱王朝疆域达到最大，但在1092年他去世以后，两个年幼的儿子先后继位——14岁的别尔克·雅鲁克和4岁的马赫穆德。那么小的孩子根本无法统治偌大的疆域，各地诸侯纷纷自称苏丹，帝国濒临崩溃的边缘。

终于，他第三个儿子桑贾尔站了出来，雄心万丈，打算重整河山，恢复祖先的光荣霸业。

桑贾尔，通常也译为“辛扎尔”，他当时被任命为呼罗珊的总督。所谓呼罗珊，是指今天伊朗东北部的呼罗珊省，以及阿富汗赫拉特一带和土库曼斯坦境内的马雷地区，也算是中亚细亚数一数二的富庶之地。桑贾尔就利用呼罗珊的兵力东征西讨，把东方许多离心离德的旧藩属——东、西两个喀喇汗王朝、伽色尼王朝、花剌子模国等——一次又一次地拉回到塞尔柱帝国的统辖之下。

不仅向东方进兵，桑贾尔还数次西进，再度杀入巴格达，压制想要趁乱恢复权力的阿拔斯王朝哈里发。

1117 年，桑贾尔经过长年征战终于登上了塞尔柱苏丹的宝座，并且开始了更为艰苦卓绝的统一之路。

就在桑贾尔登上苏丹宝座的同一年，金军攻克了泰州，节节推进，契丹辽朝兵败如山倒，同时在宋朝的登州（今山东省蓬莱市），刺史王师中突然发现了一个很有趣的商人。

登州是重要的海港和贸易集散地，经常会有辽东行商渡海来到这里，携带着马匹、毛皮等货物来交换宋朝的土特产品，但这些行商多数是契丹人、奚人和渤海人，这次来的这个商人，观其穿着打扮、行为举止，却分明是个汉人。

于是王师中就特意召见这个名叫高药师的行商，向他打听辽东地区的情况。据高药师说，女真族已经起兵反抗契丹辽朝的统治了，并且越战越勇，拿下了契丹数十座州府。王师中觉得这份情报非常重要，就急忙将其整理成文字，上奏宋徽宗赵佶。

赵佶是位著名的艺术家天子，画得一手好花鸟，写得一笔好瘦金体，创作灵感一上来，朝廷大事就懒得管了，于是接到王师中的上奏以后，他看也不看就转发给了蔡京、童贯，让二人先去仔细研究一下。

童贯拿到上奏，大喜过望，心说机会来了。他成天都想着打仗，好从中大捞一票，更可以加官晋爵。所以当年才会悄悄地把赵良嗣带回东京汴梁来，只盼着联金伐辽的计策得到皇帝首肯，并且派他当主将去收复幽云十六州。如果真的拿下了十六州之地，别说立功升官，他童贯作为策划者和指挥者，简直能够摇身一变成为民族英雄，从此朝野上下还有谁敢对他说个“不”字吗？

童贯是一心想要伐辽，蔡京向来和童贯穿一条裤子，也立刻怂恿联金开战。于是赵佶采纳了这两个奸臣的意见，决定先秘密派个使团前去辽东和女真人接洽。可是派谁当团长才好呢？

这趟可不是去送送礼、庆祝庆祝生日那么简单，使团的团长必须要兼通文武，智勇双全，要能够准确判断出女真人兵力的强弱，同时又要擅长外交辞令，这样才不会在谈判桌上被对手牵着鼻子走。

还是童贯站出来推荐说：“武义大夫马政，英勇善战，而又精通文事，堪当如此重任。”

赵佶接受了童贯的推荐，在1118年的二月份，派遣马政率领使团，从登州乘船下海，秘密前往辽东，去和女真人接洽。

金兵虽然连战皆胜，终究契丹辽朝“瘦死的骆驼比马大”，不是一两天就能攻灭的，所以宋朝使团来到辽东，和阿骨打一提来意，阿骨打是喜出望外，立刻盛情接待了马政一行。

不过对于宋朝来说，女真人实在太过遥远了，而对于女真人来说，宋朝也仅仅是传说中的存在而已。宋军是否能战，会不会帮倒忙，阿骨打心里没底，就想先观察和测试一下使臣的能力。

他听说马政乃是武官出身，于是就想到一个好主意，邀请宋朝使团去狩猎，想趁机考较一下他们的弓马之术。如果使节们表现不佳，就说明宋人不能作战，和他们联兵没有意义，只会拖自己的后腿；如果情况相反，那就可以放心地签订协议了。因此阿骨打特意关照部下，发现猎物不准妄动，必须让“南使”先射。

打猎过程中，女真兵吹响号角，在森林中穿行，顺利地赶起了一群黄獐。因为有皇帝的事先吩咐，女真兵将们全都勒马不动，只是朝宋朝使节们摆手：“请，你们先上。”

突然，阵列中驰出一匹骏马，一个青年以异常娴熟的动作侧过身，拉开硬弓，搭上了羽箭。女真兵将全都屏住呼吸，注目观看，只听弓弦声响，一头黄獐颓然栽倒在地，射得真是准得不能再准了。

这个年轻人是谁呢？原来他是马政的儿子，名叫马扩。

马扩出身于军人世家，少年从军，武艺超群，不仅如此，他还曾中过武举，因此他这次射中黄獐并非偶然，就连那些精通骑射的女真大将们看到他的姿势、动作，放箭的准头，也不禁在心中连声喝彩：“南朝果然有能人呀。”

阿骨打更是高兴，对左右说：“射得真好。南使射中了，我心里很快活！”在他想来，马扩年纪轻轻就有这么好的武艺，宋朝几百万军队，上万名武官，只要其中一成有他的本事，那就是强援了，不会拖自己的后腿。

第二天，阿骨打特意赏赐给马扩貂裘、锦袍、犀带等七件宝物，阿骨打的堂兄弟、国论勃极烈（国论的意思是尊贵，国论勃极烈相当于宰相）撒改也称赞说：“南使射得好，应该给他起个尊贵的名字，就叫作‘也力麻立’！”

这个词在女真语中是“善射者”“神射手”的意思，从此以后，女真兵将就都称呼马扩为“也力麻立”，对他佩服得不得了。

就这样，在马政的努力下，在马扩的武艺展示下，北宋和金朝终于牵上了线，双方使者频繁往来，讨价还价，最后到了1122年，终于一切谈妥，单等宋朝点将发兵了。

双方商定的条件究竟是什么呢？第一，宋朝答应对女真的交涉使用“国书”而不是“诏”，也就是承认金朝是和自己对等的国家；第二，宋金两国南北夹攻契丹，契丹辽朝的五个道，东京、西京、北京、中京四道归金朝，南京道主要是幽云十六州归宋朝；第三，战争胜利以后，两国各安边界，永不侵犯，宋朝把每年输送给契丹辽朝的岁币转赠给金朝。

这就是后世所称的宋金“海上之盟”。

大概是保密工作做得比较好，对于这“海上之盟”，契丹辽朝方面竟然没有得到任何情报，他们还以为后方安全，只要挡住前方的女真兵就行了。

就在盟约结成的1122年，当年正月，金军攻占了中京城。耶律延禧知道打不过，急忙派人前去和阿骨打谈和。既然早就已经吓破了胆，当然提不出什么强硬的条件，他只要求女真人在占据了中京以后别再继续南征，留下南京和西京给他养老，于愿足矣。

可是金朝根本不理他，反而委派契丹叛将耶律余睹为先锋，率军数万，南下进攻泽州（今河北省平泉市南）。这座泽州城距离南京析津府直线距离还不到250公里，骑兵三日三夜可到，耶律延禧闻报大惊失色，借口打猎，匆匆忙忙地逃出了南京析津府，穿过居庸关，跑去了鸳鸯泊。

所谓鸳鸯泊，乃是一片大湖，据说湖里有很多鸳鸯栖息，所以得了这个名字，位置大约在今天河北省张北县的西北部。鸳鸯泊附近本就有大片好猎场，不仅契丹辽朝的皇帝，后来金朝的皇帝、元朝的皇帝，也都喜欢到这里来打猎玩耍。

此后过了不久，传来泽州被攻陷的消息。耶律延禧在鸳鸯泊也待不下去了，干脆率领五千骑兵向西逃往西京大同府。据说在渡桑干河的时候，他竟然把传国玉玺掉进河里都没去捞。

皇帝逃走，那么谁来守卫析津府呢？当初耶律延禧才刚逃去鸳鸯泊的时候，就曾颁下圣旨，任命秦晋国王耶律淳担任南京留守元帅，南府宰相张琳、参知政事李处温等文官作为辅佐。可是他料想不到，自己前脚才走，这些留守官员后脚就商量着要造他的反了……

红袍加身

耶律延禧早已经失了人心，他驾前的臣子，不管忠臣还是奸臣，都在找机会改投另一位君主。忠臣们认为，为了保护国家社稷的安康，为了抵御女真人的进攻，整个契丹民族应该有一个强有力的领导核心，而耶律延禧根本就担不起这份重担。皇帝无能不怕，昏庸不怕，还有机会找个有能力的大臣来辅佐他，可是皇帝畏敌如虎，还未临阵就落荒而逃，仗就算打了？

而奸臣们也许对整个局势的认识更为清晰，他们意识到契丹辽朝气数已尽，除了投降女真人，大概已经没有别的道路可走了。但是“投降”两个字，说起来容易，做起来难，一是可能留下千古骂名，更重要的是，想投降也得对方肯接受才行呀。眼看着女真人恨耶律延禧入骨，穷追不舍，如果自己还跟着这位皇帝，那么连投降的路都走不通，迟早还是死路一条。

终究是官僚体制、传统观念在制约着每个人的行动，即便认为逃跑皇帝耶律延禧已经无可救药了，跟在皇帝身边的时候，还是没有多少人敢起异心。可谁想到这位天祚皇帝竟然丢下文武百官，又从南京析津府里逃出去了，于是他前脚一走，大臣们后脚就开始议论纷纷，谋划着造耶律延禧的反。

耶律延禧所任命的南京留守耶律淳是个颟顸无用的老头子，他的辅佐官张琳和李处温成为留守政府的核心人物。两个人都是汉人，但都当着分管游牧民族事务的北面官，北面官里地位不算最高但直接辅佐君主治理国家的要职，就是南北两府的宰相，张琳官居南府宰相，李处温是他的副手参知政事。

李处温是析津府本地人，他这个人一心想要保全自己的富贵荣华，于是就想踢掉耶律延禧，拥立耶律淳当皇帝。

耶律延禧驻扎在鸳鸯泊的时候，和南京城里还保持着联络，等他西走大同府之后，留守政府连续几天都得不到皇帝的消息。当时谣言满天飞，有说皇帝已经死了的，还有说皇帝被女真兵活捉了的，留守政府内部自然乱成了一锅粥。李处温就趁着这个机会和堂弟李处能、儿子李奭商量，说时局如此，不能再等待了，应该立刻动手。

李处能还有点犹豫，对他的堂兄说："咱们终究是汉人，不是契丹人，想要废掉皇帝，另立新君，恐怕难以服众呀。"

三人商量了半天，觉得必须得找一些帮手，协同起事才行。找谁好呢？南府宰相张琳也和李处温一样，既是文官，又是汉人，起不了什么作用。他们研究来研究去，觉得南京周边的三员统兵大将是一定要拉拢过来的。

哪三员统兵大将呢？第一个是镇国大将军、都统萧干，第二个就是辽兴军节度使耶律大石，还有一个是怨军八营都详稳（契丹语，长官的意思）郭药师。如果得到这三员大将的支持，南京周边的绝大多数兵力就捏在自己手里了，还有什么事情办不成吗？

作为辽兴军节度使，相当于南京的卫戍区司令，耶律大石当时就驻扎在析津府中，于是李处温先秘密地前去会见他，把自己的计划和盘托出。在李处温想来，萧干是奚族人，郭药师是渤海人，只有大石是契丹人，并且根正苗红，是正牌皇孙，如果先把大石拉到自己船上来，那么另两员大将也就好说服了吧。

对于李处温的计划，耶律大石倒没有表示出什么反对意见。因为他们和耶律延禧已经失去了联系，想要和金军开仗，总得有个皇帝来领导、指挥着才行。而如果想要另立君主，耶律淳乃是耶律延禧的堂叔，身份高、辈分也高，又是钦命的南京留守元帅，没有谁比他更合适当皇帝了。

在说服了耶律大石以后，李处温又去找萧干和郭药师，很快也得到了他们的首肯。于是李处温的腰杆终于硬了起来，大摇大摆地去见南府宰相张琳。张琳听了他的来意，一个劲儿摇头："皇帝是生是死，还没有确切的消息，这时候为了大局考虑，让秦晋国王做监国是对的，拥戴他当皇帝就过分了。你这是想造反呀！"

李处温劝他说："国不可一日无主，现在时局艰险，咱们做事不能太瞻前顾后。"随即抖出料来，萧干、耶律大石和郭药师都答应了，我现在兵权在握，你反对也是无效的。事情到了这一步，张琳没有办法，也只好勉强依从。

于是，一个在历史上被称为"北辽"的短命政权就此建立了起来，耶律大石在这个政权中可以算是举足轻重的核心人物，他即将展现自己的宏图大志，在历史舞台上留下令人拍案叫绝的精彩表演。

公元 1122 年三月里的某一天，留守南京析津府的主要官员们，包括张琳、李处温、耶律大石、左企弓、虞仲文、曹勇义、康公弼等人，召集文武百官和达官显贵数万名，一起浩浩荡荡地跑去秦晋国王府上，求见留守元帅、秦晋国王耶律淳。

耶律淳不知道发生了什么事情，懵懵懂懂地跑到客厅，接见张琳、李处温等人。李处温平静地对他说："现在东西阻隔，皇帝生死不明，国不可一日无主，群臣商议，请殿下即皇帝位，以安民心。"话说得很平稳，耶律淳闻言却大惊失色："你们别胡来！篡位为君，这种事情我是不干的！"

看起来，这个耶律淳确实不想做皇帝，因为此前他也有过好几次机会，却全都主动或被动地放弃了。

耶律淳乃是辽兴宗耶律宗真的孙子，论起来是耶律延禧的皇叔。耶律宗真有三个儿子，长子是辽道宗耶律洪基，次子是宋魏国王耶律和鲁斡——耶律洪基的长孙是天祚帝耶律延禧，而耶律和鲁斡的长子就是耶律淳。

辽道宗耶律洪基曾经听信谗言，杀死了自己的皇太子，也就是耶律延禧的父亲耶律浚，然后悲哀地发现，自己侄子一大堆，儿子可再没有了，于是打算把皇位传给侄子里面最喜欢读书写字、貌似最有出息的耶律淳。但是耶律洪基这个人喜怒无常，决心还没有下，就先看着耶律淳不顺眼了，于是找个借口把他赶出中京，改立了耶律延禧为皇太孙——这是耶律淳第一次和皇帝宝座失之交臂。

耶律延禧登基以后，看到几个堂叔都和自己一样是酒囊饭袋，也就这耶律淳还像个样子，于是接他回京，封为郑王，后来又改封为越王、魏王，对他非常宠信。耶律淳的父亲宋魏国王耶律和鲁斡原本就是南京留守，等到和鲁斡去世，耶律延禧就下诏，让耶律淳子继父业，也到南京析津府去坐镇。

前面提到过，公元1115年，耶律延禧御驾亲征，率领十数万大军，号称七十万，前去讨伐阿骨打，走到半道，御营副都统耶律章奴突然跑回上京临潢府，起兵造反，这是怎么一回事呢？原来耶律章奴早就不满昏君耶律延禧的统治，可惜一直找不到一杆大旗扯来造反，这次行军途中，他和耶律淳的儿子耶律阿撒聊到了一起，阿撒说："我老爹根红苗正，当年还差一点就当了太子，你不扶保他，你又扶保谁？"两人一拍即合，于是就带着亲信三百多人从前线逃回，打算谋反。

可是他们虽然商量得好好的，耶律淳却并不知道这件事情，直等到耶律章奴从军中跑出来，才派耶律淳两个亲戚——他大舅哥萧敌里和外甥萧延留——去南京通知一声。耶律淳听了这话大吃一惊，迟迟不敢表态，一直等到耶律延禧派遣使者前来查问，老头子才干脆一狠心，砍下萧敌里、萧延留两个倒霉鬼的脑袋，以表示自己的清白。

最终叛乱被镇压了下去，耶律章奴被处死，阿撒的下场估计也好不到哪里去。耶律淳不敢响应他们篡位当皇帝，倒是撇得够清，耶律延禧不但不怪罪他，还加封他为秦晋国王，拜为都元帅，征募从辽东逃来南京附近的流民组成一支新军——也就是后来郭药师统领的“怨军”。这是耶律淳第二次有当皇帝的机会，但他非常明智地退缩了。

现在是第三次了，南京的官员们苦苦相劝，耶律淳面孔一板，坚决不允。他是个在重重政治风浪中只知道明哲保身的人物，其实根本不是当皇帝的料，但终究年岁、辈分摆在那里，比起别的国王宗室也多少贤明一点，所以李处温等人再不肯放他逃走。

李处温最后竟然还口不择言，举出唐肃宗继位灵武的往事来——“想当初‘安史之乱’，唐玄宗李隆基逃往四川，朝中无主，幸亏肃宗李亨及时在灵武登基，这才挽救了唐室覆亡的危机。现在局势不是很相似吗？为了群策群力，击败女真叛贼，恢复我大契丹的江山，殿下您应该当仁不让地挑起这副重担呀！”

这完全是胡说八道。李隆基和李亨本是父子关系，并且李亨早就被册立为太子，父业子继，皇帝不在了（驾崩、逃亡，或者失踪），太子继位，那是名正言顺，怎么能拿来类比堂叔侄关系的耶律淳和耶律延禧呢？况且就连李亨本人，因为没有得到老爹的同意就急不可耐地登上皇帝宝座，当时和后世还有很多人骂他“不孝”呢。

耶律淳听了李处温这番胡话，当真是哭笑不得，一甩袖子就打算退回后堂。可是他走不了，客厅早就被挤满了，李处温的儿子李奭趁机扑过去，霸王硬上弓，拿起件红袍子披在耶律淳身上——红色是大富大贵的象征，这件红袍子虽然不是皇袍，但它是一种标记，和所谓“黄袍加身”是同一个意思。

遥想当年，后周殿前都点检赵匡胤就是在陈桥驿驻兵的时候被人披上黄袍，假惺惺地被迫做了皇帝，建立的北宋王朝——这不是“历史总会惊人的相似”，而是人类都擅长援引前例来抬高自己行为的正当性或者合法性。

大红袍子一上身，客厅里的官员们立刻全体下拜，口称“万岁”。声音传到厅外，等在外面的官员们、贵族们、乡绅们，也全都在没有或者没有明显的统一指挥下，步调一致地叩拜高呼。数万人一起喊叫，声震屋宇，整个秦晋王府连梁带柱全都在微微颤动。

耶律淳这下子没办法了，看起来大家都是铁了心要造天祚帝耶律延禧的反，自己如果犯了众怒，后果不堪设想。进一步就是皇帝，虽然是风雨飘摇的小朝廷的皇帝，也总比退一步死无葬身之地要来得强呀！

于是耶律淳就被迫登上了契丹辽朝的天子宝座，被尊为天锡皇帝，改年号为建福，册封老婆萧普贤女当皇后。当然，一朝不能有两个皇帝，终究耶律延禧还活不见人，死不见尸，没有确切的阵亡或被擒的消息，天锡皇帝只得下诏，撤去耶律延禧天祚皇帝的尊号，降封他做湘阴王。

新皇登基，大赏群臣。耶律淳拜张琳为太师、李处温为太尉、左企弓为司徒、曹勇义知枢密院事、虞仲文参知政事、李处能直枢密院、李奭为少府少监。对于手握重兵的萧干，先是进位北枢密使，然后干脆封他做奚王。

萧干看名字像是契丹人，但他的萧姓乃是赐姓，本名叫回离保，是奚族人。奚族的全称是库莫奚，和契丹族同源，据说这两个民族风俗文化非常接近，连语言也可以互通，所以当契丹人征服奚族以后，仍然保留他们原来的王国体系，作为契丹辽朝的附庸，而奚国有五个王族，归附以后也都改姓了萧。萧干本是奚国的王族宗室，自然有当国王的资格。

还有一位拥戴功臣郭药师，本是怨军八营都详稳也即总司令。所谓“怨军”，乃是由耶律淳组建起来的一支新军队，成员主要是逃亡流散的辽东居民，有汉人、契丹人，也有渤海人。这些人因为女真兵南下而失去了家园，满腔愤恨，一心想和金兵干仗复仇，于是就起名叫作“怨军”。

耶律淳登基以后，觉得怨军这名字不好听，不吉利，就改名为“常胜军”，任命郭药师为常胜军都管押、涿州留守。

常胜军驻扎在涿州（今河北省涿州市），萧干大概也不在南京周边，因为他们两个都没有直接跑到耶律淳的府上去“红袍加身”。实际负责南京析津府周边防御重任的，只有耶律大石一个人。

皇帝换了，朝廷上下说不上耳目一新，起码多少有点新气象，耶律大石摩拳擦掌，觉得自己大展雄图的机会终于来了，他整备物资、训练兵马，打算要和女真兵好好地大干一场。然而他没有想到，北方烟尘未起，南面却突然响起了隆隆的马蹄声——停战已经上百年的北宋王朝突然派出十万大军，浩浩荡荡直逼析津府！

耶律大石有史所载打的第一仗，竟然不是和女真人打的，而是和宋人。

第二章
析津府：帝国的最后堡垒

南京析津府刚得到宋军杀来的消息的时候，小朝廷上下立马乱成了一锅粥。本来正集兵往北，准备抵抗金军来势凶猛的进攻呢，没想到后院先起火了，如果女真人和宋人南北夹击之势真的完成，那么南京就像个鸡蛋一样，一晃就要散黄。这该怎么办才好？

上中下三道御策

宋金签订了海上之盟以后，北宋政府迅速行动起来，调动军队和物资，准备大举北进去收复幽云十六州。

不过因为和契丹辽朝一百多年的和平，北方边境上只有小摩擦，没见过什么大仗，宋朝的军备废弛得非常严重，实在拿不出多少可以战斗的士兵来。本来北宋就是个重文轻武倾向很严重的朝代，宋太祖赵匡胤在开国以后，为了避免重蹈五代十国藩镇割据、地方坐大的覆辙，下令有战斗力的军队统归中央指挥，称为“禁军”，地方军队叫作“厢兵”，装备极其低劣，不像军队，倒像是警察（还不是武警）。

禁军号称八十万，可那只是定额而已，多年来的和平局面造成了老百姓都不愿意去当兵，而各级将领却乐得报缺额、吃空饷，贪污腐化，所以根本就凑不出多少真能战斗的兵马来。

好在西北边境还经常有仗打，北宋和西夏时战时和，始终处于半敌对的状态，这就使得陕西、甘肃等地区的军队虽然数量不多，但身经百战，个个都是勇士——马政、马扩父子就是西北军出身。换了别处的武官，就算有胆子渡海去和女真人谈判，也未必能在猎场上一箭就射中黄獐，使阿骨打和撒改鼓掌喝彩。

因此宋徽宗赵佶调动了大部分战斗力顽强的西北军，加上河东、河北两路地方部队和一小部分屯驻在京城的禁军，拉拉杂杂，好不容易拼凑起十万人马。童贯如愿以偿，当上了伐辽军的主帅，头衔是“河北、河东路宣抚司宣抚使”，他选择了一个吉日良辰，誓师点将，浩浩荡荡地兵发幽云十六州。

不过在战争还没有开始以前，宋朝内部就响起一波又一波的反对声浪。朝臣们普遍认为，宋人和契丹人一百多年来从没有发生过大规模战争，现在不守信用，背盟起兵，于理不合，况且女真兵非常悍勇，又不开化，只怕他们在灭辽之后还会掉过头来攻打大宋，“唇亡齿寒”，前车之鉴不可不察。

前几年，高丽国王生病，派人到宋朝来求医，宋徽宗赵佶挑了两名御医前往诊治。等到御医回来，禀报说高丽人领他们看了军队操练，并且提出警告：“听说天子将要和女真人联兵讨伐契丹，这不是一件好事情。保留下契丹，可以帮助中国抵御来自北方的侵略。女真人如同虎狼一般，不能和他们交往，必须早做防备。”

连远在海外半岛上的高丽国王都有这种见识，可惜宋徽宗和蔡京、童贯等人利令智昏，根本就看不清这一点。

一直到临出兵的时候，中书舍人宇文虚中还上书赵佶，详细论证了这仗很难打赢，不如趁早放弃。他说：“用兵之道，要先做周密完全的准备，计算强弱虚实，知己知彼，才能百战不殆。现在一问起军事物资是否足够，童贯就拿出宣抚司的统计数据来，认为还有富余，却看不到沿边各州、府库房里都是空的；一问起士兵是否训练有素，童贯就给大家展示调自西北军的六万精兵，却看不到沿边各州府人员匮乏、武备废弛，并且总共也拿不出几千兵马来。这哪里算是万全之策？”

宇文虚中还说，从来防守容易进攻难，守城容易攻城更难，在没有周密的准备之前，不宜主动发起进攻。况且，契丹辽朝一直自命是中国正统，态度傲慢，但自从女真人打得他们抱头鼠窜以后，他们立刻变得恭顺起来，现在抛弃态度恭顺的契丹人，反去联合态度倨傲、想和我们平起平坐的女真人，实在不算是明智之举。

赵佶没有主见，看了宇文虚中上奏的一通解说，也觉得挺有道理。但是出兵的诏命已经发了，总不好立刻收回，于是他就把奏折交给宰相王黼：“你去研究一下。”要说这王黼也是当时的大奸臣之一，和蔡京、童贯本就是一党，为了这次北伐，他想尽办法搜刮民脂民膏，为童贯凑齐了军用物资，都到这个份儿上了，怎能让自己的努力都化作流水？于是他干脆找个由头把宇文虚中赶去当个闲职，免得他再多说什么废话。

大军开拔之际，童贯和担任监军的蔡攸（蔡京的儿子）信心满满，上殿去向赵佶辞行。据说当时有两名漂亮的宫女站在赵佶身边，蔡攸这公子哥儿一眼就相中了，觍着脸央告说："打赢了仗回来，请陛下把她们赏赐给微臣吧。"赵佶笑了笑，竟然没有责怪他御前无礼，也没有训斥他放浪无形。

赵佶嘱咐童贯说，你此去有上中下三策——"如果燕人（指幽云十六州的官僚和百姓）心向王化，主动投降，咱们不费一兵一卒就将其收复，这是上策；如果耶律淳肯纳贡称臣，那就让其做咱们的附庸国，这是中策；如果燕人不肯服从，你硬把他们打下来，这是下策。"

还没接战呢，就先想着敌人会投降，世上哪有那么便宜的事情？当然，从来不战而胜是最高境界，但这并不是说什么都不干，大军一压境自然敌人就降服了，你总得事先进行大量的工作，搜集情报呀，搞策反呀等等，宋朝毫无预先的谋划，仓促进兵，真的可能取胜吗？

当然，赵佶本人是认为赢定了的，童贯、蔡京父子和王黼也认为赢定了，无论是本国的朝臣、军民，还是高丽人说些什么，他们全都当是耳旁风。

宋军此次北伐契丹辽朝，目的是收复幽云十六州，可是还要藏着掖着，不肯担负撕毁盟约的恶名，对外宣称是"勒兵巡边"，也就是巡查边境防务。按照赵佶的意思，你们出去巡游一圈，对方自然就害怕了，幽云十六州陆续都会归降，何必要真的开仗呢？

所以作为十万大军主将的童贯，头衔不是什么大将军、都统制，而是“河北、河东路宣抚使”，也就是说，他名义上是去边境视察的，不是去领兵作战的。

作为派将出师的主帅，宋朝惯常都会挂个“都统制”的头衔，这回也有一位都统制，虽不是童贯，却事事都要向童贯请示汇报，一点主帅应该具备的权力都没有。这位都统制究竟是谁呢？那就是《水浒传》里鲁提辖在拳打镇关西的时候提起过的——“洒家始投老种（chóng）经略相公，（他）做到关西五路廉访使，也不枉了叫作‘镇关西’！”正是那位大名鼎鼎的“老种经略相公”。

西北军中有很多军人世家，比如种氏、刘氏，还有民间传说镇守三关的杨家将，以及杨家老令婆佘太君的娘家——不过正经应该写作“折（shé）”家而不是“佘”家。“老种经略相公”就是种家的大家长，本名种师道。

“经略”是指经略使，相当于军区司令，“相公”是当时对中高级官员的尊称。为什么种师道被叫作“老种经略相公”呢？因为他还有个弟弟名叫种师中，人称“小种经略相公”，兄弟两个都是当时的名将。

名将虽是名将，种师道对此番领兵北伐契丹，心里却一直在打鼓。要知道当时北宋武备废弛，那么大个国家，唯一能打仗的只有西北军六七万人，也就是此次北伐的宣抚司主力，这支部队常年在今天的陕甘一带和西夏兵打仗，对河北地区的山川地形、风土民情和契丹辽朝的军事实力全都两眼一抹黑。种师道在率领西北军的时候几乎是战无不胜，可是被调到幽州附近来打仗，他心里却一点底都没有。

不仅种师道，他部下的西北军将领中也有很多人对此次战争存在着深深的疑虑。一是咱们干吗来了？夏人连年侵扰边境，和西夏打仗是理所当然，契丹人多少年不南下了，和他们打的哪门子仗呀？二是咱们怎么打？这里人生地不熟，宣抚司也没有提供足够的情报，又该怎样制定作战计划？三是真的要打吗？童宣抚整天嚷嚷着安抚、招降，似乎大军一到，北辽君臣立刻归服，那还千里迢迢调咱们到河北来干吗？

正是因为临行前宋徽宗赵佶给童贯、蔡攸设定了上中下三策，所以他们到了河北，先不急着越境，而是驻兵雄州（今河北省雄县），张布皇榜，散发降旗，要求幽云之地的官员和军民们都来投顺，还许诺说："谁能够拿下燕京（契丹辽朝的南京析津府）城来投，立刻保举他做节度使。"

种师道多次请战，童贯、蔡攸两个全都当成耳旁风，下令说你可以前进，但不要越过界河，我们只管在后方放榜招降就是了，等到北辽主动归顺，你可不要来抢功劳。

种师道心里这个凉呀。

可是不管种师道等人心里多么不情愿，既然是童宣抚的命令，并且还有皇帝的上中下三道御策，那也只好硬着头皮，站在界河边上干等着了。可是他们一直驻扎到五月中旬，是左等没人来投降，右等没人来归顺。童贯、蔡攸终于等得不耐烦了，下令种师道统率各路兵马越过边境，向燕京方向挺进。然而这回却轮到种师道不愿意进兵了。

种师道向宣抚司提出自己的疑虑："咱们初到河北，如果快速进兵，杀契丹人一个措手不及，还有取胜的可能。现在师老兵疲，敌人倒已经做好了迎战的准备，怎能再毫无准备地越界前进呢？"

童贯根本听不进去，不仅听不进去，他心里一烦，干脆剥夺了这位老种经略相公的一半兵权，分兵二路，策应进军——东路由种师道率领，西路则由童贯自己的爱将、同样出身西北军的辛兴宗率领。

宋军是这种"将骄兵疑"的状态，那么北辽方面的情况又如何呢？

南京析津府刚得到宋军杀来的消息的时候，小朝廷上下立马乱成了一锅粥。本来正集兵往北，准备抵抗金军来势凶猛的进攻呢，没想到后院先起火了，如果女真人和宋人南北夹击之势真的完成，那么南京就像个鸡蛋一样，一晃就要散黄。这该怎么办才好？

耶律淳急忙召集百官商议。这时候他们已经探查到了耶律延禧的确切去向，知道他一路向西奔逃，先是去了西京大同府，接着又出城跑去了夹山（今内蒙古自治区呼和浩特市西北），女真兵在后面一路猛追。那位过去的皇帝、现在的湘阴王跑得倒快，估计女真兵一时半会儿追不上他，短时间内也就不会对南京城发起总攻。北辽君臣计议，不如趁此机会先集兵一处，想办法先解除南面的危机。

可是仓促间集合不了多少兵马，耶律淳一方面下诏让奚王萧干迅速回援，一方面任命耶律大石为西南路都统，牛栏监军萧遏鲁为副都统，挑选两千精锐，都是奚族和契丹族的骑兵，火速南下，增援驻防涿州的常胜军都管押郭药师。

当时宋辽两国东部边境上横亘着一条不大的河流，名叫巨马河，也叫白沟，大致等同于今天的海河和清河，因为直接就做了边界线，所以也俗称为“界河”。距离界河最近的契丹辽朝的州一级行政区划就是涿州，可以说是南京的门户。

耶律大石率军开到了涿州，一听说宋军还没有渡河进击，就对郭药师说：“咱们不能等着敌人前来围城，得把战线往前推。”立刻率领所部骑兵继续南下，驻扎在涿州新城县（今河北省高碑店市），距离界河只有短短的二十公里。

大石在新城加固城防，积聚粮草，同时陆续向边境线上派出许多哨探，详细侦察宋军的动向。过了一阵子，终于有探马回来禀报：“宋军已经在白沟驿渡过界河，杀入新城县境内了！”

激烈的大战即将爆发。

界河边的较量

界河中游南岸的宋朝一侧有个小小的交通站，名叫“白沟驿”，宋军方面，种师道的东路军所瞄准的第一站目标就是这个白沟驿。他任命大将杨可世为前军统制（先锋大将），命令他以最快的速度冲向白沟驿，然后杀散北辽的边界守军，夺桥渡河，为全军攻入敌境做好准备。

得报宋军试图越过边境线，耶律大石急忙率领麾下离开新城县，奔向界河。

杨可世乃是宋朝西北军中有名的骁将，武艺超群，兵法熟谙，论起来可谓大石的好对手，可惜有两大因素制约着他此战的指挥：一、他只是前军统制，无法兼顾全局；二、他听信了童贯等人的胡话，以为北辽军队不会抵抗，正在找机会投降呢。因此杨可世骄傲自满，丝毫也没有把敌人放在眼里。他在渡过界河以后，没有如种师道所命令的那般巩固阵地，以待全军越界，却一门心思只想着快速突击到燕京城下——万一老天开眼、祖宗眷顾，直接就把燕京端了，那童宣抚所许诺的节度使的高官就唾手可得了呀！

比起骄傲大意的宋军，北辽兵将却是另外一种完全不同的心理状态。他们知道敌军数量众多，而自己只有两千骑兵，正面对敌是败多胜少，但不可能不打，如果把十万宋军全都放过了界河，别说新城，连涿州都很难守住，眼看着北方的女真人就要杀到，到时候南北夹击，南京析津府危如累卵。

耶律延禧早就跑得不知去向了，堂堂一个大契丹国，三分之一被女真兵攻陷，三分之一各自为战，就剩下这南京附近的三分之一有完整的指挥体系，还有一个新皇帝在城中坐镇。如果南京城丢了，不管是丢给了宋人，还是丢给了女真人，都可以说是契丹国彻底覆灭了。

就这样，以哀兵战骄兵，以游牧民族骑兵战步骑兵混编的宋军，加上主场作战，地形熟悉，耶律大石这仗打得要多顺手有多顺手。他在一个名叫兰沟甸的地方，突然率军从杨可世侧面出现，利用骑兵的优势发起了猛烈进攻。

本来步兵方阵布列好了，长矛在前、弓箭在后，是不怕骑兵冲锋的，可是宋军根本就没有预料到还会碰见成规模的抵抗，正在行军中，猝不及防，一下子就被北辽军冲散了。杨可世慌忙撤退，士卒死伤无数。

这一仗挫动锐气，宋军士气瞬间低落，就连西北军兵将也都议论纷纷："杨将军那么厉害，和西夏人打仗是胜多败少，怎么到河北头一仗就输了？是敌方主将勇略过人，还是契丹兵比西夏铁鹞子军更能打？！"

眼见得士气低落，老将种师道终究经验丰富，不敢再贸然前进，到达界河边上就扎下了大寨，和大石的部队隔河相望，等待战机——这是当年的五月二十八日。第二天，奉了宣抚司的命令，种师道派遣使者过河，一方面探查敌军虚实，一方面递送招降的文告。

种师道现在手头有数万大军，耶律大石不过两千骑兵而已，并且宋朝西路军辛兴宗所部现在也接近界河了，很可能和种师道左右夹攻，把大石给包了饺子。在如此危险的态势下，换个别人或许就跪地请降了，再不济也退守新城县，可是大石不同。一方面，他因为宋人的背盟而气炸了肺；另一方面，也想到国家存亡在此一举，如果今天退回新城，让宋军占据了白沟，那么南京以南就再无险阻，宋军可以长驱直入——倘若都城被宋人给端了，那保存这两千人，还有自己这条性命，有什么用呀！

宋辽两军隔着界河对峙，虽然兵力悬殊，可是种师道人生地不熟，情报很不好搞，他不清楚大石麾下究竟有多少兵马，甚至此前连耶律大石这个名字也没有听说过。老将军用兵谨慎，不敢贸然发动总攻，他想着等辛兴宗的西路军先渡过界河，牵制北辽军，那时候就可以左右夹击，打一个大胜仗。

而对于大石来说，到了这个节骨眼儿上，他是肯定不能后退的。虽然兵数比敌人差得太多，也只能期望依靠高昂的士气来打几个局部小胜仗，尽量拖着宋军，以等待后续兵马前来增援。

好在新皇帝耶律淳虽然胆小怕事，倒还不是个糊涂人，虽说接到了兰沟甸传回来的捷报，他也不会期望仅靠大石的两千人就能挡住宋军。于是到处搜罗兵马，终于在数日后增派了包括守备涿州的常胜军在内的三万兵力，陆续开到前线。

耶律大石得到这三万生力军，不由得精神一振。有了这支部队，只要指挥得当，别说挡住宋军了，把他们彻底打垮也是很有可能的。恰好在这个时候，他又得到传报，说奚王萧干率领奚军主力回援，即将开到南京。于是大石写信给萧干，请他直接去攻击宋人的西路军。

现在隔着界河对峙的双方，兵力几乎相等，依靠昂扬士气，平推过去也是有可能取胜的，但非万全之策。况且两军隔河对峙，界河相对任何防守的一方来说都是可以极大提升战斗力的要素，换句话说，谁先动，谁吃亏。大石在仔细研究完战场地形以后，决定突出奇兵，一举把宋朝东路军打垮。

白沟驿旁边有一座桥，当日杨可世就是通过这座桥杀入北辽境内的，他被赶回去以后，双方都在各自方向的桥头布置了重兵。于是耶律大石依仗着自己当辽兴军节度使多年，对南京周边地形比较熟悉，制订了一整套完美的夺桥计划。

他首先派副将萧遏鲁指挥部分兵马佯作攻桥之势，自己却悄悄率领主力部队离开桥头，从西边上游一处水浅的地方涉渡过河。种师道对敌方的这种动向还毫无察觉，突然契丹兵就从桥上猛冲过来，刚下令守桥部队挡住，侧翼又遭到了大石主力的突然袭击。

宋军守桥部队遭到来自两个方向的攻击，顾此失彼，很快就溃不成军。守桥部队的溃败引起连锁反应，很快就连种师道的中军也站不稳脚跟了。大石完美地掌握着战场节奏，趁机把部队重新拧成一股绳，直向种师道杀来。所谓“射人先射马，擒贼先擒王”，只要杀死或者赶跑了宋军主将，还怕宋人不全线崩溃吗？

种师道不愧是久经沙场的老将，他的临场应变能力非常敏锐，一看北辽军一往无前地即将杀到面前，急忙命令身边的亲兵抛弃战刀、长矛，手持早就准备好的白棓棒迎敌。

白棓棒也叫作“梃”，其实就是棍棒。说起来，棍棒原本就是军中常用的武器，不过和民间使用的不大相同，用作战场武器的棍棒都是包裹着铁头的。作为双手敲砸兵器，棍棒的威力比铁锤差不了多少，使用起来还更加灵活。这个时代盔甲的制造技术日益完善，防护严密，没有好刀好枪，没有超群武艺，很可能刺不穿、砍不碎敌人的盔甲，但敲砸类兵器就不同了，只要力气足够大，抡得足够开，就能给敌人造成相当严重的伤害甚至是内伤。况且在混战之中，棍棒也比刀枪要来得灵活实用。

耶律大石奋勇前进的锐气最终就被迫停止在这支白棓棒部队面前，再也难以前进一步。种师道因此保住了性命，并且以他的中军为核心，如同一块大磁铁似的，不断把被打散的宋军集合到身边来——只要主将大旗不倒，战局就还有扭转的可能。

大石看到宋军已经从骤然遇袭的混乱中恢复了过来，即将站稳脚跟，不由得长叹一声。他知道再打下去也没有什么便宜可占，真的变成正面肉搏战，谁胜谁负很难预料。所谓“见好就收”，即便无法扩大战果，也可以保持住胜利的态势。于是他及时下令收兵，奏着凯旋之乐，以全胜之姿退回到界河边上。

耶律大石并没有再回到界河以北，因为这个时候北辽军士气高昂，已经完全可以弥补地形的不足了，他干脆就在界河南岸扎下了大寨。

种师道没有办法，只得下令撤退，先找一座城池作为依托，好重整兵马，以期再战。

眼看宋军朝后退却，耶律大石却拿不定主意是否追赶。虽然打了胜仗，但并未将宋军彻底击溃，他本能地察觉到宋营中定有能战之将，这般将领在后退的时候，是不会不安排殿后兵马的，自己贸然追击，恐怕胜算渺茫。况且，宋人的西路军还情况不明，如果挥师追击，却被对方渡过界河，抄了自己的后路，那局势就会变得很危险了。

但是，难道就此任凭宋军安全撤走吗？也多少有点不甘心。大石正在彷徨之际，突然一匹快马驰入他的中军，马上骑士高声禀报说："今日午前，萧大王在界河边的范村击败了宋军！"

听说萧干快速增援，打败了辛兴宗率领的宋朝西路军，耶律大石不禁大喜过望。既然如此，就再不怕宋军东西夹击了，于是大石立刻选拔善战的骑兵，组成一支快速部队，亲自率领着向南方奔驰，从背后紧紧追赶撤退中的宋朝东路军。

这个时候的种师道也已经得到了辛兴宗败退的情报，消息传开，宋军上下遭到沉重的心理打击，士气濒临崩溃的边缘。在这种情况下，就算种师道再怎么能征善战，再怎么威信素著，也无法组织起有效的殿后防卫了，结果被耶律大石指挥骑兵一顿猛冲，立刻全军溃散。

大石追上宋军的地方，是在古城（今河北省雄县北）附近。本来种师道是打算进驻古城重整兵马的，可是北辽骑兵来得实在太快，没有办法，只得绕城而走，一路败逃到雄州城下。

童贯、蔡攸的宣抚司就设在雄州，正在派人打探前线情况，突然看到大群败兵汹涌而来，并且朝着城上高喊："开门，放我们进去，契丹兵这就杀过来啦！”这话不喊还好，童贯一听，怎么着，你们把契丹兵都给引来了？我放你们进来，万一契丹兵跟在你们屁股后头也冲进城来，我不是危险了吗？于是严令关闭四门，不放一人一马进入。

可怜的宋朝败兵，后有敌军，前有坚墙，上天无路，入地无门，被北辽骑兵砍瓜切菜一般杀倒了一片又一片，死伤无数，就连都统制种师道也几乎做了刀下之鬼。

唇枪舌剑

虚岁 36 的耶律大石头一回指挥数万大军作战，就杀得宋人溃不成军，威名大振，响彻了整个河北地区。然而虽然取得全胜，大石却并没有继续追击，也没有围攻雄州城，而是在当晚就鸣金收兵了。

大石希望能够尽快结束这场战争，恢复宋辽之间的盟约，他好抽调主力北上，防备金军突破居庸关杀到南京城下——宋人再怎么可恨，从大局着眼，也只好暂且忍了吧。

于是他一方面退还涿州，休整兵马，一方面派遣使者到雄州去，责备童贯说：“贵我两国曾经约为兄弟，女真人造我们的反，等于也是你们的敌人。现在你们贪图一时的小利，放弃百年的盟约，结一个豺狼一般的邻居，留下后日的祸患，实在是太不明智了。自古以来，救援邻居就是应该遵守的好品德呀。请大国仔细考虑。”

表面上是责备，实际上是给宋朝一个台阶下：咱们还是兄弟呀，不是仇敌，兄弟你做错了事情，赶紧收手，我就当没发生过。并且末了还尊称宋朝为“大国”，故意摆低姿态，这个台阶给得有多好。

可惜俏眉眼做给瞎子看，童贯根本就看不穿这一套，他光想着吃个败仗就回朝，自己面子上不好看，在皇帝面前也难以交代。种师道苦苦相劝，这仗没法打了，还是跟契丹人谈和吧，看契丹人的意思，只要咱们退兵，不用割地，不用赔款，还能恢复到战争之前的和平态势，可有多舒心，你怎么就不肯答应呢？童贯心里这个恨呀，干脆写封密信给王黼，污蔑种师道勾结外寇、通番卖国。于是王黼就发了个右卫将军的空头衔给种师道，暗示说：“你也老了，还是赶紧退休回家，安享晚年去吧！”

直到这个时候，童贯仍旧抱有幻想，以为耶律大石虽然强横，可耶律淳听人说起来是很软弱的，我不如跳过大石，直接去和耶律淳谈判，说服他投降就行了。可是该派谁去呢？双方刚打完仗，自己这边还吃了大亏，派使者去，很可能一去不回头，让人给砍了，得找个有勇气而又能言善辩之人才好。

考虑来考虑去，他最终还是挑中了马扩——一来马扩胆识过人，武艺超群，那是连金主阿骨打都曾经称赞过的；二来“海上之盟”就是他们父子俩谈定的，相关情况他最了解。

马扩果然是个有勇有谋的豪杰，他知道想要劝服别人，第一自己立身得正，否则一见面：“我就是要背盟，就是要打你，没有理由，你们快投降吧。”再没火性的人都得给激怒了。所以当他来到南京析津府，面见耶律淳以后，故意编造了个理由，为宋朝找个大义名分，他说：

“贵我两国本是兄弟，可是现在天祚皇帝仍然在世，你们就又立了一个天锡皇帝，有谋朝篡位的嫌疑。因此我朝才派发天兵，兴师问罪，所谓背弃盟约云云，全都是不实的猜测。只要你们投降称臣，我朝立刻退兵，绝不食言！”

耶律淳确实是个软弱的人，马扩这番话说得他连缩脖子。然而前线刚传回来捷报，他知道宋军已被杀得大败，在这种情况下，傻瓜才会投降呢。投降就要做附庸，那我还不如去做女真人的附庸呢，好歹他们是战胜国，我干吗要掉过头来当战败国宋朝的附庸呀？于是耶律淳客客气气地招待了马扩一行人，但是不给丝毫回复，就派人送他们回雄州去。

马扩也知道在这种态势下想要说服北辽投降是很不现实的，童宣抚下了命令，自己才会前来，可能否说动对方，其实心里一点把握都没有。既然耶律淳已经下令送客，他也不好再多说什么，只得黯然离开了南京析津府。

六月六日，以马扩为首的宋朝使节团南下界河，经过涿州，突然有人传报，说正驻扎此城的都统大人召见宋使。马扩询问：“是哪位都统大人？”对方回答说：“大石林牙。”

“哦，原来就是在界河杀败我军的大石林牙呀，”马扩心中想道，“我听说此人乃是北辽主战的领袖，我此番是来说降的，大概他想要取我的首级，以坚其主抗战之心吧。”

这位马扩的生年，史书上并没有记载，估算是在1080年前后，也就是说他和耶律大石年龄相当，这个时候都是三十来岁，年轻气盛，风华正茂。

马扩这个时候内心极为矛盾，他在跟着父亲马政前往辽东和女真人谈判的时候，满腔的雄心壮志，只想着达成协议，夹击契丹辽朝，收复幽云十六州，国家可以从此富强。年纪轻轻就能赶上并且亲身参与这种翻天覆地的历史性事件，真是再幸运不过了。然而好不容易达成了协议，天子下诏出兵，自己也随同北伐，全军上下却是这么一种精神面貌，宣抚司毫无战心，老种经略相公悲观失望，才一接战就打了如此大的一个败仗。到了今天，马扩不禁开始怀疑起自己最初的判断来了。北伐幽云，真的可能打赢吗？如果打不赢，损兵折将，血流成河，却得不到一寸土地，自己反倒变成了国家民族的大罪人。马扩的满腔热血全都变得寒冷如冰，心说与其那样，还不如被耶律大石一刀砍了来得轻松呢！

因此虽然察觉到大石要取自己性命，他还是毫不迟疑地昂首而去，抱定了必死的决心。果不其然，一见面，大石就板着脸怒声呵斥：“你国为何背盟来攻？”

马扩果然是个文武双全的英雄，也很擅长外交辞令，他故意拐个大弯，从侧面回答耶律大石的提问，说：“女真人数次派使者来找我们，说打算灭掉契丹，把幽云十六州还给我们。因为贵我两国素有盟约，所以我们一直拖着，不肯答应。女真人最近又发来文牒，说他们已经杀到了燕山北麓，如果我们不要幽云之地，他们就自己收了。朝廷万般无奈之下，这才被迫起兵进攻。”

听了这话，耶律大石勃然大怒，一拍桌子，斥责道：“河西家（指西夏）多次写信来要和我们夹攻南朝，我们顾念盟约，每次都不仅不答复，还把来信送去给你们看，以表诚信，不肯见利忘义。现在你们竟然听信从来不曾打过交道的女真人之言，发兵来攻，真是太无耻了！”

左右将校眼看主将发怒，耳听大石掷地有声的责问，莫不热血上涌，刀剑出鞘，就要斩向马扩。然而大石却并没有杀害宋使之心，急忙拦住众人，说：“为了两国可以和好，我不能伤害或者扣押使者，带他下去用饭，饭后就送他走吧。”随即又转过头来，一拍胸脯，豪气干云地对马扩说：“帮我传话给童贯：想谈和就依旧和平，想打仗就放马过来，出兵见仗！”

这一段故事见载于马扩自己的回忆录《茆斋自叙》，而在《契丹国志》等书中却存有着似同实异的记载——同的是文字，异的是语气，古人虽然不大直接运用形容词来描述语气、情感，话语中一点小小的变化却反而更令后人体味悠长。《契丹国志》里是这样记录耶律大石所言的：“我本想扣下你马扩，但你此来是为了两国通好，所以我不能做得太过分。想谈和就谈和吧，想打仗就打仗吧，天气太热了，早早决定，别让士兵们太受苦……”

话语中充满的不是豪气，而是一丝揶揄，一丝自嘲，以及无法掩饰的疲倦和无可奈何。

大石之所以不杀马扩，是为了给自己的国家留一条后路，是为了可以尽快恢复和宋朝的和平，好让自己可以腾出手来抵抗北线女真大军的进攻。只有这样，南京才有可能保住，自己的国家和民族才可能找到一线生机。如果宋朝仍然不肯放弃夺取幽云的打算，战斗持续时间太长，女真兵必定南下，两面夹击，国家存活的最后一点希望也将化作泡影了。

然而，童贯始终驻扎在雄州不肯退兵，此番见了马扩，他的态度表面委婉，骨子里却依旧很强硬。把这些情况综合起来，大石不禁悲哀地认识到，这场无意义的战争还远远没有结束……

童贯率领宋军依旧驻扎在界河附近，对北辽来说乃是极大的威胁，大石不敢班师回归南京，只怕他前脚一走，童贯看到有机可乘，又要轻举妄动。然而正所谓“屋漏偏逢连夜雨”，这个风雨飘摇的小朝廷北有金朝，南有宋军，正当捉襟见肘之际，突然又有第三只黑手伸了过来。

空出了皇帝宝座

1122 年六月，也就是耶律大石在界河边击退宋军以后不久，突然有一名跟随耶律延禧西逃的契丹官员回到了析津府。耶律淳立刻召见，问他："皇帝陛下现在在哪里？身体还好吗？"虽然当了好几个月的天锡皇帝了，虽然已经把耶律延禧贬为湘阴王了，可他还是改不过口来。

那名官员直接转达耶律延禧的话："朕已经集合了天德、云内、朔、武、应、蔚等州的蕃、汉精兵五万，不日将回归南京。朕不在的这些天，秦晋国王辛苦了，不过最后还要麻烦你一下，准备些衣物、茶叶、药品送到朕的军前来。"

这话说得很平和，但内中透露出来的信息却一点也不简单。首先，耶律延禧根本不承认耶律淳这个天锡皇帝，而且摆明了要发兵攻打南京，讨伐耶律淳这个"篡位的叛逆"。

耶律淳年纪大了，骤然遭受宋军进攻，又是操劳又是担忧，脑袋一沉就病倒在床上，好不容易病情略有起色，却又惊闻这一噩耗，吓得他差点就背过气去。但他知道情势危急，自己现在可不能躺倒不管，只好勉强支撑着病体登朝坐殿，召集群臣前来商议。

群臣面面相觑，一时间也都没了主意。他们中的很多人当初拥戴耶律淳登基，一方面是真的为了国家着想，立一个新皇帝好名正言顺地管理南京及其周边地区；另一方面也是希望靠着拥戴之功升官发财，现在耶律延禧要回来了，还能有他们的好果子吃吗？大家都很了解耶律延禧的脾气，一旦他回到南京，肯定会以谋逆之罪大开杀戒的——首当其冲就是太尉李处温。

从李处温个人立场来说，他断不能放耶律延禧进城，于是清清嗓子，直截了当地建议："现在耶律延禧已经不再是皇帝了，他是湘阴王，他若敢无诏回京，那就打仗吧！”反正对方不过五万人马，南京城里及其周边的契丹、奚、汉、渤海各军集结起来总有个七八万，就算真打起来也未必没有胜算。

听了李处温的话，百官全都摇头。不管怎么说，耶律延禧也是前代皇帝，即便已经把他降为湘阴王，似乎对待他的态度也不应该如此严厉。况且，要打败耶律延禧或许并不算难，但南方有宋军虎视眈眈，北方还有女真兵摩拳擦掌，这个时候契丹辽朝还要爆发内战，不明摆着是在自掘坟墓吗？

眼看大家都不同意，李处温赶忙又加了一条补充意见：“如果湘阴王大军杀来，不如咱们敲锣打鼓迎接秦王入城当太子，那样既可以显示陛下得国之正，又可以瓦解对方的军心，一举两得，岂不是好？”

李处温的话说得非常奇怪，耶律淳既然当上了皇帝，按照传统规矩，皇位就该传给自己的儿子，为什么要立耶律延禧的儿子秦王耶律定当太子呢？有两种可能性，一是耶律淳并没有儿子可以继承皇位，那么选择前代皇帝的儿子当太子，是最简便合理的办法。还有另外一种可能性，耶律淳本来就是被留守南京的官员们强迫登基的，或许他在同意前先摆出过条件：“我只是暂摄皇帝大位，如果得到天祚皇帝的消息，那就把宝座还给他。”李处温等人当然不会允许耶律延禧复位，但他们可能退让一小步，承诺说将拥戴耶律延禧的儿子当太子，从而换取耶律淳的最终首肯。

暂时摄位，将来再把宝座还给前一代皇帝的后人，这种做法很符合当时的传承规矩，也很能收拢人心，对于耶律淳来说，也是避免自己戴上“篡位”大帽子的一个比较靠谱的方法。正因为如此，所以李处温今天才会想出“抵挡湘阴王，迎接秦王”这样的奇怪主意吧。

李处温这个建议一端出来，奚王萧干首先叫好。领头拥戴耶律淳登基的重臣中，张琳早就被李处温排挤去做了闲职，耶律大石和郭药师还领兵在外，剩下李处温和萧干既然统一了意见，别的大臣也就纷纷附和。萧干大喊一声：“大家表态吧，同意这个主意的，都站到东边来。”“呼啦”一声，几乎所有人都跑到东边李、萧两人身旁去了，只剩下一个南面行营都统部署耶律宁傲然走到西面，不肯和他们同流合污。

李处温责问耶律宁：“你怎么不过来，有什么想法？”耶律宁回答说：“如果耶律延禧只是口头恫吓，咱们根本就不用理他；如果他真能集合五万大军杀来，就是天数未尽，你我又岂能抗拒？况且，湘阴王、秦王，本是父子关系，要拦就全都拦住，从古到今，哪有迎接儿子却抗拒他老爹的道理呢？”

耶律宁反对言论一出，史书上记载得很妙，说“李处温等人相顾微笑”，然后弹劾耶律宁动摇军心，要把他当场拉出去正法。不容反对意见，想要把不肯和自己站在同一条船上的家伙干掉，虽然卑鄙，倒也是奸臣的常情，可是在此前先“相顾微笑”，就可见得李处温这家伙是多么阴险了。

群臣在那里讨论问题、站边表态的时候，耶律淳一直瘫在御座上，因为病重乏力，所以拿个枕头倚靠着，此刻看到这种情况，急忙直起身来长叹一声说："耶律宁是忠臣，怎么能杀？如果天祚皇帝回来，我只有向他请罪，请求一死。我还有脸面和他相见吗？"

皇帝发了这种话，群臣莫不胆战心惊，心说你都但求一死，我们还有活路吗？怎么对付耶律延禧的问题，就只得暂时搁置下来，而李处温惊恐之余，也开始为自己寻找退路。

这样气氛沉闷地又过了几天，耶律淳的病势越来越重，终于在当月的二十四日两腿一蹬，彻底咽了气。

据说耶律淳临死前曾经秘密地召见李处温，给了他一份"札子"，也就是委任状，任命他做"蕃、汉马步军都元帅"，摆明了是要托孤。可是事实上耶律淳并无孤可托，他遗命让秦王耶律定继承皇位，可这位耶律定根本就不在南京，他还跟着老爹耶律延禧躲在夹山呢。

所谓"蕃、汉精兵五万人"云云，根本就是耶律延禧编出来吓人的，事实上他现在手边根本就没有那么多兵，更没有回南京来的意图——金军距离南京那么近，宋军还从南面杀过来了，他干吗要回去呀，找死吗？

等到耶律淳一咽气，他的皇后萧普贤女急忙召集重臣入内殿商议：国不可一日无主，这回皇帝宝座空出来了，挂名的太子耶律定却不在南京，继承人问题该怎么解决才好呢？萧干率先进殿，群臣也陆续来到，可是却迟迟见不到太尉李处温的身影。那位拥戴功臣一会说自己病了，一会说奉了大行皇帝（指耶律淳）的密旨，要集合兵马严防动乱，就是不肯去内殿开会。

李处温究竟打的什么算盘呢？想来他都元帅委任状在手，忙着掌握兵权——反正耶律定不在，没有皇帝，那就是我最大了，还用得着和你们开会商量事情吗？

李处温这副嘴脸使萧干非常反感。萧干当时的爵位是奚王，职务是北枢密使、“四军大王”，也就类似于武装部队总参谋长，契丹、奚、汉、渤海四族（四军）的兵马全归他管。眼看李处温拿着张也不知道哪里搞来的蕃、汉马步军都元帅的委任状，就要把兵权给抢了去，萧干当然不能答应。

萧普贤女还在连番派人去催：“请李太尉赶紧前来。”萧干劝她说：“别催了，我看那家伙是铁了心不来开会。”萧干建议说，按照祖宗的规矩，皇帝还年幼的时候，皇太后可以临朝称制，管理朝政，现在耶律定不在南京，仓促间也来不了南京，从无法理事这一条来看，和年幼也没多大区别，那么就请萧普贤女进位皇太后，总摄朝政吧。

因为是惯例，萧普贤女也就不多推辞，立刻以自己的名义下诏召李处温前来议事。李处温接到诏书一惊，啊呀，忘了还有这个女人呢！他不敢再推搪了，急忙入朝，萧普贤女将其责备一番，然后按照萧干的意思，把都元帅委任状收回来，放在烛台上烧毁了。

这下子萧干满意了，李处温可气得不行。

他心里很清楚，经过这么一番风波，朝廷中已经没有了自己的位置，萧太后和萧干此后一定会防着他，他还有机会掌握实权吗？

李处温越想越是害怕，干脆一不做，二不休，秘密派遣使者跑到雄州去见童贯，报告北辽的内情，并且表态说打算劫持萧太后投降宋朝，献出幽云十六州，以保自己的荣华富贵。

童贯早就发过不止一封招降书，说北辽军民不管谁能取下燕京来献，都保举他当节度使的官职。可是李处温在北辽贵为太尉，官高爵显，他可不想把脑袋别在裤腰上发动政变，结果光捞到一个宋朝的节度使。李处温狮子大开口，要求更高的赏赐，童贯做不了主，只好一边还价，一边敷衍。

双方讨价还价的使者在边境线上来回乱跑，消息难免泄露。萧普贤女闻讯大惊，立刻派萧干领兵把李处温父子全都逮捕。李处温哀求说："臣父子当初拥立先帝，定策有功，请留我一条活路吧。"萧普贤女厉声喝骂："还敢说当初?！当初你要是劝秦晋国王像周公辅政一样辅佐秦王，他能留贤名于千秋，也不至于因为担惊受怕而去世。就是你们父子俩误了秦晋国王，这哪算什么功劳?！"

开口闭口还是秦晋国王，原来萧普贤女和她老公一样，也没有什么野心，根本没想要久占皇帝宝座。

萧普贤女下令赐他自尽，并且把当初急着给耶律淳披上红袍的李处温的儿子李奭凌迟处死——还是李处温的堂弟李处能比较敏锐，萧普贤女一当政他就急忙出家当和尚去了，逃得一死。据说查抄李处温的宅邸，抄出来七万贯铜钱和无数金银财宝，这都是他当宰相以后数月间贪污所得。

李处温是被处死了，这种奸臣死有余辜，可是国家在朝不保夕的时候，内部再这么一闹腾，实力更加衰弱了，人心也更涣散。他们在后方钩心斗角，身在涿州前线的耶律大石并没有参与，但无形之中，他的处境更为艰难，肩上的担子也更重了。

“树欲静而风不止”，就在这个时候，突然快马前来禀报，宋朝不仅不肯退兵，也不耐烦再等下去了，重新组编大军，浩浩荡荡地发动了第二次北伐战役。

大决战的序曲

数月前的界河与雄州之战，耶律大石势如破竹，杀得宋兵尸堆如山、血流成河，怎么仅仅相隔数月，童贯又有胆子发动进攻了呢?

因为惊魂未定的这位“媪相”，刚巧吃到了三颗“药丸”。

第一颗是定心丸。因为北辽天锡皇帝耶律淳的驾崩，国中无主，萧干和李处温趁机争夺权势，互相拆台，小朝廷上下乱作一锅粥。李处温被逼自尽前是给童贯写过好几封信的，童“媪相”就此摸清了北辽的内情，觉得有机可乘。

第二颗却是催命丸。原来金朝皇帝阿骨打听说北宋已经起兵伐辽了，恐怕他们要一口气拿下幽云十六州，而己方却丝毫也没有出工出力，事后要不到商量好的岁币，于是匆忙派遣使臣到东京去，说咱们得商量个合攻的日期呀，我军已经差不多调动到位了，就最近开始如何？赵佶把女真使臣的话转给童贯，要他好自为之。

不过最对症下药的还是第三颗药丸。童贯背后让皇帝给捅了一下，正琢磨着是不是该再打一仗来表现自己的忠心呢，突然部下前来禀报，说雄州守军捉到了一个鬼鬼祟祟的家伙，声称有封密信要交给童宣抚。童贯叫手下把人带上来，打开密信一看，不禁拍案叫好，乐得连下巴上那几十根硬毛都翘了起来。

原来，这封信不是旁人写的，而是北辽政权倚为擎天玉柱之一的常胜军都管押郭药师的亲笔！

童贯始终期望北辽不战自降，于是到处派遣间谍和使者去说服契丹君臣。耶律淳他是没有说动，耶律大石也说不动，可是在李处温和郭药师身上却取得了不小的成果。李处温是汉人，晓之以“民族大义”、许之以荣华富贵、动之以利害形势，很轻易就拉拢过来了；郭药师虽然是渤海人，但他部下常胜军中绝大多数是久居辽东的汉人，策反起来也不困难。

说起这支本名怨军的常胜军，其实自组建以来就多次发动叛乱，原本有两万八千人，叛乱、镇压、招安、投顺，反复了好几回，到后来只剩下区区八千人。曾经有人建议奚王萧干：“名字虽然叫怨军，不仅不报怨于金人，反而屡次报怨于本朝，干脆全部缴械，杀光算了，可以永绝后患。”但是萧干不同意，反驳说：“其中也有很多人是忠心为国的，是被同僚胁迫才参与的叛乱，怎能不问青红皂白一概杀光呢？”

萧干这话道理上是没错，可他只知道说空话，明知道郭药师和常胜军人心不稳，却并没有严格约束，反而非常放纵。当初李处温跟童贯暗通款曲，审查之下，就发现有郭药师的人从中掺和，他也并没有因此责问郭药师——大概是认为疑人不用，用人不疑，况且常胜军驻扎在涿州，作为南京的门户，战略位置实在太重要了，如果处理不当，逼他们再造一回反，那麻烦可就更大了。

这个时候北辽的军国大权都落到了萧干的手里，这家伙民族偏见很深，再加上李处温的叛变风波，他就更觉得汉人都不可信，还是契丹人和奚人最可靠。于是他非常倚重具有皇室血统的西南路都统耶律大石，给大石加了一个南面官中的最高荣誉头衔——“太师”，把大石调回了南京城。

大石前脚一走，南线的防守重任全都落在郭药师肩上，那位常胜军主将后脚就派人前去联络童贯。

对郭药师的叛变，北辽朝廷内部可以说是毫无防范。

北辽朝廷对宋朝还是抱有一定幻想的，他们商量着，宋朝此番之所以要大举来攻，一是因为他们占据了幽云十六州，二是因为他们年年催要岁币。十六州不能还给宋人，否则契丹人待哪儿去呀？岁币却可以暂时先不要了。于是临朝称制的皇太后萧普贤女派遣使者南下去觐见宋徽宗赵佶，提出免除岁币，重修旧好；同时她也派人北上去见阿骨打，请求金朝册封秦王耶律定为契丹辽朝的皇帝，这等于是表态愿意当金朝的附庸。

两边的政府还没有给出明确答复，童贯先就急得不得了：万一皇帝准了契丹人所请，下诏退兵，或者女真人收了北辽作附庸，自己不就竹篮打水一场空了吗？损兵折将却寸土未得，回去还能有什么好果子吃吗？于是他一面上奏赵佶，说只要再增派一点兵马，自己定然可以夺取幽云，千万不能退兵，一面在河北、河东地区到处征兵征粮，做好卷土重来的准备。

在蔡京、王黼等奸臣的怂恿下，赵佶准了童贯所请，又拼凑起将近二十万大军，并且任命河阳三城节度使刘延庆为都统制（上一任都统制种师道早就被王黼排挤，卷铺盖回家养老去了），起兵伐辽。各路宋军都集结到雄州，史书上吹嘘说："鼓角声震动天地，自古以来，出兵之雄壮没有超过这次的。"

童贯一看众军齐集，心里的大石头终于稳稳放下，他心说十万兵打不垮敌人，二十万兵还有不赢的道理吗？况且还有郭药师做内应呢。于是急忙派人去涿州找郭药师，催促说我们这就打算进兵了，你做好准备吧。

北宋大军重集雄州，也给郭药师吃了一颗定心丸。九月三十日，他依照约定起兵反辽，在涿州城头扬起了"宋"字大旗。就这样，南京析津府的大门被打开了，从涿州到南京，不过五十公里，并且一马平川，无险可守……

郭药师叛变投敌的消息报到南京，北辽君臣个个心胆俱裂。萧干气得直跺脚："我就知道汉人不可信！常胜军里的汉人太多了，早就该把他们都缴了械……"可是悔不当初，这时候再放马后炮也没有用了。

他急忙找耶律大石来商议。大石倒是非常镇静，指着地图分析形势说："女真兵步步紧逼，咱们调去北面居庸关防守的兵力绝对不能撤回来。为今之计，只有集结南京周边的兵马，在卢沟布置防御工事，抵抗宋军的进攻了——不知道城中还有多少人马？”

萧干皱着眉头计算了一下：“不过两万多人，只有敌军的十分之一……”

大石长叹一声：“只有拼死一战了！我是太祖皇帝的子孙，为了国家社稷，宁可战死在卢沟，宋军不踩着我的尸体，休想进入南京城。萧大王你做何打算？”

萧干闻言，也不禁热血沸腾，一拍胸脯：“死就死吧，有何可惧？留下数千兵马守城就够了，我和你一起出城去迎战宋军，要死，咱俩一起死！”

北辽政权最后两名统帅就这样抱着必死的决心迈上了战场。他们率领残存的两万兵马，来到南京西南面的门户——卢沟，严阵以待宋军的到来。然而真奇怪，左等也不见雄州发兵，右等也不见宋人北上，宋军究竟都在忙活些什么呢？

原来九月三十日郭药师就投降了，可是宣抚司还有一大堆公务要忙，一直拖延到半个多月后的十月十九日，童贯才终于不慌不忙地下令刘延庆统率大军离开雄州，北渡界河。宋军反应如此迟缓，这就给了萧干和耶律大石整备兵马物资、加强卢沟一线防御工事的时间。

刘延庆也是西北军出身的名将，比种师道年轻，勇气要超过老种经略好多倍，但是他的骄傲自大和麻痹大意却比起当初的杨可世更有过之而无不及。加上西北军的主力都在界河之战中被打散了，现在刘延庆所部大多是临时拼凑起来的，毫无纪律、队列散漫，稀稀拉拉地就渡过了白沟界河。

就连郭药师都看不下去了，扳着刘延庆的战马辔头警告说："咱们队列不整，如果敌人设下埋伏，从中间发动突击的话，首尾难顾，肯定会溃散的呀！"但是刘延庆根本不听，反而"哈哈"大笑："契丹人的情况，你比我熟，燕京城里现在还剩下多少人？他们还有兵力到涿州附近来搞突袭吗？"

这话说得有点托大，可是一点都没有错。现在涿州和涿州西面的易州都捏在郭药师手里，原本的南京门户变成了敌方疆域，萧干和耶律大石很难派出探马深入敌境去探查宋军的动向，就算他们探查到了，兵力实在有限，也不敢分兵去从侧翼袭击宋军。两万人防守卢沟本来就很捉襟见肘了，再分出一支兵马去，万一卢沟被宋军攻陷，那肯定就满盘皆输了呀。

一直等到宋军稀稀拉拉跑到卢沟，才终于第一次遇见了抵抗。刘延庆登上一处叫料石冈的高地，远远一望，计算旗帜数量，契丹兵撑死也就两万而已，不过是自己的十分之一，这有什么可怕的？于是他一声令下，鼓声震天，大军不及整列，直接就掩杀了过去。

萧干和耶律大石鼓舞士气，拼死抵抗。一方面卢沟地势狭窄，北辽军又已经巩固好了防御工事，宋军虽有十倍兵力，却也很难发挥优势；另一方面北辽军已经退无可退，加上愤恨宋人的趁火打劫，个个奋勇、人人争先，宋军连攻了好一阵子，竟然损失惨重却毫无成果。

耶律大石一看形势对己方有利，主动率军杀出工事，直取刘延庆的帅旗所在地——料石冈。刘延庆原本就骄傲自满，疏忽大意，根本想不到契丹兵还有余力向自己发动冲锋，仓促之下不敢迎战，勒马就走。主将一退，牵动各部，宋军竟然全线崩溃。

刘延庆一连退出好几里地，才终于收拢败兵，重新扎下大营。耶律大石担心卢沟防线，也不敢追得过远。经过这一仗，宋军士气低落，刘延庆紧闭寨门，暂时不敢再前进了。

虽然初次接战就取得了胜利，但并没能一举把宋军打垮，萧干和耶律大石心里这个急呀。快马一天一报，说北方女真兵节节逼近，如果再不能彻底击退宋军，回去防守居庸关的话，肯定全局都会糜烂。

可是他们急，宋军阵营中的郭药师比他们更急。郭药师没有想到宋军战斗力竟然那么差，心说你们要是拿不下燕京城，地理上作为燕京附属品的涿、易等州也守不多久，那我投降是为了什么？我的前途还有保障吗？他左思右想，终于想到了一条妙计，于是匆忙前去求见主帅刘延庆。

郭药帅的头脑还是比较清醒的，他分析战局说："契丹军数量才不过我们的十分之一，虽然打赢了第一仗，但胜得很险，不合兵法常理。他们为什么不增兵呢？这说明契丹能战之兵也就只有这两万罢了，燕京城此刻定然空虚！请您在这里绊住敌人，分给我五千奇兵，快速绕路插到燕京城下，定然一鼓可得，获胜可期！"

刘延庆听了这话，高兴得一拍大腿："好一条妙计！"于是就以常胜军的精锐为主力，再加上一些别的部队，总共六千，组成了一支奇袭燕京城的别动队。只是他不大信任降将郭药师，所以让宋将杨可世当主将，高世宣当副将，郭药师也做副将，命令他们趁着黑夜悄悄地绕路渡过卢沟，急速向东北方向挺进。为了以策万全，又派自己的儿子刘光世领兵作为后援。

郭药师所献果然是妙计，这一下打了萧干和耶律大石一个措手不及，还没等他们反应过来，宋军就已经杀到南京城下了——其实萧干和大石也是无可奈何，手头只有这两万兵马，如果预先在南京布设重防，前线就要空虚，巧妇难为无米之炊，兵力不够，就算有通天彻地之能，也是很难打赢的。

战争的天平瞬间就朝宋朝一方倾倒了，南京析津府、北辽朝廷，甚至整个契丹民族，都濒临彻底崩溃的边缘……

迎春门外

北辽的首都南京析津府，俗称燕京城，其中心位置在今天北京广安门一带，周围十三四公里，一共开有八个城门。郭药师对燕京的周边环境非常熟悉，他引导着宋军绕过辽军防线，半夜渡过卢沟，第二天天刚蒙蒙亮就来到了燕京城东南面的迎春门外。

契丹守军对这一动向毫不知情，以为敌人还在数公里外的卢沟南岸呢，他们按照规矩，早上起来就打开城门，盘查进出的百姓。谁料城门才刚打开，突然一阵惊天动地的怒吼，大队骑兵直冲进来。

率领宋军夺城的是常胜军中骁将、郭药师的得力助手甄五臣，他几乎不费吹灰之力就杀散了守门的契丹兵，控制住迎春门。随即杨可世就率领大军浩浩荡荡开了进去，直指燕京的内城。

所谓内城，就是皇宫和朝廷官衙的所在地。这个时候天才刚刚放亮，守卫燕京城的北辽军大概不到五千人，多数才刚起身，而那些朝廷官僚，包括皇太后萧普贤女，大概还沉醉在梦乡里呢。如果杨可世快速突进，攻破内城，拿下皇宫，那这场战争就等于结束了。一个国家的首都和政府机关都被连锅端，就算萧干和耶律大石是千古第一流的名将，就算他们麾下有百万精兵，也无法挽救覆亡的命运。

北辽的命运，整个契丹民族的命运，似乎都要在这一天早晨画下句号了。然而可惜的是，事情的发展并不如刘延庆、郭药师他们设想得那么简单……

宋军逼近燕京内城，北辽皇太后萧普贤女从睡梦中惊醒，急忙聚集禁卫兵马抵抗，同时派人混出城外，去给身在前线的萧干和耶律大石报信。

萧干惊呆了，急忙招来耶律大石。大石也急了："咱们不能全都回去救援南京呀，咱们这里一退，宋军肯定从后追杀。为今之计，只有秘密分兵，我在这里坚守，大王您立刻赶回南京，即便打不退宋军，夺不回城池，也得把皇太后给救出来！"

萧干虽然在常胜军问题上犯了大错误，但他本身并不是一个迷糊人，更不是怯懦之徒，听了大石的话，立刻表态说："你在前线压力很大，我不多带人，只要一支精锐骑兵，快速驰援，定然可以击退宋军！"

这话说得很大，事实上无论萧干还是耶律大石，都预感到大势已去，这最后一搏能否成功，谁都心里没底。

于是萧干只点了三千契丹骑兵，快马加鞭，离开卢沟，直奔燕京城。等到了城下一看，原来战斗还没有结束，宋军还没能拿下燕京内城呢。萧干一声令下，全军冲入迎春门，重新把城门给夺了回来，反倒把杨可世他们包围了。

宋军的攻势为何如此迟缓呢？是守卫燕京内城的契丹兵太厉害，还是萧普贤女很懂得指挥防御战呢？其实都不是。

杨可世在军事上丝毫也没有犯错，他犯的是一个民族问题上的错误，但这个错误竟然就毁掉了整场军事行动。原来宋军在进入迎春门以后，立刻大开杀戒，一路烧杀抢掠——前面说了，这支宋军的主力是造反造惯了的常胜军，搭配的其他部队纪律也不严明，加上此次行动开了一个好头，如此顺利就进入燕京城了，于是个个骄傲，人人麻痹，都以为这仗等于已经打完了，可以开始掠夺战利品了。

燕京是座多民族聚集的大都市，既有契丹人，也有相当数量的汉人、奚人和渤海人。在杨可世等人想来，王师北伐，收复失地，汉人的产业你不能动，对于那些蕃人就尽管杀吧、抢吧，所以士兵们一边烧杀一边前进。

宋军如此作为，直接激起了燕京城中契丹、奚、渤海等民族居民的反抗，而这座城池数百年前就归契丹辽朝了，就算居民中的汉人也未必有很明确很强烈的民族意识，不见得会立刻跳出来帮宋军的忙。就这样，六千宋军陷入偌大一座燕京城，老百姓一哄而起，几乎每条街道上都展开了巷战。

宋军挺进的速度因此骤然放慢了下来，等他们好不容易杀到燕京内城墙下，已经是强弩之末，防守内城的契丹兵困兽犹斗，抵抗得异常顽强，这才使战斗总也结束不了。

杨可世心里非常着急，他知道这种奇袭战必须一击得手，拖延时间长了，对自己非常不利。他一方面发射箭书进城，劝说北辽君臣投降，一方面也和萧普贤女一样，连番派人出城去催促援军。萧普贤女等的是萧干，杨可世等的则是后队的刘光世。

就看谁的援军先到了，契丹军先到，则危机或许可以解除，宋军先到，则燕京城瞬间就会易主。

可是一直等到萧干率领三千契丹骑兵赶到，重新关上了迎春门，把宋军的奇袭部队堵在城中，还始终不见刘光世到来。杨可世和郭药师急得直跺脚："不要功亏一篑呀，三将军怎么还不到？！"

他们盼着的三将军，就是指刘光世，表字平叔，是主帅刘延庆的第三个儿子。这位刘光世可了不得，他本是西北军出身的将门子弟，因为跟着他老爹镇压方腊起义有功，被授予奉国军承宣使的职务。后来南宋朝有"中兴四大将"的说法，刘光世排第一，名次还在另外三大将——张俊、韩世忠、岳飞——之前。

可惜这个排名是按资格先后来排的，不是按功劳大小来排的，更不是按个人才能来排的，岳飞是南宋第一名将，韩世忠也骁勇善战，张俊则被人讽刺为内战内行，外战外行。刘光世呢，他连张俊都不如，内战、外战全是二把刀。

杨可世反复催求刘光世前来增援，但那位“三将军”却拖拖拉拉，东绕西拐，才几公里的路，一上午都没有赶到。在刘光世想来，就算拿下燕京城，功劳也是你杨可世的，不是我的，我又何必去为他人作嫁衣呢?

结果在萧干和萧普贤女的内外夹击下，宋军被堵在燕京城里，无路可走，最终全军覆没。副将高世宣、常胜军将领甄五臣等全都战死，只有杨可世和郭药师二将在少数亲兵的保护下偷偷爬上城头，用绳子吊着逃到了城外。

郭药师原本天才式的奇谋，由于民族政策的失误，再加上刘光世迟迟不来救援，就此彻底破产了，不但没能拿下燕京城，反而丢掉了五六千精锐，宋军士气大挫。经过此战，刘延庆更是紧闭寨门，不敢出战，而萧干在稳定了燕京的局势、回到前线以后，却和耶律大石反复商讨，打算主动出击，一举打垮数倍于己的敌人。

萧干和耶律大石的计划一开始很合乎兵法，他们绕道突袭敌方的运粮部队，并且俘虏了包括将官王渊在内的一些宋军。宋军的数量既然大过北辽军数倍，自然后勤运输压力也要大过数倍，如果能够持续地骚扰和袭击宋军粮道的话，相信刘延庆迟早会熬不下去，被迫退兵的。

萧干和大石打算持续骚扰宋军的粮道，逼其退兵，这本是兵法的正途，但可惜旷日持久，难以很快见效。对于急着要结束战斗、赶回去防备女真兵南下的他们来说，这种花样就算玩得再成功，也于大局无补。

萧干急了，被逼无奈之下，舍弃正道，玩了一招偏的。据说萧干把两名俘虏来的宋兵关押在距离自己大帐不远的地方，晚上故意大声和大石商量，说："宋军只有十来万，我军是其三倍，可以分为左右两翼，以精锐正面冲锋，然后左右翼响应夹击，这样就赢定了。"然后再找机会放走一名宋兵，让他回去给刘延庆报信。

这种小花招本来是很低劣的，换句话说，只有傻瓜才会上当。然而让人跌破眼镜的是，刘延庆听了逃亡回来的宋兵的禀报，竟然信了，或者起码信心开始动摇了。

正在胆战心惊之际，突然看到北辽军中点起火把，刘延庆还以为契丹人真的按计划发起了全面进攻呢，吓得急忙烧毁营房，率先落荒而逃。一看主将逃走，宋军各自奔命，结果自相践踏，伤亡无数，兵器物资丢了一地，一连跑出一百多里地才勉强稳住阵形。

宋军主动溃散，萧干和耶律大石一开始并不清楚，等到第二天早上天光放亮，他们才知道自己的馊主意竟然见效了。于是北辽军从后猛追，赶上了逃得较慢的常胜军，大杀一阵。可怜这支常胜军，自从跟着郭药师降宋以后，燕京城中一番厮杀，现在败逃中又一番厮杀，几乎伤亡殆尽。

史书上说这一仗宋军损失惨重，“自熙、丰以来所积攒的军事物资，几乎全部丢光”。所谓“熙、丰”，是指宋神宗赵顼时代的两个年号——熙宁和元丰。赵顼用王安石变法，成功与否暂且不论，却大大充实了北宋的国库，从那时候直到此时，半个多世纪的积蓄，竟然被这一仗全部打光了……啊，不对，其实是全都扔光了。

至此，宋朝的北伐算是彻底失败，北辽政权暂时摆脱了来自南方的威胁，然后萧干和耶律大石就必须立刻转回头去，应付步步逼近的、无比强悍的女真兵。

命运交汇之处

宋朝两次讨伐北辽全都铩羽而归，并且输得相当难看。对于和北宋签有盟约的金朝来说，当时还未必了解战争的详细过程，未必能够清晰地分析出宋人因何而败。但败了就是败了，根据自己多年与契丹军作战的经验，敌人究竟有多大能量，还剩下多少兵马，阿骨打是一清二楚的，在他想来，连这样的敌人都扳不倒，宋人也未免太无用了吧。

原来当年“也力麻立”马扩给自己留下的好印象，并不能推导出宋军能征惯战的结论……

或许就是从这两场战争开始，女真人开始轻视宋人，这种轻视很快就渗入贪欲，转化为觊觎中原花花世界的强烈野心，最终引发了金兵南下灭宋之役。

宋军第二次北伐失败是在1122年的十月份，次月也就是十一月，女真使者来到宋朝都城东京汴梁，再次商讨合攻燕京的问题。其实到了这个时候，因为一系列军事行动的失败，宋人与女真人谈判的砝码已经越来越轻了，但可笑的是那些昏君佞臣却毫无察觉，等到十二月份，赵良嗣奉命出使金朝，王黼还指示他说："上回忘记提平州、营州、滦州的事情了，你再给说说。"

王黼提到这三个州的大致位置是在今天的河北省唐山市中南部，位于燕京东面。这三州不属于"幽云十六州"，是在契丹辽朝正式建立之前的五代初期，由割据势力刘仁恭为向契丹求取援军而主动献出去的。

立场越来越弱，条件倒越提越高，宋人的这种态度使阿骨打大感不满。加上日益轻视宋军的战斗力，阿骨打干脆回答说："原本说好合攻幽州，结果你们连打两回都拿不下来，看起来是无法遵守盟约了。算了，前事不提，联盟照旧，但灭辽以后只能给你们山前（太行山以东）的燕京和蓟、景、檀、顺、涿、易六个州。"

赵良嗣闻言大吃一惊，反复抗辩，金人却丝毫不加理会。赵良嗣回国汇报，北宋君臣也拿不出解决的办法来，只好觍着脸指示他："山前六州就山前六州，但能不能再多加上平、营、滦三州呢？"

这边使节往来，谈判不果，那边金人已经整备兵马，由阿骨打亲自领兵，准备大举南下了。女真兵的这一动向，使得北辽君臣胆战心惊，萧普贤女先后五次上表给金朝，请求册立秦王耶律定为契丹辽国的皇帝，但是阿骨打始终不肯答应。十二月初，金人兵分三路，直指燕京。

萧干和耶律大石被迫把南线兵马全部撤回，严密防守南京的门户居庸关。十二月五日，金将银术可抢先杀到居庸关下。事有凑巧，金军前脚才到，还没来得及发动攻击，突然山崖崩裂，乱石飞滚，北辽的守军被压死很多，就此军心涣散，一哄而逃。

想想也是，一个国家的灭亡，必然是内外矛盾激化、吏治腐败、武备松弛的结果，居庸险关，百余年来不加修缮也是很可能的事情，萧干和耶律大石接手南京防务不足一年，就要把一切隐患全都消除，也着实有些困难。

居庸关被金兵不战而夺，析津府北面的最后一道防线等于被彻底突破了，萧普贤女闻报大惊，带着兵马连夜离开南京城，对外声称准备和金军打野战，实际上是找寻逃跑之路。他们一直逃到古北口（今北京市密云区北），还有一种说法是逃到了松亭关（今河北省宽城满族自治县西南），这才略微停下喘一口气，然后开会商量，下一步该往哪里去才好。

包括耶律大石在内，众人都沮丧地认识到，一方面丢了居庸关，一方面兵力不足，再想守备南京城那是痴人说梦，为今之计只有暂避敌人的锋芒，找个地方重新整合军队、扩充实力，才能期待复仇的一天。金兵正从北面汹涌而下，南面童贯虽已彻底无力北侵，却仍然不肯退兵，还在边境线上晃悠，要想跳出这南北夹击的围困，就只有东、西两条道路可走了。

于是两套方案开始激烈地对立了起来。一套方案是萧干提出来的，他说东方的奚国还有大片土地没被女真人占据，不如先退到那里去，他好招募奚族勇士，重整旗鼓，再和女真兵打几场硬仗看看。另一套方案是大石提出来的，他主张一直往西，去和天祚帝耶律延禧会合。

萧干指着大石的鼻子喝问道："咱们当初拥戴天锡皇帝继位，贬耶律延禧为湘阴王，现在跑去投靠他，你以为他会放过你吗？！"

大石沉着应对，分析目前的形势，指出了几个方面的问题。其一，北辽朝廷的建立，原本是为了守备南京，抗击金兵，可是因为宋人发动的两次战争，使得主力受到损伤，加上居庸关不攻自破，已经没有单独抗敌的实力了，必须得和耶律延禧合兵一处，才有反攻的希望。其二，天锡帝耶律淳驾崩，遗命传位给秦王耶律定，那么耶律定就是契丹辽朝现在的正牌天子，耶律定在夹山，咱们西去不是投靠耶律延禧，而是投靠耶律定，这事儿顺理成章。

最主要的是第三点，大石敏锐地指出，现在西迁还有一线生机，东行则必败无疑。西京大同府往西，还有大片土地没被女真人拿下，而且那里草原辽阔，背靠西夏，实在打不过还能逃跑、游击，以及请求夏人救援的机会；而相对的，奚国就在女真人眼皮底下，现在虽然还没被夺取，但只要稍有不稳的动向，金朝肯定会派发大军前去讨伐的，到那时候退无可退，除非逃到海上去，否则就是死路一条。

但是久在官场中打滚的萧干可没有年轻人这种毫无畏惧的豪气，他的想法较为自私，从某种意义上来说，他的顾虑也比大石更多。你们都是契丹人，还是姓耶律的、姓萧的，可我这个萧姓是假的呀，我是奚人呀，耶律延禧那个昏君可能会饶你们一命，未必就能饶了我。他知道东行危险重重，但只要奋勇厮杀，还有一线希望杀出条活路来，西去则必死无疑，不是大家死，或许只是我萧干一个人死，那可实在太划不来了。

耶律大石和萧干，这一对曾在抗宋战场上协同一心的老搭档因为各执己见，针锋相对地吵了起来，激烈有如战场交锋。

不过吵归吵，两人都是臣子，最终还得身为君主的皇太后萧普贤女站出来拍板表态。萧普贤女是个没有主意的，就感情上来说，她理所当然会倾向于同族的耶律大石。况且，从耶律淳被迫登基一直到遗命传位给耶律定，种种行为言辞，都可以看出他仍然把耶律延禧当成自己的主君，当成真正的契丹辽朝皇帝，在亡夫耶律淳的影响下，萧普贤女也难免觉得，只有去投靠耶律延禧或者耶律定才是最合乎道理的作为。

于是萧普贤女认同了大石的意见，萧干对此怒不可遏。如果萧普贤女认同了萧干，决意东迁，为了集中力量，避免分散，大石大概也会被迫从行吧，但情况一反过来，萧干可没有那么大的气量，他立刻就领上本族战士，头也不回地离开了。

就这样，北辽朝廷正式分裂，一部分士兵跟随萧干东归奚国，另一部分则在萧普贤女和大石的率领下向西疾行，前往夹山。大石不禁仰天长叹，他本希望把残余的兵力凝聚起来，以对抗金兵的侵略，却没有料到反而引发了更加可怕的削弱。

契丹这座数百年的大厦，看来真的走到穷途末路，难以复兴了……

原本在历史洪流中因为种种原因交汇到一起的人们擦肩而过，向不同方向疾驰而去，我们先把目光聚焦到某几个代表人物身上，用他们的生死遭际来反映中华大地此后数十年间的政治格局，以及各股势力的命运。

首先是萧干，他率兵摆脱了金兵的追击以后，顺利回到奚国，召集本族勇士，开始积聚力量。但是这个时候的萧干犯了个致命错误，他自称神圣皇帝，立国号为大奚，改年号为天复（另说为天兴或天嗣、天阜）——这一举动或许得到了部分反感契丹族统治的奚人的响应，但却使得契丹、渤海等族的战士不再愿意为其所用。阿骨打闻讯以后，多次写信劝降，却都遭到萧干的拒绝。

1123 年五月，萧干集合兵马卷土重来，大败重新扩充起来的常胜军，一直杀到燕京城下，杀得郭药师狼狈逃窜。然而这位大奚皇帝的奋战之途到此就结束了——他中了敌人的埋伏，吃了一个败仗，在退却过程中，家奴白底哥忽起异心，割下了他的首级，并且送去宋徽宗赵佶殿前。

现在秦皇岛市西北方向 25 公里外的祖山风景区内，还有座遗址，名叫“铁瓦乌龙殿”，据专家考证，那就是萧干最后立国建都之所，古书上称这里为“箭笴山”。站在遗址上，不禁令人怀想起往事，对于萧干……不，还是应该称呼他的本名回离保，对于这位奚族最后的领袖回离保，对于他的奋斗不屈，了解这段历史的人，肯定都会不自禁地肃然起敬吧。

而作为回离保对立面的北宋君臣，他们的下场更为凄惨，却丝毫也不能引起后人的同情了。所谓“种瓜得瓜，种豆得豆”，正是那些昏君奸臣的所作所为，直接颠覆了自己的王朝，把无数百姓投入水深火热之中，仅仅付出他们自己的性命，也实在无法补偿宋朝军民流离苦痛的万分之一。

金军三路进兵，轻而易举地突破了居庸关，攻占了燕京城，没有跟随萧普贤女逃亡的大批北辽文官，比如左企弓、虞仲文、康公弼、曹勇义等人，全都主动出城去觐见阿骨打，投降了金朝——这群人可都是当初拥立耶律淳登基的重臣呀。赵良嗣再度前去求见阿骨打，请求交还约定各州，同时继续咬着平、营、滦三州不放，阿骨打发火了，呵斥道：“你要再提平、营、滦三州的事情，我连燕京都不给了！”

可怜的赵良嗣，夹在毫无立场的赵佶和日益骄横的阿骨打中间，几乎把腿都跑断了。好不容易宋人不再提平、营、滦三州的要求了，那边阿骨打突然又提出要把燕京的赋税全都留下。赵良嗣听了瞠目结舌，反问道：“赋税当然是依附在土地上的，您答应要把燕京还给我朝，当然赋税也就是我朝的，哪有扣下赋税的道理？”阿骨打还没回答，他的堂侄粘罕在一旁暴喝一声：“燕京是我们夺下来的，当然要归我们，现在光问你要赋税已经算很退让了。如果还不答应，我们就什么都不给，燕云各州都是大金的！你方部队快从涿州、易州土地上滚回去！”

金人越是紧逼，宋人就越是退让——没有办法，打仗老输，他们毫无立场呀。结果最后商定，金朝把燕京和山前六州交给宋朝，宋朝除了把原本应该输送给契丹辽朝的岁币转送金朝外，还答应每年增加一百万贯作为六州的赎金。于是女真兵把燕京抢掠一空，只剩下一座空城，宋兵吹吹打打，奏着凯歌“收复”了空城。

本来这场闹剧可以就此收场了，然而宋人始终盯着想要没要到的那些地方不放，暗中搞小阴谋，煽动平州守将张觳叛金投宋。想当初，粘罕想留下燕京，光把涿、易两州还给宋朝，阿骨打对他说：“做人要讲信用，答应了就得给，你若是不满意，等我死了你想怎么干就怎么干。”女真人早就有南侵之意，苦于没有借口，现在可好，宋人自己把借口送过来了。

于是金朝就遣使责问，甚至派遣大将斡离不直接领兵打下平州，赶走了张觳。可怜的张觳，凄凄惶惶投往宋朝，结果赵佶下令砍下他的脑袋来献给金人——赵佶大概是怕激怒金人，可是你一开始不引诱张觳，或者不接受平州的归降不就好了吗？他这么一来，所有降将无不寒心，就连常胜军的郭药师都对部下说：“今天金人索要张觳，朝廷就献出他的首级，等哪天金人索要我的时候，我的脑袋不也要掉吗？”

这个时候的郭药师，因为打败奚王回离保，掳获大批物资，并且收降了奚、渤海、汉军五千多人，势力重新膨胀，被赵佶倚为北部边境上的巍巍长城。但这座长城造反、叛变可不是一回两回了，一等金军南下，他立刻放弃了那个毫无信义而又愚蠢的宋朝，心甘情愿当女真人的向导——这是常胜军最后一次倒戈。

郭药师最后的下场是为金朝立下大功，随即却在政治斗争中被粘罕打翻在地，不但兵权全被剥夺，还一度下了大狱。好在性命是保住了，他也从此退出了历史舞台。

1123 年九月，金太祖阿骨打驾崩，其弟吴乞买继位，在扫平残辽势力以后，立刻转道南下，派遣粘罕和斡离不等大将分两路伐宋。1127 年，以郭药师为向导的金兵终于攻克开封府汴梁城，北宋灭亡，宋徽宗赵佶和他的儿子宋钦宗赵桓都被俘虏，最后去国万里，老死在敌人的土地上。

昏君是完蛋了，那么他手下那些奸臣又怎样了呢？先说童贯，他因为“夺取”燕京之功，一度被封为广阳郡王。后来赵佶退位，赵桓继位，下诏数落童贯十条大罪，派人砍了他的脑袋。

再说蔡京父子，蔡京也是在赵桓继位后被流放的，据说他贫病交困，但因为名声太臭，老百姓谁都不肯周济他，最后活活地饿死了，他的儿子蔡攸则是被朝廷明正典刑，砍了头。

最后说王黼，他被贬去做地方官，开封府尹聂山恨这个奸臣恨得牙痒痒，派人假扮强盗，在路上把王黼干掉了。

最可怜的是赵良嗣，他为了收取幽云十六州忙前忙后，腿都快跑断了，最后却被扣个“挑起边境战争”的罪名处死了。

唯一令后人想起来热血沸腾又扼腕叹息的，只有一个马扩。因为曾经得到过阿骨打和撒改的称赞，女真将领大多对马扩非常尊敬，在金兵灭宋的过程中，他曾一度被俘，女真人以高官厚禄引诱他，他却丝毫不为所动。后来马扩逃过女真人的监视，跑进五马山寨抵抗金兵，但是南宋小朝廷始终不给救援，甚至很长一段时间内都不予承认。最后马扩南下求援，他前脚才走，后脚五马山寨就被金朝的优势兵力攻破了，马扩从此滞留南方，最后郁郁而终……

第三章
可敦城：浴火重生的起点

契丹辽朝最后一座有险可守的堡垒——南京析津府终于在 1122 年十二月份陷落了，政府机构被女真人一锅端，耶律淳已死，耶律延禧和耶律定躲藏在夹山，对山外任何一片土地都没有实际控制能力，从某种意义上来说，大契丹国就此已经算是灭亡了。以后的那些残存兵马、流亡皇帝，都可以用“残辽”这个词汇来指代。

白璧之瑕

契丹辽朝最后一座有险可守的堡垒——南京析津府终于在 1122 年十二月份陷落了，政府机构被女真人一锅端，耶律淳已死，耶律延禧和耶律定躲藏在夹山，对山外任何一片土地都没有实际控制能力，从某种意义上来说，大契丹国就此已经算是灭亡了。以后的那些残存兵马、流亡皇帝，都可以用“残辽”这个词汇来指代。

耶律大石此后所要考虑的，不再是国家复兴的问题，而是复国的问题。

他保护着皇太后萧普贤女向西逃窜，在萧干分兵离去以后不久，又有一个看不清前途的悲观分子跳出来阻挠，那就是驸马都尉萧勃迭。

萧勃迭的理由和萧干如出一辙，但是要委婉得多。他说：“您是打算去夹山和天祚皇帝合兵一处吗？虽然从道理上、从形势上来说，都应该这么做，但咱们拥戴过天锡皇帝，还有什么脸面跟天祚皇帝见面呢？”

大石心里这个气呀，他心说现在凝聚力量、图谋复国最重要，在国家覆灭的前提下，个人的脸面、性命，还能考虑得了那么多吗？萧干我是动不了，你萧勃迭算什么东西，也敢胡言乱语，动摇军心?!

于是他果断下令把萧勃迭推出去斩首，并且拿这颗脑袋做榜样，通告全军：“有再敢反对西行的，一律处斩！”

在耶律大石的铁腕控制下，除萧干和奚军东行以外，其余从析津府逃出来的兵马，包括契丹兵、汉兵和渤海兵，全被他完整无缺地拉到了夹山。这一路上跋山涉水，风餐露宿，还要躲避金兵的追击和搜索，其艰难劳苦是可想而知的。只是大石预料不到，他以后还将走更长的路，去更遥远的地方……

好不容易在第二年的二月份赶到了夹山耶律延禧的大营，萧干和萧勃迭的担心立刻就变成了现实。耶律延禧果然是中国历史上罕见的昏君，换个有头脑的，那么多人来投奔自己，应当好言抚慰萧普贤女和耶律大石。然而不，耶律延禧竟然一副胜利者的臭嘴脸，呵斥萧普贤女说：“胆敢篡位，果然你们守不住南京，还得来投靠我！”

他当即下令把那位皇后没当上几天、皇太后也没当上几天的萧普贤女拖出帐外，一顿鞭子给抽死了。

杀掉萧普贤女以后，耶律延禧又掉过头来打算处罚大石。他大声责问：“我还活着呢，你们怎么就敢拥戴耶律淳当皇帝？！”

耶律大石可没有那么软弱，况且他当初拥戴耶律淳登基就是自觉自愿的，其中的利害关系早就想得明明白白。听到耶律延禧的询问，大石把脖子一梗，义正词严地回答说：“陛下您指挥着全国的兵马都打不赢女真人，被迫逃出国都，使得土地沦陷，生灵涂炭。您自己做了那么多错事，还怎么能够苛责您的臣子呢？我们就算拥立了十个耶律淳，终究都是太祖皇帝的子孙，总比没有皇帝领导，被迫向敌人乞求活命要好呀！”

这一番话驳斥得耶律延禧哑口无言，再往帐外一看，只见大石带来的那些士兵个个神情紧张，眼睛眨也不眨地瞪着大帐。这家伙虽然是个昏君，倒并非是白痴，普通人的智慧还是有的。他知道大石在军中威望很高。士兵们见到旧皇帝可以抛弃新太后，可未必见了新将领就可以抛弃旧英雄，如果随意处罚大石，跟他西来的部队恐怕会立刻哗变。

权衡了半天利弊，耶律延禧只好假惺惺地叹口气：“你说得对，局势到了这一步，你们也是无可奈何。反正篡位的耶律淳夫妇都已经死了，朕就赦免你们的罪过吧。”

就这样，耶律延禧赦免了包括大石在内的所有前来投靠的兵将，还赐给酒食，让他们大吃一顿，以缓解长途跋涉的疲乏。然而，还没等大石洗净征尘，耶律延禧就又发出奇怪的命令，要他们火速东进，前去收复失地。

耶律延禧曾经吹牛说自己聚集了“天德、云内、朔、武、应、蔚等州的蕃汉精兵五万”，但实际藏在夹山的部队两万人都不到。大石在析津府抵抗宋军北伐的时候，手头兵马最多的时候是五万，萧干大概也有五万人，可是连番恶战，常胜军投降了，萧干东行了，他千里迢迢带到夹山来的也顶多两万人马而已。两拨加起来也不到五万人，想靠着这支部队东进去收复失地，根本就是妄想。

可是耶律延禧偏就有这种妄想，不仅如此，他也信不过大石和跟着大石来到夹山的那些兵将，只想把他们赶得越远越好。于是当年四月份，他给大石加了个“都统”（前线总指挥）的头衔，命其领兵东征。大石苦苦劝说，现在咱们还没有实力和女真人正面较量，应当收拢各处逃散的部队，积草屯粮，等待时机再去收复失地，可是耶律延禧根本不听。

大石没有办法，只好率兵离开了夹山。该往哪里去才好呢？他考虑了好久，想到西京大同府还没有被金兵攻下，自己如果能够守住大同东面的一些军事要隘，就能够暂时阻遏女真人西进的矛头，为国家保留下最后一片领地。然后就奉劝皇帝离开夹山到大同去吧——一国之君始终缩在山里，实在太不像话，更别提号召族人和残兵复国了。

于是大石一路向东行进，最后终于在龙门（今河北省赤城县西南）以东十多公里处迎面撞上了金兵。金兵人强马壮，士气高昂，契丹兵以寡敌众，这仗实在是太难打了。虽然大石沉着应对，顽强抵抗，终于还是无法挡住全军溃败的势头。最终连他自己都被女真兵团团包围，受伤落马，随即被按倒在地，绳捆索绑地做了俘虏。

这可能是耶律大石毕生所吃过的最大的败仗。

擒获大石的金军将领共有三名，一个是照立，还有两个叫娄室、马和尚。大石心里这个窝火呀，自己南征北战那么多年，经历过的大小战役也不是一回两回了，怎么竟然会被几个无名下将击败呢？可是等他被押到金军大营，再一看旗号，乃是“二太子国王”，不禁低下头去，心说：“败在此人手中，倒也不算冤枉……”

这位“二太子国王”是谁呢？原来就是阿骨打的第二个儿子斡离不，为金兴二大将之一——另外一个就是粘罕。女真贵族们大多起了汉名，斡离不的汉名是完颜宗望，粘罕的汉名是完颜宗翰。大家耳熟能详的女真大将兀术，汉名叫完颜宗弼，当时还是个小字辈，要等这俩哥哥都死了以后，他才能成为第一名将。

当时斡离不的职位是“副都统”，奉了他老爹之命追捕耶律延禧。一开始斡离不没把那位残辽末主放在眼里，一个逃到塞外深山里的所谓皇帝，还用得着紧追猛打吗？先把析津府、大同府这些重要城镇拿下来才是当务之急。可是大石的这次东征，却给他敲响了警钟——还有力量和胆子反攻？若不尽快捉到耶律延禧，久必为患！

于是在捉到大石以后，斡离不立刻就挑选了三千精锐，由自己亲自统领，如同疾风一般向西扫去。虽说是自己手下败将，斡离不倒也颇为欣赏耶律大石的才能和勇气，英雄惺惺相惜，因此他不但不杀大石，还执意把大石带在军中，一路上不停地劝说大石投降。

大石不是个愣头青，加上熟读蕃汉史书，身上多少有点读书人的气质，对于斡离不的折节下交，大石不好恶言相对。但他当然不肯投降——看起来，国家已经无望重兴了，那就让我为自己的民族、为自己的国家殉葬吧，你又何必留下我的性命呢？

当女真骑兵来到了一个名叫青冢（今内蒙古自治区呼和浩特市南）的地方的时候，斡离不突然发现道路泥泞，难以通行，怎么办呢？必须找到一条适合骑兵驰骋的通路，如果停留时间太长，或者在泥泞中缓慢地穿行，耶律延禧逃跑的本事可是一流，要是让他听到一点风吹草动，肯定就先跑了。

无奈之下，斡离不想到了耶律大石。他命令部下把大石带过来，问道："你对附近地形应该比较熟悉，给我指条明路吧。"大石闭上双眼，一言不发。斡离不连问好几遍，也得不到答复，终于急了，大喝道："不管你给不给我带路，耶律延禧都是死路一条。契丹辽朝气数已尽，你又何必再为那个昏君卖命?！"下令用绳子牵着大石，拿鞭子在后面抽，逼他带路。

士可杀而不可辱，这般待遇，实在让大石气愤难当，却又无法抗拒。或许就在那一刻，他的心里产生了一百八十度的大扭转——"斡离不说得不错，我何必再为那个昏君卖命？他如果早听我的话，不仓促派我东征，国家或许还有救，如今要取他性命的不是女真人，不是我，而是他自己，他这是咎由自取，怪得谁来?！"

最终在女真兵的逼迫下，大石还是把他们带过了青冢，直取耶律延禧的夹山大本营。这一仗给了耶律延禧很大的打击，数年来积聚的辎重几乎被劫掠一空，两个儿子——秦王耶律定、许王耶律宁，还有大群妃子、女儿、臣属全都做了俘虏。耶律延禧本人倒是命大，他当时恰好不在行营，而在应州（今山西省应县），竟然又逃过了一劫。

给敌人带路，这是耶律大石生涯中的一大污点，是白璧上的瑕疵。部分专家否定发生过这种事，因为《辽史》《契丹国志》等许多史料中都没有相关记载。然而可惜的是，《金史》和《宋史纪事本末》等同等价值的史料中，对此事却都记录得非常详细。

当完颜阿骨打褒奖此次战胜有功人员的时候，他下诏说："林牙大石虽然没有归降，但作为向导有功，也应该获得赏赐。"从这句话里可以得出两条信息：一、耶律大石确实给斡离不等人带了路；二、他并非投降了金朝，带路是被迫的。

即便是被迫的吧，终究也算是背叛本民族的行为，是不可原谅的。尝试揣测大石当时的心理，或许他是为了留下有用之身，好将来为复国再出一份力，或许他是对耶律延禧那昏君彻底失望了，但不管哪一种可能性，也都无法为他此番行为做开脱。

决　裂

为了抢回被金兵掳走的辎重，耶律延禧第一次主动出击，率领五千兵马行至白水泊——大概是侦察到了斡离不等人所率领的才不过区区三千人而已吧。然而昏庸皇帝哪里会是名将斡离不的对手？耶律延禧没能救回自己两个儿子，反倒把另一个儿子——赵王习泥烈也扔给了金兵。

耶律延禧一共有六个儿子：长子敖鲁斡，中了谗言，被自己亲爹宰了；耶律定、耶律宁是同母兄弟，加上个习泥烈，都当了金人的俘虏；此外还有一个早死的燕王挞鲁；最后一个是梁王雅里，在行营被攻破的时候，太保特母哥保护着他杀开一条血路，逃到阴山山脉深处去了。

等到耶律延禧在白水泊以多打少，被斡离不杀得大败，率领残兵逃到云内州（今内蒙古自治区土默特左旗东南方），特母哥和雅里赶去会合。耶律延禧当时那叫一个惨呀，左右望望，手下恐怕还不足一千人，再一看儿子带来的兵，他心里就慌了："竟然比我人多，他们不会趁机夺权吧？"立刻下令把特母哥给捉起来，责问他说："我三个儿子在行营，你怎么就救出来一个？"掉过头来还问儿子雅里："特母哥有教过你什么吗？"言下之意，他有教唆你造反吗？雅里苦苦相劝，耶律延禧才算勉勉强强把特母哥给放了。

都到这个份儿上了，还无端怀疑自己的儿子和大臣，可见人的智商是没有下限的，昏庸的皇帝尤其没有下限。

这时候金兵步步紧逼，耶律延禧加上雅里的兵马顶多两千人，别说打仗了，能在女真骑兵的快速奔袭下逃得了性命就是异数。昏君没有办法，一面写信给斡离不，表示愿意当附庸，只求保他一条小命和一片土地；一面派人去和西夏国接洽。

当时西夏国主是崇宗李乾顺。

李乾顺答应接纳耶律延禧一行人，耶律延禧大喜，打算渡过黄河，跑去西夏境内避风。他剩下不多的大臣们全都苦苦劝谏："您留在国内，复国还有希望。皇帝抛弃他的臣民，流亡去外国，眼见得就没有希望了呀。"可是大昏君只想保命，把旁人的话当成耳旁风。

于是将领耶律敌烈（另一说叫萧特烈）、耶律元直、特母哥等人秘密商量："事态既然发展到这一步，咱们必须得在皇帝和国家之间做选择了，不尽早做出决定，社稷江山就要彻底完蛋。"照说他们干脆宰了昏君耶律延禧算了，可大概传统的忠君心理在作祟，下不去手，只是劫持梁王雅里向帝国的西北边境逃窜，找地方另立了一个新的朝廷——这个小朝廷在历史记载上和耶律淳建立的析津府朝廷相同，也被叫作"北辽"。

最后几个忠臣、最后一个儿子，也全都离自己而去了，耶律延禧可毫不在意，他还高兴于总算有一处不用整天提心吊胆、担忧金兵来攻的避风港了，匆忙西渡黄河，驻扎在金肃军（今内蒙古自治区准格尔旗西北方）的北面——此地距离辽、夏边境不过三十公里，他随时都可以逃去西夏主的羽翼下避风。斡离不率兵追赶到黄河岸边，不敢贸然挺进，只得暂时停下脚步，一面派遣使者去和李乾顺协商，不准他庇护耶律延禧。

新兴的金朝和逐渐走下坡路的西夏国，使者往来不绝，互相讨价还价。耶律延禧听闻此事，知道不妙，西夏和金朝实力差得太远，很可能扛不住压力，断了自己的后路，要想保命，还得找更牢固的靠山才行。他一方面收拢几次大战后跑散的大臣和战斗人员，一方面到处去拉关系。

其实契丹辽朝对于帝国西部的控制力一直不强，草原、荒漠之间居住着大量只是名义上承认契丹辽宗主地位的游牧民族，耶律延禧把目标放在了这些游牧民族身上——我可以向他们借兵复国呀。

终于，阴山室韦谟葛失一时头昏，没看清楚这条破船随时会沉，竟然答应了耶律延禧的借兵请求。室韦是古老东胡民族的一支，原本居住在今天东北三省和内蒙古自治区的北部，后来逐渐向西方迁徙，分散到整个蒙古高原和西伯利亚南部地区。唐代以后，室韦也被称为“达怛”，元朝则音译为“塔塔尔”。这谟葛失是室韦所传下来的哪一个部族，没人知道，甚至连谟葛失是部族名还是部族首领的名字，也没人说得清楚。但总之，看起来谟葛失实力颇为强大，耶律延禧从他那儿借到了兵，腰杆立刻硬了起来。

王国维先生认为，所谓谟葛失，其实就是“蒙古”的另外一种音译，聊备一考。

俗话说“福无双至”，而耶律延禧在 1123 年的下半年却好运连连，或许也算是一种“回光返照”吧。不仅仅谟葛失发兵相助，并且到了九月份，突然一只七千人规模的契丹部队开到了辽夏边境，统兵将领不是别人，正是失踪已久的耶律大石，这可真使耶律延禧喜出望外。

那么，被女真人俘虏的大石，又是怎么逃出来的呢？

耶律大石因为他卓越的指挥才能，在被俘之后，也得到了女真人的尊敬，估计受到的待遇不会很差——英雄是敌我双方都会崇敬的。据说阿骨打为了收服大石之心，还特意赏赐给他一个或多个女人做老婆。

宋人洪皓在《松漠纪闻》一书中记载了一个故事，叙述大石从金营中逃跑的原因和过程：

辽朝灭亡以后，大石林牙投降了金朝。后来他和粘罕玩“双陆”（一种赌博游戏），争吵起来，粘罕起了杀心，但被大石看破，于是在回到自己营帐以后，就收拾东西，抛弃了妻子，带着五个儿子连夜逃走了。等到第二天，粘罕不见大石，派人去他的营帐里催促。大石的妻子回答说：“昨天晚上，我丈夫因为喝多了酒，言语冲撞了大人，所以畏罪潜逃了。”询问她大石的去向，那女人坚决不肯吐露。于是粘罕大怒，打算把这女人许配给部落里最卑贱的人当妻子，女人不肯，反而愤恨地辱骂粘罕。粘罕大怒，就把她给射死了。

这则逸闻的可信度不大。粘罕为人粗暴，脾气很臭，因为赌博口角就起杀心，因为耶律大石逃走就射死他的妻子，这种事情他完全干得出来。问题是大石是不是干得出来？他会不会真心投降女真人？不是为了复仇，不是为了复国，而只是害怕遭到杀害而逃走。

不，根据大石此前此后的表现来看，他不是这样的人。他可能会假装投降女真人，尤其在被迫作为向导，领着斡离不的军队袭击辽主行营以后，或许在一瞬间他产生过自暴自弃的想法，从而投降了金朝，或者他想着既然为了保留有用之身犯下如此大错，就不应该不给自己赎罪的机会，从而对女真人虚与委蛇，但他不会心甘情愿投降的。

不管大石是不是表态投降女真人，既然追击耶律延禧的战斗已经基本结束，他就被押离了前线，千里迢迢回归金朝的首都。在这种情况下，看守不会很严，以大石的智慧和勇气，想逃出生天也不算难事吧。

大石的威望很高，当时契丹族的百姓和残兵受到女真人报复性的屠杀，走投无路之下，能够作为主心骨的也就只有大石一人了——谁都知道昏君耶律延禧完全不可靠。因此大石在逃脱生天、一路西行的过程中，各地的契丹族人纷纷前来投靠，好像一个滚动的雪球似的，这支队伍越走越大，等他找到耶律延禧的时候，已经从孤身一人（或许真如洪皓所说，还带了几个儿子）变成一支总数达到七千人的大部队了。

耶律延禧刚从谟葛失那里借到了兵马，大石又率领七千名战士前来投靠，昏主重新拾起已经扔到狗屎堆里的信心。他未必真想着东进复国，但他觉得必须得和女真人打上几仗，占点地盘，才好增加谈判的筹码。

大石重新投到耶律延禧麾下，他此前给斡离不当向导偷袭辽主行营的事情，估计知道的人不多，起码在契丹人中，没有几个人了解，耶律延禧依旧保持着对他的打折扣的信任——况且，他不信大石，还能信谁呀？

大石逃回来的准确日期有多种说法，以 1123 年九月间比较可信，此后过了不久，到 1124 年正月，才正式决定向金朝称臣。耶律延禧在金肃军附近待不下去了，再次渡过黄河，回归夹山。到了当年七月，他自认为兵强马壮，打算再派大石领兵出征，要求“不高”，重新拿回南京道，收复幽云各州，让自己能当女真人的附庸国王，和西夏一样就成。

这时候耶律延禧麾下的兵马，或许比大石第一次东征数量更多，战斗力也更强（增加了草原民族谟葛失的兵）。耶律延禧是记吃不记打，毫不接受教训，大石可没有他那么愚蠢。经过上次在龙门东面的战斗，再加上被女真人俘虏后的所见所闻，大石对金兵的实力有了更为清楚的认识，他立刻就站出来反对耶律延禧的轻举妄动。

大石的话说得很不客气，他说：“金人最初攻陷长春州、辽阳，陛下您不肯前往广平淀（今内蒙古自治区翁牛特旗东）督战，反而跑去中京；等到金兵攻陷上京，您又逃往南京；金兵攻陷中京，您干脆去了西京，进而又跑去夹山。那时候不修战备，使得大半个国家都沦于敌手，国势日益衰弱，到了今天还想出兵求战，是很不明智的。咱们应该继续休整兵马，积聚力量，等待时机，绝不能轻举妄动！”

这话直接就戳到耶律延禧的痛处了。

所谓“打人不打脸，揭人不揭短”，我如此信任你，你竟敢当面来顶撞我，还捅我的伤口！你想干什么？想造反吗?！于是耶律延禧就派亲信萧乙薛和坡里括把大石看管起来，打算再次“御驾亲征”，前去收复幽云。

昏君和英雄，终于彻底决裂了。

复国的千钧重担

无奈之下的大石找机会杀死了看守他的萧乙薛和坡里括，召集自己的亲信部属，连夜离开辽主行营，向西北方向，向辽阔的草原大漠疾驰而去……

耶律延禧率军东征，结果用脚趾头都能想得出来。他一开始打了几次胜仗，收复了天德军（今内蒙古自治区乌拉特前旗东北方）、云内州等地，随即在南下武州（今山西省神池县）的途中遭遇金兵主力，一番厮杀，几乎全军覆没，但耶律延禧却再一次成功地逃脱了。

契丹辽朝的西北各城、各部族陆续降金，耶律延禧到处流窜，如同丧家之犬。到了第二年，也就是 1125 年的正月，游牧在天德军附近的党项族小斛禄部来人找到耶律延禧，表示愿意收留他。耶律延禧喜出望外，急忙从阴山南面启程，越过一片沙漠前去投靠。在沙漠中，女真骑兵突然出现，耶律延禧抢了部将张仁贵的马才得以逃出生天。

到了二月份，一向福薄却命大、屡败屡逃的耶律延禧终于做了女真人的俘虏，地方是在应州东面，而至于他是被小斛禄人裹挟着来到这地方的，还是被他们赶出来的，可就没有人知道了。根据史书记载，小斛禄部随即投降了金朝。

金太宗吴乞买降封耶律延禧为海滨王，软禁在极北苦寒之地。这个昏君是在 1128 年病死的，终年 54 岁。

复国的千钧重担，至此彻底落到耶律大石一个人肩上了。

耶律大石西行以后，他的身影在中国史书中逐渐被淡化了，相反，在中亚细亚穆斯林史料中却日益清晰起来。13 世纪的伊朗史学家志费尼曾经撰写过一部鸿篇巨著，书名叫《世界征服者史》，主体为叙述成吉思汗及其子孙的多次西征，也兼及中亚细亚尤其是河中地区数百年间的王朝兴替。《世界征服者史》中这样描写耶律大石的西行——

> （契丹人）他们的老家在契丹，在那里他们是有权有势的人物。某种强有力的因素使他们离开他们的国家，因此他们被迫流亡，去履危涉险，经受跋涉的辛劳。他们把他们的王公和首领称为菊儿汗，即众汗之汗。当他（指耶律大石）离开契丹时，他由八十名他的家人和部下陪同，尽管据另一种说法，他是由一支极庞大的部属随同……

先不用管那明显不靠谱的“另一种说法”，前面那句话，原文措辞含糊，既可以解释为“家人和部下，总共八十人”，也可以解释为“八十名家人和其他一些随行的部下”。如果按照后一种解释，那么和《辽史》所说的二百人就基本上可以吻合了。不过无论八十还是二百，肯定都是约数，实际数字不可能没有零头。综合上述两种史料，可以得出下述的大致结论：

一、大石西行，所带的部属很少，最多不过两百余人。

二、部属中，有一部分或绝大多数是他的族人（契丹人），也有其他民族的战士（汉人、奚人或渤海人）。

耶律大石就靠这两百多人，想要积聚力量，复兴契丹辽朝，希望无疑是很渺茫的。按照大石的想法，在契丹辽西北部还有一些驻军，此外西北各游牧民族尚未尽数臣服于新兴的金朝，他希望得到这些势力的支持，从而积攒一支像样的军队出来。

无论是想要收编西北驻军，还是想赢得游牧民族的支持，都不可能没有一个名号去说事儿，所谓“名不正则言不顺”。由于这个原因，大石才刚离开辽主行营，就自称为王，并且按照契丹辽朝的传统，给自己的那两百多名随从封官赏爵，设置了南、北两面官署。

前面说过，契丹辽朝官分南北，北面官管游牧民族事务，南面官管汉族事务，由此也可反证大石带出辽主行营的是一支混编部队，不全部是契丹人，也有相当比例的汉人，否则就无法设置南面官。

自立为王，是大石军事、政治生涯中的一个重要转折点，从此他就可以“名正言顺”地脱离耶律延禧的掌控，独行其是了。当然，他不可能像耶律淳那样自称皇帝。一方面，耶律延禧仍然在世，过于明显的分裂举动只会给自己此后行动造成不必要的阻碍，会被不明真相的群众看作“篡位”“叛逆”——当年萧干就犯过这种错误，大石可不能重蹈覆辙；另一方面，大石的皇室血统实在太过疏远了，直接称帝也确实难以服众。

但是，不要忘记大石曾经说过这样的话：“我们就算拥立了十个耶律淳，终究都是太祖皇帝的子孙，总比没有统属，被迫向女真人乞求活命要好啊！”同为辽太祖阿保机的子孙，大石肯定认为自己也是有当皇帝的资格的，如果血缘较近的皇族都已经没有领导民众复国的希望了，那么他自然有资格站出来振臂一呼。

比起汉末的刘备来，大石的宗室身份要靠谱多了，而刘备不也在汉献帝下台以后自称了皇帝吗？刘备称帝的当时，产生了非常不好的影响，据说原本大批中原士大夫心怀汉室，纷纷逃来四川投奔他“汉中王”，而从此以后大家却都灰心失望，不再有人往四川跑了。然而历史长河又流过了近千年的时间，原本的蜀汉割据政权在此时的民众心中已经转化为正统王朝，刘备从枭雄变成了英雄，有这个英雄的例子摆在前面，所以只要时机成熟，大石肯定是当仁不让的。

皇后城里的演说

耶律大石等人从夹山的辽主行营出发，先向北行，三天以后渡过了“黑水”，即流经今天内蒙古自治区达尔罕茂明安联合旗的爱毕哈河。据说在黑水北岸，他巧遇白达达部的详稳床古尔。

达达就是咱们前面提到过的东迁到蒙古草原上来的古室韦人，也写作“达怛”。不过白达达很可能和达达不是一码事儿，据说他们白色皮肤、深鼻高目，操着突厥语言，很可能是突厥人和古室韦人的混血民族。

大石北行的时候，白达达部的游牧区域是在阴山山脉以北。按照伊朗 14 世纪的史学家拉施都丁在《史集》中所说，后来金朝皇帝为了防御蒙古、克烈、乃蛮等草原民族，修筑了一条大墙（可能是指长城），交给白达达部守卫。因为在蒙古语中墙被称为“汪古”，所以白达达部从此就叫作“汪古部”了。

契丹辽朝的时代，对于除契丹、汉族以外的其他民族，往往允许其自治，对于他们的首领，大的封王，小的封节度使、详稳等官，所以床古尔肯定是白达达部的首领。看起来这个床古尔还并没有倒向女真人，照旧认定契丹辽是他的宗主国，因此听说有位契丹王爷经过，立刻大摆宴席款待，还向大石进献了四百匹马、二十头骆驼，以及大群的羊。作为一个单独的游牧民族，白达达可战之兵少说也得上千，大石手下就两百来人，如果床古尔想砍下对方的首级去向女真人领赏的话，恐怕大石难逃此劫。

这是一个很好的开端。按照大石的分析，这说明西北各游牧民族或许因为往日的感情，或许纯粹是消息闭塞，仍然臣服于契丹辽朝，自己这趟跑对了，是有机会在西北地区站稳脚跟，并且积聚实力、谋求东进的。

于是他们在离开白达达部以后，转向西北方向，经过一望无际的草原、戈壁，甚至翻越大片沙漠，终于到达了可敦城。正是在这座可敦城中，契丹民族在大石的领导下，如同一只美丽的凤凰，在涅槃以后浴火重生，即将迎来崭新的春天！

可敦城在什么地方呢？专家们普遍认为，这座城市位于今天的蒙古国土拉河西岸巴彦诺尔县附近。传说此城本是在回鹘人统治草原大漠的时代建立的，“可敦”在突厥语中是“皇后”的意思，可以意译为“皇后城”。

辽太祖阿保机曾于 924 年亲自领兵开拓西北疆域，一直打到浮图城（今新疆维吾尔自治区吉木萨尔县护堡子古城），然后分派诸将，平定周边地区，基本确定了契丹辽西北方的国境线。到了著名的萧太后萧燕燕当政的时代，更屡次用兵以加强对西北地区的统治。

994 年，萧太后派自己的姐姐、齐王妃萧胡辇率领兵马西征。到了 1004 年，根据萧胡辇的意见，把可敦城改名为镇州，设置建安军节度使司，挑选周边游牧民族士兵两万名进驻，作为王朝西北地区的军事重镇。据说萧太后还规定：“不管其他地区进行何种形式的征讨战争，都不许抽调这里的兵马。”

整整两万游牧骑兵啊，这可不是一支小部队！并且据说到了契丹辽朝末年，可敦城附近放养的军马已经达到数十万匹之多——两万兵骑数十万匹马，一人五匹以上，这已经超过了后来迅疾如风的蒙古骑兵的基本编制了。然而奇怪的是，耶律延禧在被女真兵打得惶惶如丧家之犬、朝不保夕的时候，从来就没有抽调过这支部队南下勤王。

估计是萧太后那道禁令发挥了作用，即便耶律延禧想调动这支部队，前代的禁令摆在那里，他也调动不了。

耶律大石来到可敦城，立刻得到这些游牧骑兵的热情欢迎。作为契丹辽朝的王爷（虽然是自封的王爷），大石完全有权力统辖这支部队，但统辖归统辖，如果女真兵来攻，这支部队是会为他而战的，他想领着这支部队杀到别处去，却依然有萧太后的禁令横在面前，好像鸿沟一样，难以跨越。该怎么说服这些游牧民族骑兵跟自己一起行动呢？该怎么收服他们的心呢？

大石决定召开一次大会，说服附近的游牧民族，把他们拉上契丹族复国的战车。

那一天可敦城也即皇后城中张灯结彩，人潮汹涌。附近七个头下军州（贵族的私辖地区）——威武、崇德、会蕃、大林、紫河，以及新州和驼州——的军事长官，还有十八个游牧部族——包括大黄室韦、敌刺、乌古里、王吉刺、茶赤刺、密儿纪、唐古、阻卜、普速完等——的酋长，全都聚在可敦城，一方面为新来的王爷接风，一方面接受王爷的训话。

据专家考证，王吉刺就是后来的弘吉刺，成吉思汗铁木真的原配夫人孛儿帖就出身于这个部族；茶赤刺就是后来的札答兰，曾经和铁木真争夺过草原统治权的札木合，就是这个部族的首领；密儿纪就是蔑儿乞惕，他们多次和铁木真作战，曾经抢走过孛儿帖。此外，阻卜就是达怛，唐古是指西夏（应该不是西夏国，而是同为党项人的一个部族），这些民族全都游牧在蒙古草原上，或者松花江、黑龙江流域西部地区。

大石招待这些军事长官和酋长开会，恳求获得他们的帮助。他首先掷地有声地说道：

“我祖先艰难创业，历经了九位皇帝，长达二百余年。金人本来是我国的臣属，却起兵叛乱，侵略我的国家，杀害我的人民，抢掠我的城池，使得天祚皇帝在外逃难，每当想起这些事情，我无日无夜不痛心疾首。所以我为了大义来到你们这里，想要凭借你们的帮助来消灭敌人，恢复故土。你们也能和我一样忧心国事，发誓勤王，并且免百姓于战乱涂炭之苦吗？”

这篇演说不仅仅申明了自己忧国忧民之志和立下了伐金复国的誓言，最主要的是还很有策略性，能够拉近自己和各游牧部族之间的感情。按照大石的说法，“祖宗”是我的，国家可是大家的，君主也是大家的，你们也是契丹辽朝的臣民，又怎能不和我一起去勠力同心打败女真人、挽救自己的国家和人民呢？

除此以外，这套说辞里还透露了一个重要信息，那就是大石当时仍然挂着自封的“王”的头衔，并没有称皇帝。某些史料记载混乱，似乎大石在到达可敦城以前就已经称帝了，但在这番演说中，他明确说“天祚皇帝在外逃难”，要求各州、各部借兵给他“勤王”，可见他仍然以天祚帝耶律延禧作为复国的大旗。

听了大石这一番慷慨激昂的演说，各州各部的首领莫不为之感动流泪，他们纷纷答应把驻扎在可敦城的本部族兵马借给大石，虽然不足两万之数，也有一万挂零。至于周边地区放养的那数十万匹军马，从此也全都落到大石手里了。

耶律大石在可敦城收拢的这一万多骑兵，放在地广人稀的草原大漠上或许能够纵横一时，如果拉到人口稠密的华北和东北地区，那可就不够看了。金朝建立之前，女真兵就已经满万了，此后连番大战，占据了大半个北部中国，国内兵马少说也得有十万。一万比十万，这实力实在是太过悬殊了。

大石没有这么傻，他虽然嘴里喊着“消灭敌人，恢复故土”，但心里很清楚，要想和女真兵硬磕，现在还不是时候，自己还有相当长并且相当艰难的路要走。他决定就以这一万多游牧骑兵为主体，一方面召集各处被打散的契丹兵、汉兵，一方面积聚粮草、休养生息，等实力再壮大一些，再发起比较稳妥的军事行动。

可敦城的地理位置很好，以这座城池为基点，无论向东、向西还是向北，都是辽阔的草原，便于放牧，也便于骑兵驰骋，而可敦城的南面却是一片大沙漠，一连行走数天都找不到水源，是天然的军事屏障。大石为自己选择的这个复国基地，可以说非常安全，比耶律延禧在夹山里的行营要安全多了。

大石离开耶律延禧的行营是在 1124 年七月，到达可敦城并且召开大会的时间，不会晚于当年十月份。因为就在同一个月，金朝西南、西北两路权（代理）都统斡鲁就得到了消息，并且上报给金太宗吴乞买。报告里是这样说的：

“近日，辽朝详稳挞不野前来投奔，据他汇报，耶律大石自称为王，设置南北面官署，拥有战马万匹和很多牲畜。请陛下决断，是否要趁其立足未稳，发兵进攻。”

吴乞买对这份报告非常重视，召集大臣们商议，并且详细研究了可敦城周边的地形。当时金朝在西线的第一要务是捉住到处逃窜的耶律延禧，暂时还没有实力穿越沙漠去实施大的军事行动。吴乞买很怕斡鲁贸然发兵会顾此失彼，因此下诏说：“等待我的命令，否则不许进攻大石。”

这件事情几乎发生在大石收服可敦城兵马的同时。到了第二年也即 1125 年，斡鲁还朝，金朝西南、西北两路权都统换上了完颜希尹，估计吴乞买曾要他密切关注大石的动向，当年夏季，他汇报说：“传闻西夏国暗中和大石勾结，准备偷袭山西地区。”吴乞买回复说：“这种事情很可能发生，你要严加戒备。”

这时候除北部草原上的部分游牧部族外，原本契丹辽朝的属国、属部大多已经归降金朝了，但西夏在其中是非同寻常的存在。首先，西夏是一个真正意义上的“国”，实际上一直独立于宋、辽两国之外，此时也独立于宋、金两国之外，只是名义上表示臣服而已；其次，西夏疆域辽阔，兵马众多，如果他们打着帮助大石复国的旗号，突然出兵进攻，也挺够女真人喝一壶的。为什么金朝不趁着战胜之势灭掉西夏呢？因为并没有必胜的把握，还不如就容忍他们的表面臣服，实际上结为友邦算了。

正因为西夏国实际上处于这种地位，所以耶律大石也很可能和夏主李乾顺暗通书信，请夏兵相助一臂之力，趁着女真人在山西、陕西等地的统治尚不稳固的时候，联兵进攻。不过以大石当时的实力，和他此后的举措来看，即便真有联兵的密约，也只是一招伏笔而已，他还没想着这时候就发兵东进。从吴乞买叫完颜希尹“严加戒备”的诏书来看，女真人即使算不上如临大敌，也是不敢等闲视之的。

到了 1127 年，金朝突然和达怛人产生了矛盾，一度派遣使者前往问罪，原因是达怛人和大石交好，不肯卖马给金朝。从上述两件事可以得出结论，大石在可敦城并非仅仅被动地防御和发展生产、积聚兵力而已，他也主动利用外交手段去争取盟友，孤立金人。他的眼光并不局限在西北一隅，而是放诸广阔的中原地区，等待着同时也努力去开创时机，做好随时发兵东进的准备。

只是，局势突然间转变了，大石东进的计划只好暂时宣告停顿。

传语林牙萧太师

通过和残辽政权之间的战争，女真贵族们看清了北宋王朝的真正实力。中原花花江山本就使他们垂涎欲滴，而这花花江山的守护者是一群颟顸无能的官僚加一帮胆怯疲弱的兵将，这是上天送到嘴边的肥肉呀，岂有不吃之理？

女真贵族们前一刻还在白山黑水间捕鱼猎鹿，眨眼间就建立起一个庞大的王朝，还灭亡了世仇契丹辽朝，暴发户心态是很严重的。他们才刚崛起不久，多少讲点面子，粘罕、斡离不等人想要赖一两个州不还给宋朝，阿骨打就摇头说："做人要讲信用。"等到阿骨打死了，吴乞买继位，二将重提前议，吴乞买也说："不能违背先帝的心愿，还是快点还给他们吧。"

可是相比之下，自命天朝上国、礼仪之邦的北宋政权却完全不要脸。有那忠心的臣子，希望夺回幽云十六州，从而把北部边境推到利于防守的地区去；有那贪婪的奸臣，总想靠着在边境上占点小便宜来邀功受赏。两者出发点不同，主张和行动是一样的，幽云十六州必须尽数取回来，金人不肯全还，咱们就自己去拿！

自己去拿，你得有这个实力呀，而且一旦得手拿到了，你也得勉力去守住它呀。可这个时候的北宋朝廷真是腐朽到了极点，就像前面提过的张觉事件，宋朝惹事在先，道歉在后，既丢了脸面，又得不着实利，外加寒了北方大批想要向张觉学习、内附归宋的汉人的心。

女真人基于暴发户的心态，总觉得别人瞧不起他，想要害他。不出事还会瞎琢磨，更别说宋人主动来惹事了。这种愠怒再加上垂涎中原的江山和看清了北宋王朝的实力，到 1125 年十月，吴乞买终于下定决心，发兵大举攻宋。

这距离金人捉住耶律延禧、彻底灭亡契丹辽朝，才不过短短半年多的时间而已。

吴乞买任命兄弟完颜杲（斜也）为都元帅，分兵两路，南下伐宋。一路由粘罕统领，率完颜希尹、耶律余睹等将，从山西南下攻取太原，一路由挞懒、斡离不统领，率阇母、刘彦宗等将，从河北南下攻取燕京。

当年十二月，斡离不在白沟附近打败了郭药师，逼其投降，一举平定了燕地。随即粘罕包围了太原城，并且围城打援，派耶律余睹在汾河北面击退来援的宋朝西北军。金军势如破竹，斡离不以郭药师为向导，渡过黄河，直取东京汴梁。宋徽宗赵佶直到这时候才终于慌了神，急忙下诏传位给皇太子赵桓，也就是宋钦宗，然后自己以烧香为名，逃出汴梁，跑到亳州蒙城（今安徽省蒙城县）避难去了。

金兵围困汴梁好几个月，全靠李纲等主战派忠臣艰难防守，到了1126年四月才终于迫其退兵。这样一来，宋金两国正式处于战争状态。于是，在1126年的某一天，驻扎在府州（今陕西省府谷县）的将领折可求（就是咱们前面说过的西北军折氏一门）给宋钦宗赵桓上了这样一道表奏——

在西夏国的北方，有大辽天祚皇帝的儿子梁王和林牙萧太师，统兵十万。他们张贴榜文说：“金人无道，和南朝的奸臣相勾结，灭亡了我们的国家。现在听说南朝的天子懊悔禅位，新皇帝非常圣明，如果愿意和我们南北夹击，攻打金人，恢复我大辽的江山社稷，那我们就和南朝永志盟好，前日背盟之事当它没发生过。”

折可求的这道奏表从一个侧面反映了耶律大石在可敦城附近的活动，同时也说明了大石并未主动和宋朝联络——他大概已经不信任宋人了吧——否则是不会仅仅根据传言，就把已经死了的梁王雅里抬出来说事的，更不会把大石误作姓“萧”。

宋钦宗赵桓得到表奏，非常欣喜，于是写了一封信，“传语林牙萧太师”，派人千里迢迢往西北送。可惜这封信没能交到大石手里，而被女真骑兵搜获，转头就交给了粘罕——如果北宋真的和大石联络上了，此后北部中国的局势将会发生怎样的逆转，真是谁都说不准。

不过北宋已经没得救了，金兵前脚才退，赵佶后脚就跑回了汴梁。赵桓是个没主意的皇帝，此前因为兵临城下，生死存亡系于一线，那些奸臣们大多跟着他父亲跑了，剩下李纲等坚决抗战派围在他身边，他才能守住汴梁；等到父亲回来，赵桓什么事情还是听他父亲的，而赵佶呢，他根本就不知道悔改。结果李纲等忠臣被罢黜，继蔡京、童贯、王黼以后，张邦昌、李邦彦等新一干奸臣又登上了历史舞台。

而金人之所以第一次进攻汴梁失败了，一方面是有李纲等忠臣的誓死守卫国土，另一方面也因为兵力不足——粘罕还驻扎在太原城下呢，就斡离不一路大军围攻汴梁，多少有点力不从心。斡离不建议说不如让粘罕放弃攻打太原，绕路南下，和自己兵合一处吧。然而粘罕反对这个主意，他说：“耶律大石割据西北，联络西夏，我如果现在放弃山西，集兵河北，他一定认为中原形势有变，说不定就会轻举妄动。会攻汴梁且不着急，咱们得一步一步来。”

从这段话可以看出，大石在可敦城招兵买马、积草屯粮，对金朝的侧翼是产生了一定威胁的。可惜这种威胁并不足以挽救北宋的灭亡，到了 1126 年九月，粘罕终于攻克了太原城，堵住了无论宋朝西北军也好、耶律大石也好、西夏人也好的东援之路，随即他就南下和斡离不会合，二度包围汴梁城。

十一月，金兵攻克汴梁，大肆抢掠，到了 1127 年的二月，他们把赵佶、赵桓父子一窝端，都逮到北方去了，而在中原另立了一个张邦昌的“大楚”傀儡政权。到此为止，统治中原 168 年的北宋王朝终于灭亡。

赵佶的第九个儿子康王赵构幸免于难，逃到南京应天府（今河南省商丘市）登基称帝，建立了南宋王朝，赵构也就是著名的宋高宗。这位宋高宗赵构其实不算是昏君，他精明着呢，不过他畏敌如虎，害怕女真人如同害怕鬼神一般，这是谁都翻不了案的。明明在应天府称帝，稍微努把力就能够恢复汴梁，他偏偏有一点风吹草动就跑去了扬州（今江苏省扬州市），既而干脆再往南跑，渡过长江，到临安（今浙江省杭州市）去建都。

这段时间中原地区是谣言不断，有说“天祚皇帝的兄弟大石林牙已自立为君，号称天辅皇帝”的，也有说“大石林牙集兵十万，即将南下”的，但正经的宋王朝已经越跑越南，越跑越远，想和大石取得联系都千难万难，更不用说联合攻金了。这一局面的出现对于大石方面来说，也同样是令人扼腕叹息的。

大石在可敦城积攒实力，伺机而动，就像汉末三国诸葛亮在《隆中对》里面说的“一旦天下有变”，咱们就如何如何，可惜天下是有变，但不是朝对自己有利的方向转变，反而是朝着对敌人有利的方向转变。这种转变使得诸葛亮屡次北伐，都无果而终。以大石当时的实力来说，比起三分天下有其一的蜀汉更是差得十万八千里，就算他比诸葛亮强十倍，也是很难靠着小小的可敦城打败金兵、恢复契丹辽朝社稷江山的。此时此刻，大石又该何去何从呢？

1129 年，金朝和南宋之间的战争进入第一次高潮。赵构派遣主战派大臣张浚担任川陕宣抚处置使，全权负责西线的军务——这张浚是个著名的志大才疏之辈，不过他一心北伐，恢复失地，在当时的名望是很高的。这一年的九月份，张浚向赵构奏报说：

“臣最近听闻部将曲端所得的消息称，契丹的大石林牙从招州（今蒙古国鄂尔浑河上游，可敦城正西 150 公里处）派人手持国书前来联络，可惜路过西夏的时候被扣留下了。使者有随从是汉人，逃到泾源（今宁夏回族自治区泾源县，宋代的正式名称是安化），供出相关消息……”

张浚的这段话，比前面提到过的折可求的话要靠谱多了。首先，它时间、地点都很明确，再没有“梁王”“林牙萧太师”之类的胡话；其次，它来源准确，是契丹使者的汉人随从跑到泾源来说的。这一消息证明了大石想主动和南宋取得联络，但同时也说明了西夏这个时候已经彻底倒戈，倾向于老老实实当金朝的臣属了，所以才会扣留使者。

大石终于想到了联宋抗金，可惜时间晚了一步。现在宋朝的主力又南迁了数百公里，并且在其中还夹了一个见风使舵的西夏，联络尚不可得，使者尚且被扣，要想联合采取什么军事行动，那简直是痴人说梦。不过，大石终究不是预言家，考虑到可敦城僻处偏远，考虑到当时的交通状况和通讯条件，他这招缓了整整一拍，也是可以理解的，虽然实在是让人惋惜。

任何一个地区在确定的时代背景下，发展总有一个上限，虽然不清楚大石在可敦城的治理是否卓有成效，招兵买马的速度有多快，但终究以可敦城弹丸之地，又人口稀缺，发展到头也集聚不了数十万人马，传说中的十万便顶天了。哪怕大石是当时最卓越的民政家，甚至具有某些超时代的想法和实行能力，要靠小小的可敦城积累和几乎统治了整个北中国的金朝相对抗，用脚趾头都想得出来是不可能的。大石下一步要怎么发展呢？很明显的，他必须冲出可敦城，扩大根据地。

事实上，大石也正是这么干的。就在张浚向赵构汇报相关大石情况的同一年，金朝泰州都统婆卢火也向金太宗吴乞买汇报说："大石最近攻取了北部二营，如果放任不管，定成祸患。而且他所占据的地区离北方游牧民族太近了，来去如风，咱们就算不立刻发起进攻，也应该设立营垒，限制他的行动范围。"

北部二营到底在什么地方，已经难以考证，但可以分析得出两个结论：一、这是金朝的士兵驻扎地，被大石给连锅端了；二、泰州在今天的黑龙江省境内，这条消息由泰州都统婆卢火向朝廷奏报，可见所谓北部二营大致位于可敦城的东面，大石是在东征。

当时金朝正在大规模进攻南宋，逼得赵构放弃扬州，逃奔临安，实在没精力再进攻西北方的大石，所以吴乞买回复婆卢火说："为了两个营就发兵西征，恐怕引起草原游牧民族的恐慌。你还是多派人去侦察情况，等待朝廷的命令就好。"

一直等到 1130 年，金朝才终于派遣耶律余睹、石家奴、拔离速等将前去征讨耶律大石。不过大石所处的地理位置对于金朝来说非常尴尬，那地方太远了，又太荒僻，发动大军去进攻吧，光调集粮草物资就得忙上小半年，实在缓不济急；派兵少了吧，终究传言大石已有"十万大军"，客场作战，没有两倍于敌的兵力，基本上别想打赢。一般对待这种情况，是朝廷派出一支小部队前往，快到地方了就狂撒诏书，召集周边游牧民族兵马前来会合，利用草原人打草原人，这才是上上之策。

可是大石当年在可敦城那篇志气昂扬的演讲，早已经把绝大多数蒙古草原上的游牧民族都争取过去了。这些游牧民族就算不肯直接帮着大石和女真人干架，也不至于彻底倒向金朝，前去讨伐大石。所以几员金将到了草原上，快马使者络绎不绝，召集大家来开会，商讨出兵事宜，可是周边游牧部族纷纷找借口，没有几家真肯发兵。没有办法，他们只好空着手悻悻而归。

这是金朝第一次主动向大石发起进攻，虽然还没接仗就失败了，但可想而知，是第一次，不会是最后一次。对此大石必须要作出决断，他是否现在就有实力和金朝开战？还是必须继续积聚力量？如果继续积聚，想扩大根据地的话，他又应该往哪里去呢？

大石和大石国

耶律大石收服可敦城是在 1124 年，等到 1130 年，他已经在那座漠西重镇中积聚了整整六年。其间除了联络西夏、南宋，打算引为外援外，也肯定发动过几场战争，而不会一直缩着不敢出头。前面说过，他曾经连锅端了金朝的“北部二营”，这是一种试探，看看金人的实力是否有所衰退，看看金朝对他的行动做何反应。

试探的结果，想来是忧喜参半。忧的是金朝仍处于上升期，它的实力并无衰退，喜的是金朝正忙着和南宋打仗呢，还没空来理他。但没空理只是暂时的，一旦腾出手来，女真兵肯定会杀向草原大漠，就算不直接进攻可敦城，也得把各草原游牧民族给收降了，否则定为百世之患。

大石准备杀出可敦城，去开辟一片更大的空间，既为了东进复国，也为了防备总有一天会到来的金兵的征讨。可是往哪里去呢？向南，已经不可能期望夏人和宋人的配合了；向北，发展的空间是很大，但是荒僻幽远，走数百里见不到人烟的地方，占领了又有什么用？向东，那就是要和金人硬磕，他还并没有获胜的实力。为今之计，他唯一可走的方向就是西方。

于是大石整顿兵马，准备向西进发。这次西进，不是普通的军事行动，普通军事行动只要派几员将领，派几万兵马出去就行，已经称了王的耶律大石，是不应该轻易离开可敦城的。这次行动乃是倾“举国之兵”，并且由大石亲自统率。按照大石的意思，可敦城是他的第一个根据地，但不是永远的根据地，更不一定是永远的中心根据地。可敦城周边过于荒凉，并且所处位置必须仰仗游牧民族的鼻息，万一哪天这些草原游牧民族被金朝给争取过去了，可敦就是一座孤城，是一座坟墓。

因此，经过六年时间，耶律大石完成了他在可敦城的积聚，也就是第一阶段的积聚，准备向西去开拓更大的领土，开始第二阶段的积聚。

既然是如此规模巨大的远征行动，当然不能不搞个盛大的仪式来鼓舞士气。终究没有那些表面上的文章，是没有谁愿意离开家乡、跟着你跑到异国他乡去的。于是就在耶律余睹、石家奴等金将准备发动西伐之前，1130 年的二月甲午日（据专家考证是二月二十二日），这天是个黄道吉日，大石按照契丹族的传统祭祀了天地和祖先。

有传说契丹族最早分为白马、青牛两个部，很明显，所谓“白马、青牛”，应该是部落的图腾象征物；还有传说，契丹族的祖先是一个骑白马的神人和一个驾着青牛车的仙女。不论哪种说法，白马、青牛在契丹族中都具有相当重要的地位。汉民族也有类似传统，比如汉高祖刘邦就曾经杀白马和群臣盟誓："不是姓刘的不能当王，没有功劳不得封侯。"这说明在当时人的心目中，白马比别的颜色的马更高贵，用白马来祭祀上天，更能得到上天的回应和保佑。因此，按照契丹族的传统，大石在远征前的祭祀上宰杀了青牛和白马。

这种仪式一方面表明自己对上天的虔诚、对祖先的恭敬，另一方面也等于告诉部属说，我们一定会得到上天和祖先的保佑。

祭祀完毕，大石就亲率大军离开可敦城，浩浩荡荡地向西面进发。

他准备到哪里去开创新的根据地呢？

历史上，中国北方草原上很多民族都曾经发动过向西的征讨，像匈奴人和蒙古人还一路打到过欧洲（虽然进入欧洲的匈人并非是纯种的匈奴人），但基于当时交通条件的恶劣，以及通讯手段的缺乏，这种西征大多是带有盲目性的，走之前，他们并不清楚自己的目的地究竟是哪里，也并不清楚自己究竟会碰上些什么。

背负国破家亡血海深仇的耶律大石，当然不会这样没头没脑地乱撞，他此次西征，一定具备相当明确的目的性。他的目标究竟是哪里呢？若说他想杀到欧洲去，肯定是胡说。从其后的种种迹象和大石本人的言论来看，他的目的地很可能是"大食"。

大食是中国古代对阿拉伯世界的通称。从唐朝开始，中国人就知道西方有一个大食国，首都是在报达（巴格达），后来大食国分裂，分为白衣大食（倭马亚朝及科尔多瓦哈里发国）、黑衣大食（阿拔斯朝）和绿衣大食（法蒂玛朝）。相关信息非常模糊并且笼统，虽说耶律大石精通蕃汉文字、满肚子诗书，也未必清楚报达究竟在什么地方，甚至未必知道有个阿拉伯半岛。

就算知道吧，那地方距离中国几乎有万里之遥，他杀到那里去干吗？即便能够站住脚跟，他还有机会东进复国吗？他是要寻找复仇的根据地呢，还是打算落跑了再不回来？

因此，大石所谓要去征服的“大食”，不会是指阿拉伯帝国，甚至不会是指距离中国最近的黑衣大食的根据地呼罗珊地区。

古书上不仅对外族人名很少统一，对外国的国名和地名，也往往有多种译法——其实现在的情况也好不到哪里去，尤其非官方资料，仍有很多译者独行其是——除了指阿拉伯帝国外，还有一个大石国，某些资料上也会写成大食国。

隋唐时期，中国人知道在西域的药杀水（今锡尔河）流域有一个石国，还曾经招来大食（阿拉伯）兵，和唐军狠狠地打过一仗。不过这个石国很小，怎么也不可能被称为“大石国”，所谓大石国出现较晚，疆域比石国大了十倍还不止。

估计中原人听说在石国故地又出了一个国家，疆域辽阔，就随便给定名叫大石国了。也可能他们知道大食国是信奉某种宗教的（当然是指伊斯兰教），石国故地新出现的这个国家也信此教，所以就把它误认为大食国。大石国、大食国，或许就是这么出来的。

这个大石国和契丹辽朝相接壤，相互间联系非常紧密，据说辽朝还曾经把宗室的公主下嫁给大石国王。那么，以耶律大石的学问来说，他肯定知道这个国家的大致情况，在可敦城积聚钱粮兵马的六年当中，也肯定多次和部下们讨论过对外发展的方向，从来往商队中打听过西方的情报，甚至专门派出使节或者间谍去侦察过。

这个国家名叫大石，和我的名字相同，是有联系的吗，还是凑巧呢？难道是上天预示着要赏赐给我做复国的基地吗？以那时候人们信天崇神的心理来说，保不准大石就曾经这样想过。

大石国现在常用的名字是“喀喇汗国”，或者“哈剌汗国”，中国史书称其为“黑汗国”或者“黑韩国”，某些学者认为“喀喇”就是“黑”的意思，其实是误解。

历史上，伊斯兰世界称这个国家为“哈卡尼耶”，意即可汗之地，而中国史书所谓的“黑汗”，其实也是“可汗”的音译，也就是说，国家的正式名称应该是“可汗国”或者“可汗王朝”。

这个国家是由信奉伊斯兰教的回鹘人和突厥人共同建立的。自从庞大的突厥帝国被回鹘和唐朝联兵攻灭以后，突厥人大量向西迁徙，进入西域甚至更为遥远的地区，逐渐征服或者融合当地居民，建立起一个又一个政权。后来回鹘人也西迁，又征服或者归并了部分突厥国家。这时的西域西部已经基本上伊斯兰化了，所以这些大大小小的新国家也大多以伊斯兰教作为国教。

在这些伊斯兰国家中，疆域最为广大、势力最为强盛的就是喀喇汗国，大约于公元 9 世纪的时候建国，到了 10 世纪前期，博格拉汗（公驼汗，全称应为博格拉喀喇汗）萨图克正式接受了伊斯兰教。喀喇汗国疆域最广的时候，东到天山山脉，南到昆仑山脉，北到达林库儿（今巴尔喀什湖），西抵西洪河（今锡尔河）流域，真是巍巍大国。究竟有多大？这么说吧，仅就疆域来说，相当于半个北宋，或者三分之二个南宋！

耶律大石想去征服如此庞大的一个国家，他究竟有没有胜算呢？这些国破家亡的契丹遗民，他们胸中燃烧着最后一点复国的希望，他们集合在大石的旗帜下穿越数千里的沙漠、戈壁，前往一个遥远的陌生国家，究竟会获得怎样的回报呢？他们还有回归故土的一天吗？当时没有人能够回答这个问题，就连大石本人，若说他早就预见到了即将要发生的一切，恐怕也是痴人说梦。

第四章
叶密立：王朝肇建的根基

13 世纪的阿拉伯史学家伊本・阿西尔在他著名的《全史》中这样记述这场战役："在回历 552 年（1128 年），独眼菊儿汗・秦带着大量军队，只有真主才知道有多少，到达喀什噶尔的边界。喀什噶尔的统治者，即伊利汗（东喀喇汗国阿儿斯兰汗的另外一种称号）阿赫马德・伊本・哈桑，武装起来反对他。他集合自己的军队，向他进发。他们相遇就发生了战斗，独眼菊儿汗被击溃，他的许多拥护者被杀死。"

苏丹归来

耶律大石于 1130 年离开可敦城，准备千里远征。就在同一时刻，他命中注定将要遭遇的强敌——塞尔柱大君桑贾尔也正在和喀喇汗王朝大战。

喀喇汗王朝是西迁的回鹘人建立的，最早的根据地是七河地区。所谓七河地区，是指巴尔喀什湖东南面的卡拉塔尔、伊犁等河流域，基本上位于今天哈萨克斯坦境内，部分位于吉尔吉斯斯坦境内。回鹘人夺取了七河地区一座名叫八剌沙衮（今吉尔吉斯斯坦的托克莫克）的古城，改名为喀喇斡耳朵——斡耳朵也音译为“斡鲁朵”，是突厥语中“宫帐”的意思——作为自己新的都城。

原本居住在七河流域的乃是突厥种的葛逻禄人，他们南联吐蕃，和回鹘人打过很多年。最终回鹘人借用阿拔斯王朝的势力，才把吐蕃人彻底清除出去，并且征服葛逻禄部，在这一地区站稳了脚跟。

占据七河地区以后，回鹘人又向南扩展，进入喀什噶尔地区（今新疆维吾尔自治区的喀什地区），喀什噶尔的意思就是“玉石般的地方”。10 世纪前后，博格拉汗萨图克接受了伊斯兰教，他的儿子阿儿斯兰汗穆萨正式规定伊斯兰教为国教。

首先接受伊斯兰教的萨图克其实并不是喀喇汗国的最高君主，而是镇守南方喀什噶尔地区的副王——喀喇汗国的老祖宗漠北回鹘国通行双王制度，喀喇汗国也继承了这种制度，正王称号为阿儿斯兰（狮子）喀喇汗，驻在喀喇斡耳朵，副王称号为博格拉（公驼）喀喇汗，驻在怛罗斯，后来移到喀什噶尔。此外，双王以下还有大群小王，以阿儿斯兰伊利克（伊利克的含义为“王”）、博格拉伊利克、阿儿斯兰特勤（特勤的含义为“王子”）和博格拉特勤四人地位最为尊贵。诸王林立，这就埋下了分裂的种子。

副王博格拉汗萨图克首先接受了伊斯兰教，其子穆萨后来成为正王阿儿斯兰汗，遂规定伊斯兰教为国教，并且开始打着“圣战”的旗号对外扩张，首要目标就是东面同族的高昌回鹘王国和南方的于阗王国。但是东进并不顺利，西方却突然亮起了曙光，999年，当他的长孙阿赫马德在位的时候，次孙纳赛尔被封为“阿儿斯兰伊利克”，率领大军很轻易地就杀入河中地区，攻克中心城市蒲华（今乌兹别克斯坦的布哈拉），把统治此地一百余年的萨曼王朝给攻灭了。

这是喀喇汗王朝的全盛时期，但随即就由盛转衰。纳赛尔本是和今天阿富汗境内的伽色尼王朝合兵灭掉的萨曼王朝，但他随即就和伽色尼王朝的君主马赫穆德产生矛盾，双方在边境线上冲突不断。就在这个时候，突然后方起火，他的堂兄弟玉素甫（阿儿斯兰汗穆萨的兄弟博格拉汗哈仑之子）夺取了喀什噶尔，自称“卡迪尔汗”（卡迪尔，据说是最初的博格拉汗之名），从背后狠狠捅了纳赛尔一刀。玉素甫还随即南下灭亡了于阗王国。

这个于阗王国可算历史悠久，唐朝时候就雄立在今天新疆维吾尔自治区的南部了，国王本姓尉迟，后来自称为唐朝的藩属，把姓也改成了李——初代李姓国王本名尉迟散跋婆，就此改名为李圣天。

李圣天是唐朝迷，无论朝廷制度还是宫殿、服装，全都模仿唐朝，丝毫不差。然而这个时候，唐朝其实已经灭亡了，于是他就派遣使者前往中原，和后晋拉上了关系，后晋皇帝册封其国为“大宝于阗国”。后来宋朝建立，李圣天又派人前往通好，表示愿做宋朝的属国。

喀喇汗朝多次发兵侵略于阗，李圣天频繁派使者前往开封，请求宋朝派兵援救。但是宋朝这时候还未能彻底统一中原，况且就算统一了，距离于阗也是十万八千里，这样遥远的宗主国根本就派不上用场——于阗最终在 1006 年被玉素甫所攻灭。

玉素甫吞并了于阗，势力迅速膨胀，逐渐地不再买喀喇斡耳朵大汗宝座上阿赫马德的账。但阿赫马德、纳赛尔兄弟并没有在意东部的分离倾向，不忙着教训玉素甫，仍然集中兵力西进去和伽色尼王朝对战。伽色尼历史学家格尔德齐曾经记述过一个非常具有戏剧性的场面，据说当两军正在阿姆河前线对峙的时候，伽色尼军队突然“用和阗的音调唱起突厥歌曲”（和阗就是于阗）。喀喇汗朝的军队一听，以为玉素甫的军队也赶到了，并打算和伽色尼军前后夹攻，立刻军心涣散，一溃千里。

这简直就是楚汉相争时代垓下“四面楚歌”的翻版。

纳赛尔被迫掉过头来和玉素甫谈和，但经过此战，他在河中地区的统治岌岌可危，再也没有力量去进攻伽色尼朝了。1013 年，纳赛尔去世，把阿儿斯兰伊利克的头衔传给了三弟曼苏尔。又过了几年，他们的长兄阿赫马德也去世了，曼苏尔继任为阿儿斯兰汗。但是玉素甫并不肯承认曼苏尔的正王地位，他费尽心机，终于在 1025 年进入喀喇斡耳朵，逼迫曼苏尔退隐，自己登上了阿儿斯兰汗的宝座，成为王朝名义上的最高统治者。

玉素甫东征西讨，使得这个回鹘王国又回光返照，阿拉伯阿拔斯朝的哈里发还送了一大堆头衔给他，包括“东方之王”“宗教的辅助者”“真理的支持者”“国家的辅助者”等，真是威风八面。

玉素甫统治的时期，喀喇汗朝疆域扩展到最大，东面接着同族的高昌回鹘国，北到巴尔喀什湖，南接吐蕃，西包河中，虽然喀喇斡耳朵仍是王朝首都，但玉素甫长年留居在喀什噶尔，因此那里就被称作“斡耳朵坎特”，意思是“汗城”。不过这只是表面现象，因为王室成员大多被分封了土地，阿儿斯兰汗本身所能控制的领土反而在日益缩小。别的不论，连被玉素甫派去河中地区担任阿儿斯兰特勤的他的兄弟阿里，一旦站稳脚跟，也掉过头来反对他。

最终，河中地区从喀喇汗王朝分裂了出去。阿里特勤在世的时候就曾经自称为“桃花石汗”，也就是中国之王，他去世以后，权力逐渐落到前阿儿斯兰伊利克纳赛尔的儿子们手里。1041 年，纳赛尔的长子穆罕默德自称大汗，任命兄弟伊卜拉欣（也叫贝里特勤）为副汗，从此不再承认喀喇斡耳朵阿儿斯兰汗的宗主地位。穆罕默德死后，伊卜拉欣继位，现在还能找到他在 1046 年左右铸造的钱币，上刻“桃花石汗伊卜拉欣”的字样。

从此以后，喀喇汗王朝就分裂为东、西两部。西喀喇汗王朝的首都是在之前提到过的河中地区的中心城市萨末鞬，汉名叫作河中府。

顺便提一句，11 世纪时候的回鹘学者马哈穆德·喀什噶尔曾经写过一本《突厥语大辞典》，他在其中解释说中国也就是“秦”分为三个部分：东部为上秦，称作“桃花石”；中部为中秦，称作“契丹”；西部为下秦，称作“巴尔汗”。对照马哈穆德本人一头雾水的真正的中国历史，我们可以猜到上秦也即桃花石是指北宋政权，中秦摆明了是说契丹辽朝，那么下秦又在哪里呢？所谓的“巴尔汗”，其实不在别处，就在喀什噶尔周边地区！

也就是说，在回鹘人和突厥人看来，新疆中东部，包括喀什噶尔，其实也是中国的一部分，甚至是三分之一的重要组成部分。因此西喀喇汗国“桃花石汗”的称号并非凭空拿来的，不是因为仰慕千里之外的中国文化而取的名字，它的真实含义乃是觊觎东喀喇汗国的领土，宣示自己才是喀什噶尔的真正主人。

就在喀喇汗王朝东西分裂之前不久，强大的塞尔柱王朝建立起来了。

前面说过，塞尔柱王朝是突厥种的土库曼人建立的，当喀喇汗王朝与阿富汗的伽色尼王朝恶战不休之时，这些土库曼人就居住在河中地区。他们先是支持喀喇汗朝，后来转变阵营，南下投奔伽色尼朝，伽色尼的君主马苏德（马赫穆德之子）大喜，就于1035年招了塞尔柱首领做驸马，让他们协助防备北部边境。

马苏德很快就尝到了这样做的苦果，他派塞尔柱人防守国家北境，等于敞开了大门，大量突厥部族汹涌南下，按照《罗马帝国衰亡史》一书中的说法：“牧羊的人们变成了强盗；匪帮们集合为一支征服者的军队；波斯，以至于伊斯法罕（在伊朗中部）和底格里斯都遭到他们掠夺性的攻击。土库曼人（塞尔柱人）公然大胆地要与亚洲骄傲的君主们比试一下，看谁更武勇，谁的兵马更多。”

最终，塞尔柱人占据了包括呼罗珊、河中地区西部的花剌子模等大片土地，反过来控制了伽色尼的君主们，宣告一个大帝国的建立。

塞尔柱帝国建立初期，和喀喇汗王朝关系较为和睦，等到西喀喇汗国的君主伊卜拉欣去世以后，诸子争权，河中地区乱成一锅粥，塞尔柱苏丹阿尔普趁机集结了二十万大军兵发河中。

可怜得很，这位阿尔普苏丹才刚出兵就被人刺死了，西喀喇汗国发动反击，反而夺取了很多原本臣服于塞尔柱的城池。新苏丹马里克·沙再次集合大军前往征伐，终于逼迫西喀喇汗国签订和约。

到了 1081 年，西喀喇汗国桃花石汗阿赫马德处死了声威煊赫的宗教法官阿布·纳斯尔，伊斯兰教长们向塞尔柱苏丹求助——那可是教主钦封的苏丹呀，他定能救我们脱离世俗暴君的残酷统治——于是马里克·沙再次大举进攻西喀喇汗国，先后攻克了蒲华和萨末鞬，捉住桃花石汗阿赫马德囚禁起来。后来因为河中地区暴乱不断，他被迫释放了阿赫马德，但要求对方服从于塞尔柱的统治，西喀喇汗国就此臣服于塞尔柱苏丹战靴之前。

在拿下萨末鞬以后，马里克·沙毫不停留，继续东进，一直杀到讹迹邗（今吉尔吉斯斯坦乌兹根），他在那里向喀什噶尔传下旨意，要东喀喇汗国阿儿斯兰汗前往朝见。当时的阿儿斯兰汗名叫哈仑，是玉素甫的孙子，他听闻塞尔柱人兵强马壮，数量更是如同天上的繁星一般不可胜数，吓破了胆，急忙应召而至——这标志着东喀喇汗国终于也变成塞尔柱帝国的附庸了。

苏丹马里克·沙就是桑贾尔的父亲，他于 1093 年去世，庞大的塞尔柱帝国立刻陷入了长达十二年的内斗和混乱。作为塞尔柱附庸国的西喀喇汗国也受到波及，内乱频发。首先是在 1095 年，桃花石汗阿赫马德被萨末鞬宗教集团逮捕，并且受到了审判，据说因为他被塞尔柱人囚禁在波斯的时候，曾经接触过伊斯玛仪派（什叶派激进派），因此逊尼派的萨末鞬宗教集团怀疑他改信了异教，宣判其死罪，把自己的君主用弓弦给勒死了。

阿赫马德被杀以后，他的堂兄弟马斯乌德被拥戴为新的桃花石汗，到了 1097 年，塞尔柱苏丹别尔克·雅鲁克，也就是桑贾尔的哥哥，再度插手河中事务，任命西喀喇汗开国君主伊卜拉欣的孙子苏莱曼为汗。五年以后，东喀喇汗国进攻河中，苏莱曼逃往呼罗珊，去向当时担任呼罗珊总督的桑贾尔求救。

为了稳定帝国的东部疆土，重振雄风，桑贾尔立刻点集兵马，浩浩荡荡杀向东方，于当年 6 月 22 日顺利击败东喀喇汗国的军队，收复了河中地区。他随即派兵护送苏莱曼回归萨末鞬，并且还把自己一个女儿嫁给了他，表示愿意做他的坚强后盾。

苏莱曼一开始对他老丈人还恭顺有加，但后来和宗教人士再起冲突。他一方面向已经登上苏丹宝座的桑贾尔求救，一方面在国内进行了残酷的镇压和屠杀。桑贾尔率领大军还没有进入河中地区，苏莱曼就已经稳定了局势，他请求桑贾尔退兵回去，遭到拒绝，就起了异心，派人去刺杀桑贾尔。洞悉了女婿阴谋的桑贾尔大怒如狂，遂于 1130 年春季再次攻陷萨末鞬，把苏莱曼囚禁起来，改立苏莱曼的兄弟伊卜拉欣为桃花石汗。

这正是耶律大石离开可敦城开始领兵西征的那一年，塞尔柱大君桑贾尔不费吹灰之力就重新夺回了西喀喇汗国的宗主权。

一封回顾往事的书信

1130年，耶律大石离开可敦城，整军西征。以可敦城的地理位置和周边状况来看，短短五年的时间里，若说他真的积攒起了十万大军，可信度不会很高。无论宋朝官员还是金朝官员，向朝廷汇报的时候都说大石“集兵十万”，这十万其实是个虚数。大石这时候的兵马当然比他起初收服可敦城、从周边游牧部族手里借到的“万余”为多，但达不到十万，六七万就顶了天了。

大石西征，不可能把全部兵马都带走，必须留下一支部队继续守备可敦城。世界上从来就没有稳赢不输的仗，万一西进不成功，还把可敦城丢了，连个退路都没有，那可就真的死无葬身之地了。因此跟随大石西征的部队，还得比六七万少，顶多也就五万上下吧。

这五万人是否直线向西呢？不可能。因为大石想要前往喀喇汗王朝，去那里建立根据地，必须通过西域各国，首先是回鹘人建立的高昌王国。冲入高昌国，杀开一条血路，并非明智之举，借道过去吧，对方又未必会答应。所以大石选择兜个圈子，从西域北部游牧民族势力相对强盛，却并没有成型国家的地方绕行过去。

契丹五万大军浩浩荡荡地指向西北方，进入谦河（今俄罗斯境内的叶尼塞河）流域，这个地方传统叫“谦谦州”，居住着吉利吉斯人。吉利吉斯人是唐代黠戛斯人的后代，黠戛斯一度攻灭了庞大的回鹘帝国，但没有建立起一个新的黠戛斯帝国就西迁了。

这西征的第一步，出乎意料地不顺利。大石二月份到达谦谦州的时候，夏季还没有到来，这个地方僻处极北，气候寒冷，行军极为艰难。更倒霉的是，吉利吉斯人不肯轻易放过这些只是借道而行的外族人，他们数百成群，多次用小队骑兵来骚扰契丹军。

大石想要和吉利吉斯人好好打一仗，彻底占领这一地区，然而人生地不熟，那些草原民族又来去如飞，很难追到踪迹，一旦战争持续时间过长，己方的粮草物资就要大量消耗，还怎么往西走呢？况且，如此荒僻的地方，占领下来也没有太大用处。

为了避免遭到重大挫折，大石驳回了手下将领与吉利吉斯人继续作战的建议，明智地下令脱离战斗，快速通过这一地区，向南翻越金山（今阿尔泰山），进入翼支水（今额尔齐斯河）和也迷里河（今额敏河）地区。

和吉利吉斯人的冲突说明北路走不通，那些地方草原广阔，人烟稀少，契丹人和当地民族也没有什么接触，想要通过这些地区千里行军，确实有点困难。也迷里河周边地区就不同了，这里气候相对温暖，虽有大片草原，河流两岸也能开展农业生产，因此大石就在这里重整兵马，打算休整过后再继续西征。

为了能够在也迷里河沿岸站稳脚跟，作为下一步军事行动的根据地，大石还号召部下并且征发周边百姓修建了一座城池，起名叫也迷里，汉文史料上也写作“叶密立”（今新疆维吾尔自治区额敏县以西）。既然北路被证明走不通，那就只有走南路，也就是说从西域正中心直插进去。虽然可预见的沿途会遇见很多阻碍，终究当地国家曾经和契丹辽朝有过或多或少的接触，情况摸得比较准。

如果他们放我们西去，那我们就老老实实地西去，如果不答应，那就打过去吧。基于这种盘算，大石休整时间不长，就又离开了叶密立新城，南下进入高昌王国境内。

高昌王国也是回鹘人建立的国家。

回鹘人在西域地区建立有多个政权，势力最大的是东面的甘州回鹘国、和州回鹘国，以及前面提到过的喀喇汗国——据说这三国的创建者都是回鹘帝国的王室后裔。顾名思义，甘州回鹘国的都城是在甘州（今甘肃省张掖市），后来被元昊所灭，并入西夏。和州回鹘国的都城是在高昌（今新疆维吾尔自治区吐鲁番市东），这个地方也叫作西州，因此和州回鹘也就同时被称为“西州回鹘”或者“高昌回鹘”。

那么为什么又叫“和州回鹘”呢？有两种解释：一说是高昌这个地名在回鹘语中叫作“喀喇和卓”；另外一种说法是高昌附近也就是今天的吐鲁番盆地，气候非常炎热，俗称“火州”。不管是上述哪一种说法，传到东方，产生了讹误，就被叫成“和州”了。

高昌回鹘的疆域大致东起哈密力（今新疆维吾尔自治区哈密市），西至冰达坂（今新疆维吾尔自治区阿克苏市北方），北抵赤列河（今伊犁河），南邻吐蕃国，有半个现在的新疆维吾尔自治区大。

这个国家的首脑一开始称为“亦都护”，突厥语的意思为“幸福的君主”，后来恢复旧称叫作可汗，名号也叫“阿儿斯兰汗”。

高昌国和中原王朝的联系非常紧密。北宋建立后不久，当时的阿儿斯兰汗就曾派使臣去汴梁朝贡，自称是“西州外甥”——因为回鹘可汗曾经迎娶过唐朝的公主，称唐朝天子为“娘舅”。高昌人基于其原本古老的记忆，一直仰慕中华，希望睦邻友好，互通使节，所以借此机会重新捡起了和中原王朝的这一层亲眷关系。

大石是在1130年二月离开的可敦城，在谦谦州打了几仗，然后南下翻越金山，在叶密立建城休整，等到再次动身的时候，时间仍然是1130年，也就是说，还没有经过一整年。他打算向高昌王国借道，在此之前，当然得先派人去打听一下情况。情报很快就传回来了，说现在的高昌王，或者说高昌的阿儿斯兰汗，名字叫作毕勒哥。

大石离开叶密立，一面率领大军浩浩荡荡向南开拔，一面派遣使者去求见这位毕勒哥可汗。大石亲自写了一封言辞恳切却言简意赅的信，让使者带给毕勒哥。

毕勒哥一看这信，开头先回溯了一下历史，换句话说，套套契丹辽朝和高昌回鹘的老交情。信上写道：“当年我太祖皇帝北征，经过卜古罕城的时候，派遣使者去往甘州，见过你的祖先乌母主可汗。太祖皇帝说：‘你想念故国吗？朕可以为你光复。你回不去吗？那么朕就占领了。这事情朕说了算，但也得看你的主观意愿。’收到这样的信，乌母主可汗立刻上书致谢，然后迁居到这里，经历了十多代人，军民都安土重迁，不想再回去了……”

咦，不是在和高昌国也就是和州回鹘打交道吗，怎么又扯上甘州回鹘了？还说甘州回鹘的乌母主可汗是现在高昌国毕勒哥可汗的祖先。这究竟是怎么一回事呢？

原来甘州、高昌、喀喇汗三国同源而异流，创建者都是原漠北回鹘帝国王室的后裔，迁徙到西域重新建国以后，贵族们各据封地，论资排辈，没有一个统一的中央政府。可以把他们看作三个国家，也可以看作一个国家。

如果看作三个国家的话，那么原本甘州和高昌名义上的最高统治者都是乌母主可汗。如果看作一个国家的话，按照漠北回鹘帝国的传统，国内一般设有两个君主，一个正汗，一个副汗，分管帝国的东西两部，西迁以后这种传统维持了下来，以摩尼教为国教的帝国东部地区，最高统治者就是乌母主可汗——至于他算是整个西域回鹘国的正汗还是副汗，那就没有人知道了。

乌母主可汗最初的统治中心，不在高昌，而正是设在甘州。辽太祖阿保机曾经发动西征，收降了西方很多部族，924年十一月，他还捉住了“甘州回鹘都督毕离遏”，可见契丹辽朝和西域回鹘国，起码和这个国家的东部地区是打过仗的。

咱们前面说过，此次西征，阿保机一直杀到浮图城。这座浮图城可是历史悠久的名城，唐朝的时候归中原王朝所有，取名叫庭州，在这里设立了监督西域北部的重要机构——北庭都护府。此城的位置是在高昌城的北面偏西，由此可见阿保机已经杀入乌母主统治区域的腹地来了。

史书上说，阿保机曾经派遣使者“晓谕”乌母主可汗，乌母主慌了，表示愿意臣服，而阿保机也就随即得胜退兵了。终究那地方距离契丹辽朝的腹地太过遥远，阿保机也不会妄想将其彻底吞并，你肯称臣，那就万事大吉。

阿保机晓谕乌母主，要他臣服，都说了些什么内容呢？史书上没有记载，但文化修养很高，熟读历史的耶律大石倒是把相关内容帮我们翻出来了。我们按照大石的说法来分析一下，情况大概是这样的——

阿保机已经杀败了回鹘兵，直入王国腹地，驻军旧日的庭州城。他举头一望，这西域回鹘国好大，不知道哪年哪月才能彻底攻灭，而就算灭亡了它，那么远的地方管理起来也是一桩麻烦事。算了，不如下个照会，要他们趁早投降。

于是阿保机就用外交辞令照会逃到高昌去的乌母主可汗说：“甘州那地方我已经拿下了，你还想回去吗？你要想回去，我就把地方还给你；你要是回不去，我就自己占领了。还不还你地方，只在我一念之间，但也取决于你的抉择。”言外之意，只要肯投降归服，我就还你故土。

有一种可能性，乌母主被契丹人打怕了，想离这群家伙越远越好；还有一种可能性，乌母主因为连番战败，他在甘州地区的统治力量已经衰弱了，很难重新站稳脚跟。不管是上述哪一种可能性，总之乌母主不想再回甘州去了，他上书给阿保机，说我愿意臣服，但我就留在高昌这里，不会再回东方去。于是西域回鹘国的东部地区，也就是甘州回鹘就正式脱离乌母主的统治，并在不久后被新崛起的西夏所灭。

因此论起世系来，先居甘州、后迁和州的乌母主可汗确实是现在高昌王毕勒哥的祖宗，所以耶律大石在回溯往事的时候会说："乌母主可汗立刻上书致谢，然后迁居到这里，经历了十多代人，军民都安土重迁，不想再回去了。"随后他又说："因此贵我两国已经交往多年，感情很好。我现在想要西去进攻大食，向你借道，别无他意，请你千万不要心生疑虑。"

你说大石这封信写得有多狠？他假装回想两国的交情，其实尽说的是契丹辽朝怎么打得回鹘人抱头鼠窜，俯首称臣。毕勒哥看到这样的信，心里不禁一哆嗦，老祖先曾经吃过他们亏的契丹人又来了，这可怎么好?！虽然这封信的口气不硬，末了还劝说"千万不要心生疑虑"，可是数万打着契丹旗号的士兵已经浩浩荡荡南下入境了，我想表示"疑虑"，又该怎么个表示法?

其实耶律大石这封信里还有一重含义，那就是说你高昌国本是我契丹辽朝的附庸，所以我不打算占领你的土地，只是借道西去。如果你胆敢抗拒"天兵"，和宗主国的军队交战，我就不当你臣属了，而当你是叛逆，咱们战场上见真章吧！

高昌王毕勒哥是个很识时务的人，他知道要么把契丹人拦在境外，准备打场胜负难料的大仗，既然同意把他们放进来，那戏份还不如做足，得让他们真的感激自己才好。况且，足够恭顺的态度也能让契丹军官找不到借口翻脸。于是他强颜欢笑，打开了首都高昌城的大门，排开仪仗，把耶律大石接入城中。

双方都心怀着警惕。毕勒哥就算是真心招待大石，他手下的大臣、军官未必这样想，说不定就想玩一招“关门打狗”，设个圈套把契丹军的指挥层连锅端了；而相对的，大石和他的部下也未必真的信任这些回鹘人，肯定要暗作防备。其间种种冲突、调解，甚至阴谋、密计，都可以想象得到，但因为终究没有闹成功，所以史书上也不会有什么记录。

史书上只说，毕勒哥不但把契丹兵迎入高昌城中，还把大石迎进自己的王宫，仿佛真的面对一位宗主国来的王爷似的——虽然这个宗主国早就垮了，而这位王爷的身份也多少有点可疑。毕勒哥大摆宴席，和契丹人整整欢聚了三天。等到契丹人打算离开了，他还献出六百匹马、一百头骆驼和三千只羊，甚至表示说：“我送个儿子或者孙子去王爷您军队里当人质吧。高昌永为大契丹的臣属，绝不变心！”

这套戏文做得十足，在当时当地肯定引起了相当大的反响，因为时隔不久，就连女真人都听说这一消息了。《金史》上记载说，耶律余睹曾经上报吴乞买：“听说耶律大石去往了和州之国，那里紧邻西夏，他要是借了和州兵，再和夏人联合，情况就危急了。应该派遣使者前去，要当地人交出大石来。”

耶律余睹的奏报没有下文，因为大石并没有在和州之国也就是高昌回鹘国待得太久，他很快就借道向西，朝着设定的目标——大石国也即喀喇汗王朝——进发了。

独眼龙传说

某些专家认为，耶律大石本人的名字就来自喀喇汗国。因为喀喇汗国尤其是其东部，曾经多次向契丹辽派遣使臣，不但进贡礼品，还请求公主下嫁，所以大石的名字很可能是为了纪念两国间友谊而取的。

这种可能性确实存在，但并没有板上钉钉的证据。古人的名和字往往都有联系，大石表字“重德”，如果名字是为了纪念契丹辽和大石国（喀喇汗国）的友谊的话，那么字也应该与此相关。为什么字“重德”呢？只能解释为两国间共同的喜庆大事。

要说契丹辽和喀喇汗两国间共同的喜庆大事，那就只有两国联姻，契丹公主下嫁了。可是根据史料记载，联姻只有一次，是在1021年，也就是辽圣宗耶律隆绪的太平元年。且说在1019年，那位从喀什噶尔起家的王素甫就曾派遣使者向契丹辽朝进贡礼品，并且请求下嫁一位公主给他的儿子“册割”（察格利），耶律隆绪没有答应。两年以后，使者再次来到，重提前议，耶律隆绪一看他们的心这样诚，也就松了口，把王子班郎君胡思里的一个名叫可老的女儿册封为公主，送到西方去了。1021年距离大石出生的1087年相隔整整66年，再怎么给孩子起纪念性的名字，也不会追溯那么古老的往事呀，况且又不是“和亲60周年纪念”。

认为耶律大石的名字直接来源于喀喇汗国的专家同时还提出一个猜想，即大石领兵向西，不是为了征服喀喇汗国，而是前往具有血缘关系的表兄弟家去请求庇护，他们从而推论说大石很可能就是班郎君胡思里的后裔，远嫁喀喇汗国的可老公主算是他的祖姑奶奶。然而，如果只是大规模迁徙，寻求亲戚庇佑的话，大石没有道理在离开可敦城的时候要宰杀青牛、白马誓师，也没必要携带太多数量的部队呀。

其实喀喇汗国和契丹辽朝虽然往来频繁，都仅仅是出于政治目的，未必具有真正的友谊。正如和州回鹘国一样，他们一方面和契丹辽朝打得火热，另一方面也朝北宋大抛媚眼。1081年，东部喀喇汗朝桃花石汗苏来曼曾经写过一封信给宋神宗赵顼，题头是“于阗国偻罗有福力量知文法黑汗王，书与东方日出处大世界田地主汉家阿舅大官家”，也跟和州回鹘国一样，称宋朝为娘舅。

因此在这种情况下，说大石西行是为了请求喀喇汗国的庇佑，显然是说不通的。一个人在走投无路的时候才会想到去投靠八竿子都打不着的远房亲戚，大石好歹还占据着可敦坚城，麾下有数万兵马呢，他有必要去找那远在天边，相隔了好几代的喀喇汗国认亲吗？况且，从他在喀喇汗国受到的待遇来看，对方也根本没有开门欢迎的意思。

在刀光剑影的战场上，在波谲云诡的官场上全都打过滚，一身是血厮杀出来的大石，会是那么天真的人吗？

耶律大石首先进入了喀什噶尔地区，这里是东喀喇汗国的中心地区。当时坐在阿儿斯兰汗宝座上的是阿赫马德·伊本·哈桑，他立刻集合兵马迎敌。

13世纪的阿拉伯史学家伊本·阿西尔在他著名的《全史》中这样记述这场战役："在回历552年（1128年），独眼菊儿汗·秦带着大量军队，只有真主才知道有多少，到达喀什噶尔的边界。喀什噶尔的统治者，即伊利汗（东喀喇汗国阿儿斯兰汗的另外一种称号）阿赫马德·伊本·哈桑，武装起来反对他。他集合自己的军队，向他进发。他们相遇就发生了战斗，独眼菊儿汗被击溃，他的许多拥护者被杀死。"

按照这种说法，大石的军队吃了很大的败仗，伤亡惨重，这点是可信的。然而奇怪的是，战役爆发时间是在1128年，那个时候大石应该还待在可敦城，根本还没有开始西征，更别提进入西域地区了。很可能此次进攻喀什噶尔的并非大石所部，而是别的流亡到西方的契丹部队，或者是伊本·阿西尔记错了时间。

先假设确实是作者记错了时间，这支进入喀什噶尔遇挫的军队确实是大石所部，那么书中称耶律大石为"独眼菊儿汗"，这就很奇怪了。须知当时大石仍然只挂着在离开夹山行营时候自封的"王"号，并未称"汗"，况且并没有别的史料记载说他是"独眼"。

前面说过，当时中亚细亚的人们对东方有多种称呼，或者直称"中国""桃花石"，或者称"秦""马秦"，因为中原分裂，所以也习惯用"秦""上秦""马秦"来称呼南方的宋朝，而称北方的契丹辽为“中秦”或者“下秦”。所谓“独眼菊儿汗·秦”，很明确是来自中国的“菊儿汗”，咱们前面说过，“菊儿汗”的意思是众汗之汗、至上之汗，当时耶律大石的军队中，也只有他自己当得起这个称号——虽然可能是把以后的称号提前安到了他的身上。

大石真的是独眼吗？战场之上刀剑无眼，久经战阵的大石受伤残疾，也在情理之中。然而他是在什么时候受伤瞎了一只眼睛呢？对于类似残疾，一般情况下中国史书都会明确记载，但是一无所见。阿拉伯人没有姓，常用的名字也很少，中亚细亚伊斯兰化以后，回鹘、突厥和其他当地民族纷纷改用了阿拉伯的取名方式，结果重名的人越来越多，为了加以区分，各种记载里习惯性地给人起外号。如果大石真的瞎了一只眼睛，中亚和波斯的史书上也肯定会有记载，然而目前所能找到的却只有《全史》这一条孤证而已。

《全史》是用古代阿拉伯语写成的，到目前为止并无汉译全本，只有部分章节通过俄语译本被翻译引用，因为多拐了几道弯，所以讹误和分歧都很大。比如上述那段，也有一种解释说领兵的并非“独眼菊儿汗”，而是“大将阿勒·阿瓦尔”，而这个人名的含义就是“独眼龙”。而且，这位独眼大将并非仅仅战败而已，他还做了东喀喇汗国的俘虏。

综合这两种不同的翻译，或许可以得出以下的推论：某一年，未来的“菊儿汗”耶律大石亲自统率大军离开高昌回鹘境内，西进到喀什噶尔地区，东喀喇汗国阿儿斯兰汗阿赫马德·伊本·哈桑集合兵马前来抵敌，双方展开大战。战争的结果是大石败北，损失惨重，甚至连麾下一位独眼的大将也做了俘虏。

俄国史学家巴托尔德认为此次战役爆发的时间并非 1128 年，“事实上，它大概还要晚几年，因为苏丹桑贾尔在 1133 年七月给巴格达政府的信中，将其作为不久前才发生的事情提到过”。因此，普遍认为战役应该发生在 1131 年。

且说就在 1131 年，因为进攻喀什噶尔大败亏输，大石帐下的败兵被迫向东方退去，重新回到高昌回鹘境内。然而这个时候，他们突然发现无数顶盔掼甲的回鹘兵出现在地平线上……

高昌王毕勒哥是个老滑头，他虽然盛情款待了耶律大石，表示愿意成为附庸，终究是不情不愿的无奈之举。等到契丹大军一走，情势立刻就改变了，毕勒哥也开始翻脸不认人。

前面说过，契丹降将耶律余睹曾经得到大石到达和州（高昌）的消息，上奏金主吴乞买说：“（大石）要是借了和州兵，再和夏人联合，情况就危急了。应该派遣使者前往，要当地人交出大石来。”吴乞买一直很关注有关大石的消息，闻报不敢轻慢，立刻派遣使者前往西夏。西夏国回复说：“敝国与和州并不接壤，我们也不知道大石究竟在什么地方。”

说西夏国并不和高昌回鹘接壤，那是睁着眼睛说瞎话，西夏最西面的甘、肃、瓜、沙等州原本都是开国始祖元昊从西域回鹘国抢过来的，从沙州往西数日的路程就可进入高昌回鹘境内。不过这些地方沙漠广阔，往往走数百里也见不到人烟，西夏人说并不清楚大石在哪里，不知道他是不是到了和州，倒可能是大实话。

金使在西夏没有得到什么确切的情报，但夏人立刻就把这消息传到了高昌。毕勒哥早就听说了极东之地有一群女真人崛起，灭亡了强大的契丹辽朝，又听夏人说这些女真人如何悍勇，连我们也被迫臣服于他们，心里立刻就慌了神——女真人可别为了追杀大石，把大军开到高昌来呀！

毕勒哥忙不迭地派遣间谍去西面探查，间谍回来报告说，契丹兵在喀什噶尔吃了个大败仗。听闻此信的高昌王于是立刻把脸一板，下令逮捕了城中的契丹监督，同时派出兵马，截杀败退回来的大石军。

这真是“屋漏偏逢连夜雨”，刚刚吃了败仗、士气低落的大石军怎么会是回鹘生力军的对手？两军稍一接触，很快就溃散了，残兵败将如同漏网之鱼一般匆忙逃回根据地叶密立。毕勒哥绑起大石麾下的几员将领，比如撒八、迪里、突迭——或许就是大石留在高昌城里的监督，或许是在战场上捉到的，史书语焉不详——派人送去金朝报捷。

这是大石西征以来吃的第二次败仗（第一次是在谦谦州败于吉利吉斯人之手），但也是最后一次败仗。即便仁、智、勇兼备的名将，初到一个人生地不熟的地方，在准备不充分的情况下大都是会吃败仗的，大石也不例外。但他很快就总结经验教训，调整了自己的西征步伐，这才是他独有的人所无法望其项背的最大优点。

撒八、迪里、突迭等人被押到金朝，是在1131年的九月，也就是大石军遭到东喀喇汗国和高昌回鹘前后夹击的同一年。在此前后，金朝因为知道大石已经不在可敦城中，觉得时机终于到了，于是集结大军前往进攻。

发动这次战役的或许并非金主吴乞买本人，而是身在北境的大将粘罕。粘罕征发了幽云各州的汉军、女真军，任命右都监耶律余睹为主将，从云中出发，直插可敦城。关于这支军队的数量，史料上有两种记载：一说余睹所部一万，后面还有部队和民夫跟进，总数不详；另一说总数为两万人。

进攻的目标，《大金国志》上说是“曷董城”，另有史料说是“和勒端城”，很明显都是可敦城的另外两种音译；至于所面对的敌方将领，说是“耶律大石林牙”和“耶律佛顶林牙”。大石林牙不用说了，他此时已经不在可敦城中，远征西域，书上这样记载，或许有所讹误，或许只是表示进攻的乃是大石军。至于佛顶林牙，他或许是大石留在可敦城中的主要守将。既然冠着“林牙”的名号，很可能他以前是大石的同事，两人同样在大林牙院里供过职。

林牙（翰林）是清贵之职，虽然没什么权力，也没什么油水可捞，但能进大林牙院，就说明此人文采非凡，自然广受景仰。契丹人受中原文化影响很深，所以契丹辽朝的林牙应该也是受到追捧的，但凡当过林牙，别人在称呼你的时候，都可能把“林牙”二字冠在名上以示尊敬。“耶律佛顶林牙”可能和大石一样，文武双全。

且说金军这次远征可敦城，再度以失败告终。《大金国志》上说：“从云中北去曷董城（可敦城），中间距离三千多里，全是沙漠无人之境。这次北征，三路民夫死亡的不可胜数，运输粮秣物资的大车、牛马，十成里面只回来了一二成。”

这些民夫和牲畜、大车，不大可能是在沙漠里迷路，没走到可敦城就损失惨重了。最大的可能是准备不够充分，金军好不容易越过沙漠，来到可敦城周边，就已经是强弩之末了，耶律佛顶率军出击，杀得他们溃不成军，被迫丢弃辎重撤退。而正因为物资不足，回去在经过沙漠的时候才会死亡枕藉，十成里面只逃回家一二成。

众汗之汗菊儿汗

耶律大石的这次西征，一开始就很不顺利，遭遇严重挫折，前线被东喀喇汗国和高昌回鹘前后夹击，后方可敦城也遭到女真人的攻打。但因为大石在可敦城留守问题上布置得宜，所以耶律佛顶等人很轻易就击退了来犯的金军，为西征军保持住了稳固的后方。

后方是稳了，前线又该怎么办呢？现在摆在大石面前有两条路：一是结束西征，退回可敦城；二是不顾损失，重新集结人马强攻高昌回鹘，甚至继续越过高昌去打东喀喇汗国。无疑第二条路是很不现实的，第一回仓促前进就已经撞得头破血流了，还来第二回，那不是找死吗？第一条路也走不得，当初自己杀青牛、白马祭祀天地，发动西征，还没有取得丝毫成果就退回去，从此还怎么收拢人心，以期完成复国大业呢？

所以明智的大石采取了一条中间路线，既不继续进兵，也不退回可敦城，只是停留在新建造的叶密立城中，一方面重新养精蓄锐、积攒实力，另一方面也静静地等待西域地区形势的转变。

预先在叶密立筑造城堡，建立根据地，真是再明智不过的举措了。如果没有叶密立城，大石恐怕就只好一路往回溃逃，逃回可敦城去吧。那么他还有机会再次西行吗？那些好不容易说服跟从的草原游牧民族还愿意跟随他千里远征吗？

如果不向西远征，一直窝在可敦城，残辽这最后一片基地迟早会被女真人端掉的，那么契丹民族就真的完了。

大石在叶密立城休养了一年多的时间。高昌回鹘和中原王朝不同，并不施行郡县制，算不上中央集权，各地分封势力都很强大，况且虽以回鹘人为主体，境内各民族、部族也很多，虽然大家都说突厥语，相互间却矛盾重重。大石就利用这些矛盾，逐渐把不满毕勒哥统治的很多民族、部族都聚拢到自己帐下，史书上说，很快他的“户数就达到了四万”。

一般情况下，中原王朝的户数乘以五就是人口数，如果也按照这个比率来计算西域地区的人口，那么此时大石就已经召集了二十万百姓，从中按一户一兵算，可以征集四万大军，加上原本跟他西征的契丹兵、汉兵，实力重新壮大，起码已经达到了西征之初的水平，甚至可能比离开可敦城的时候更为兵强马壮。

他当初西征的时候，是先穿越了吉利吉斯人的领土，继而进入高昌回鹘境内，叶密立和可敦城之间是分隔开的。在叶密立休兵养马一年多以后，他逐渐地蚕食高昌回鹘北部领土，疆域东起土兀剌河（今蒙古国境内的土拉河），西到也迷里河，终于连成了一整片。

既然实力恢复了，甚至比以前更为强大，大石就打算率兵南下，进攻高昌回鹘，以报此前的一箭之仇。不过在南下之前，他还得先完成一件大事。

什么大事呢？有句老话叫“名不正则言不顺，言不顺则事不成”，耶律大石想要征服西域，先得正名。论起来，他此时不过是契丹辽朝的一位王（虽然是自称的），国家已经灭亡，仅仅挂着一个王爷的头衔很难聚拢人心，完成复国大业。况且在叶密立城生聚的这一年多时间里，他招来了大量操着突厥语的民族或部族，也需要树立一个能够使他们信服的当地名号才行。

虽然耶律大石曾经拥立耶律淳当皇帝，并且他还当面对契丹辽朝的末主耶律延禧说，只要是太祖的子孙，为了社稷安康都可以当皇帝，但出于传统的忠君思想，他自己是不敢在耶律延禧还在的时候就称帝的，哪怕彻底决裂，离开夹山行营的时候，也不过自称为王而已。但耶律延禧早在七年前也就是 1125 年就被金军俘虏了，这个时候的大石已经没有了丝毫的顾忌。

“我们就算拥立了十个耶律淳，终究都是太祖皇帝的子孙，总比没有皇帝领导，被迫向敌人乞求活命要好呀！”自己当年对耶律延禧说过的话，再次回响在耳边。是时候了，为了契丹民族的复兴，为了大契丹国的重建，自己必须挺身而出，加上至尊的宝冠！

于是在麾下文武百官的拥戴下，耶律大石终于在 1132 年二月五日登基称帝。因为称帝的地方是在叶密立，所以按照当地人民的习惯，他给自己上了一个“汗”号。所谓“汗”，乃是突厥人的君主，后来受突厥人影响，北方草原和西域地区很多民族、部族也都争相模仿，纷纷称汗。因此光一个“汗”字，是不足以凸显大石政权的威仪的，“汗”上面还必须多一个称号，比如“阿儿斯兰汗”“博格拉汗”“桃花石汗”等才行。

按理来说，大石想要征服大石国也就是喀喇汗朝，可以给自己冠上喀喇汗朝的最高君主称号“阿儿斯兰汗”，因为他来自中国，也可以自称“桃花石汗”。但最终他并没有选择这两个称号，而是自封为“葛儿汗”，或者写作“菊儿汗”。这个称号的含义是“众汗之汗”，也就是说，如果普通的汗是指王的话，那么菊儿汗就是王中之王，是皇帝。

大石的意思是，他要在中亚细亚建立一个崭新的国家，他要做所有突厥语民族的君主，而不仅仅是喀喇汗朝之主。从某种意义上来说，“菊儿汗”和当年草原、西域各国各部送给唐太宗的名号“天可汗”是完全相同的。

在称汗以后，大石手下的臣子，大多是契丹人和汉人，又按照中原习惯给他上了一个汉式尊号“天祐皇帝”，以示不忘故国。大石还按照中原习惯定当年为“延庆元年”，追谥自己的祖父为嗣元皇帝，祖母为宣义皇后，册立妻子萧氏为昭德皇后。

登基坐朝以后，当然就要封赏百官了。大石对多年来跟随自己南征北战的大臣们说：“朕和你们行进三万里，穿越沙漠，辛苦跋涉，全赖祖宗保佑，大家拥戴，才能坐上皇帝之位。为了酬谢大家这些年的辛劳，你们的祖父、父亲，都能得到追封，各人的家族都可共享荣华。”于是封赏了以萧斡里剌为首的 49 名功臣的家族。

行进“三万里”云云，明显都是虚数，是夸张，不必要深究。而至于那个萧斡里剌，看他的名字就很明显和大石同族，也是契丹人。耶律大石第一次在界河大战宋军的时候，他曾经有过一个副手——牛栏监军萧遏鲁，和萧斡里剌名字很像，很可能只是不同的音译而已。如果真是同一个人的话，那这萧斡里剌的资格就很老了，他很可能是大石的左膀右臂，麾下第一流勇将。

请大家记住这个名字，在大石政权及此后的历史上，这个人将起到相当关键的作用。

耶律大石在叶密立称皇帝，给自己冠上了“菊儿汗”的尊号，这不是临时过把瘾，就像后来的吴三桂之流，眼看要完蛋了才匆忙称帝，这是大石开始大规模向外扩张的一个信号。

果然，就在称帝后不久，大石亲率大军，再次南下逼近高昌城。这可把高昌王毕勒哥给吓坏了，大石第一次率军来到的时候，他就实行缩头乌龟政策，乖乖地开城、让路，还表示愿意当大石的附庸，现在大石的兵力比前一次更为强盛，他毕勒哥哪还有胆子阻拦呢？

当大石在叶密立城中积攒实力，逐步吞并高昌回鹘北部领土，在与可敦城连成一片的时候，毕勒哥或者是不敢出头，或者曾经派兵前去进攻但都铩羽而归，总之根本没能拦住大石的扩张步伐。现在敌人越来越强，己方越来越弱，他除了投降也没有第二条道路好走了。

不愧是老滑头毕勒哥，他急忙用比从前更为恭顺的态度召见大石派来的使者，既为上次袭击大石军后路道歉，又再次表示愿意当附庸，永不背叛。大石并不想在高昌回鹘国内浪费太多时间和精力，于是不计前仇，慨然允诺。当然，他不会再像前次那么信任毕勒哥了，他决定留下一支军队而不是几名官员来监督这位变色龙一般的高昌王的一举一动。

大石只在高昌城中待了不长的一段时间，然后就离开了。只是他并没有继续西进，指向喀喇汗王朝，而是掉头又回去了根据地叶密立。

喀喇汗王朝和中原王朝的关系一直非常紧密。前面说过，他们称宋朝皇帝为“汉家阿舅大官家”，先后向开封府派遣过五十多次朝贡的使团，同时和契丹辽朝也保持着友好的关系。11 世纪喀喇汗朝的文学家玉素甫·哈斯·哈吉甫写过一部长诗，名叫《赐予幸福的知识》(汉译《福乐智慧》)，从中就能找到这样的诗句：

“要是中国来的商队砍倒自己的旗子，千万种珍宝从何而来？”

“大地铺上绿毯，契丹商队运来了中国的商品。”

由此可见喀喇汗朝和宋朝、契丹辽朝之间的贸易往来也非常频繁。通过这些接触，耶律大石了解到喀喇汗王朝幅员辽阔、土地肥沃、物产丰富，是他谋求复国的最好根据地。

在没有遭遇到什么抵抗就顺利地吞并了高昌回鹘以后，大石谋划着再次西征。但他决定改变行进路线，不再越境去进攻喀什噶尔，这一方面可能是怕毕勒哥再在自己背后动手脚，另一方面也意识到喀什噶尔是东喀喇汗国的中心区域，直接大军挺进，可能会遭到非常强力的抵抗。于是他先退回叶密立城，然后即以此城为出发点，直接向西，进攻东喀喇汗国的北部——七河地区。

大石探听到七河地区的东境驻扎着大量军队，估计将会爆发一场恶战，于是首先派人前往侦察。但他没有料到，侦察兵却带来了对方的使者，操着他家乡的语言——契丹语——提出归附的请求。

原来，当女真人向契丹辽朝发起猛烈进攻的时候，有很多契丹人和一些契丹辽朝统治下的突厥民族被迫向西迁徙，他们先大石很多年就到了西域，并且进入东喀喇汗国境内。这些人基于契丹辽朝和喀喇汗朝之间长年的友好关系，希望得到阿儿斯兰汗的收留和庇护。

这个时候的东喀喇汗国君主是摩诃末·伊本·苏来曼，他看到先后有数万人前来投奔，大为欢喜，于是就委派这些契丹人和突厥人为自己守卫东部边境。不仅如此，还奖赏金钱、赐予土地，使这些外来之人成为七河东境势力最大的领主。然而好景不长，等到阿赫马德·伊本·哈桑——就是曾在喀什噶尔打败过大石的那位君主——继位以后，却和这些契丹、突厥人产生了矛盾。

阿拉伯史书上说，阿赫马德·伊本·哈桑“强迫他们（驻守东境的契丹、突厥人）与妻子隔离，想使他们不再繁衍后代”。这句话可能有两种含义：一是向他们夺取妻、儿为人质；二是抢夺他们族中的女人。不管是哪一种含义吧，总之这些契丹、突厥人怒不可遏，起兵造反，数千上万大军浩浩荡荡地杀向东喀喇汗朝的首都喀喇斡耳朵。

阿赫马德·伊本·哈桑集结大军前来抵挡，因为那些契丹、突厥人都是从东方迁来的，绝大多数并不信仰伊斯兰教，所以他还打出了“圣战”的旗帜，一路势如破竹。这些契丹、突厥人吃了败仗，被迫退回到东部边境，大概阿赫马德·伊本·哈桑也再无力追杀，于是对立状态就一直延续了下去。

这些契丹、突厥人不知道该怎么办才好，是继续待在这里，等待时机复仇呢，还是离开东喀喇汗国，到别处去发展呢？正在犹豫不决的时候，突然听说有一位契丹族的菊儿汗或者天祐皇帝领兵杀了过来，大喜过望，急忙派人前去联络，愿意归服于大石麾下。

这些曾为东喀喇汗国镇守边境的契丹和突厥人，数量有一万六千帐，一帐就是一个家庭，大致等于一万六千户，可动员的兵力在两万以上，大石在叶密立城整整积聚一年，麾下有四万户，兵力应在五万左右，两者相加，已经是中亚地区非常强大的一股势力了。大石得到这些族人的投奔，不仅军力得到扩充，他还从这些新归附的人们口中，得知了更多有关东喀喇汗国的内情。

仿佛有一扇窗户在大石面前打开，使他看清了自己的敌人，看清了广袤的中亚细亚。然而，在综合了各方面的情报以后，大石却并没有乘胜进兵，直捣七河地区、攻陷喀喇斡耳朵、再南下喀什噶尔，他反倒在两国边境上停了下来。他在等什么呢？原来他在等东喀喇汗国自己崩溃。

不费分文的宝座

东喀喇汗国并没有因为阿儿斯兰汗阿赫马德·伊本·哈桑先后打败驻守王国东境的一万六千帐契丹、突厥人以及西征的大石军而重振雄风，据说阿赫马德·伊本·哈桑在和大石军队的交锋中虽然取胜，自己却身受重伤，回去不久就一命呜呼了，他的儿子伊卜拉欣继承了汗位。

这位伊卜拉欣按照史料记载，是“一个无能无力的人”，“该地的哈剌鲁（葛逻禄人）和康里突厥人已经摆脱了对他的隶属，而且经常欺凌他，袭击他的部属和牲口，进行抄掠”。

葛逻禄人本是突厥民族的一支，很早就迁徙到西域地区，还曾在怛罗斯大战的时候从高仙芝背后捅过一刀。游牧在七河地区的葛逻禄人后来被西迁的回鹘人所征服，成为喀喇汗朝的主要居民之一。而康里人是高车人种，当突厥帝国最强盛的时候，他们臣服于突厥王庭，所以也可以看作突厥种——东喀喇汗国境内的康里人本是葛逻禄人的从属。

总之就是东喀喇汗国占统治地位的回鹘人和处于被统治地位的突厥人之间发生了矛盾。民族间的矛盾肯定由来已久，但当一个王朝强盛的时候，这些矛盾可以暂时被压制下去，甚至可以被部分化解，而等王朝衰弱以后，矛盾就会浮出水面，处理不当还可能激化。突厥是相当善战的民族，在当时中亚细亚各国中，突厥贵族往往充当军队指挥官的角色，可以说，中亚各国的军权有一半是掌握在突厥人手里的。如果他们听从指挥，固然会是有助于国家强盛的极大力量，但如果他们离心离德，反而会变成王朝灭亡的重要因素——塞尔柱帝国的崛起就是很好的例证。

所以，东喀喇汗国内的葛逻禄、康里等突厥部族纷纷掀起叛乱，阿儿斯兰汗伊卜拉欣无计可施。这个时候的东喀喇汗国仿佛汪洋中的一座孤岛，东面是宿敌高昌回鹘，南面是吐蕃诸部，北面是巴尔喀什湖外荒无人烟的大草原，西面早就已经和西喀喇汗国甚至前宗主塞尔柱撕破了脸……就算伊卜拉欣想要重新归服于塞尔柱的统治，请求救援吧，大君桑贾尔此时又在遥远的呼罗珊，真可谓“远水救不了近火”。怎么办呢？自己还能到哪里去找靠山，才能避免被那些突厥人攻陷喀喇斡耳朵，要了自己的小命去？

万般无奈之下，伊卜拉欣听说耶律大石的数万大军就驻扎在东方边境上，于是派遣使者前往，“把自己的软弱、康里人和哈剌鲁人（葛逻禄人）的强大和奸诈告诉他，并请求他到他的都城去，以此他可以把他的整个版图置于他的治下，从而使他自己摆脱这尘世的烦恼”。

上述文字见于志费尼的《世界征服者史》，虽然一大堆的“他”，指代不清，还是可以大致看明白，乃是伊卜拉欣病急乱投医，打算举国臣服于大石，请大石帮忙管教造反的突厥人。然而，对方很可能是杀死自己父亲的凶手，对方的大军还阵列在边境线上，就这样一战未交，乖乖地双手奉上整个国家，即便伊卜拉欣是个废物，这种怪事也实在难以使人相信。

史料上记载不详，我们可以尝试猜测一下，究竟是什么迫使伊卜拉欣主动向大石递上降表的呢？首先，他当时的情况可能是万分危急，甚至突厥叛军很可能已经杀到了喀喇斡耳朵城下，一旦城破，以突厥人对东喀喇汗国统治者的仇恨来说，他肯定没有偷生的希望。在这种情况下，他或许愿意臣服于包括大石在内的任何一股外来势力——只要对方答应从突厥人手中救出他的小命就好。

另一方面，耶律大石虽然并没有深入东喀喇汗国的国土，但不会仅仅简单地在边境线上待着，他一定会派遣使者前去威吓伊卜拉欣，并且极力渲染自己的强大。同时，大石还可能派人去联络葛逻禄人和康里人，随时准备和这些突厥部族联合起来，一起向喀喇斡耳朵进军。

在这种情况下，伊卜拉欣除了投降大石，已经没有其他路可走了。于是大石在接到他的“请求”以后，就毫无阻碍地长驱直入，率军进入喀喇斡耳朵，“登上那不费他分文的宝座”。

其实世界上没有什么宝座可以“不费分文”得到，对于伊卜拉欣的投降，大石肯定做了相当多的军事、政治和外交工作，伊卜拉欣是绝对不会主动献出自己所有土地的。这正是孙子所说的“不战而屈人之兵，善之善者也”，耶律大石不愧是深谙兵法的一代名将！

耶律大石进入喀喇斡耳朵以后，把此城定为自己新的首都，改名为“虎思斡耳朵”。咱们前面说过，喀喇斡耳朵本名八剌沙衮，喀喇汗国在此定都，才改成了这个名字，斡耳朵就是“宫帐”之意，大石定都虎思斡耳朵，意思为“强有力的宫帐”。因为居于喀喇汗国故地，或者更准确点来说，是基本继承了可汗国那些喀喇汗们的领土，所以中亚历史上称他的政权为“喀喇契丹”，中国史书则称为“西辽”，因为它是契丹辽朝的残部西迁后所建立的国家。

为什么要定都虎思斡耳朵，而不仍然留在称帝的根据地叶密立呢？一方面，这说明大石并不因为吞并了高昌回鹘和东喀喇汗国而感到满足，他希望能向西方大步迈进，彻底征服整个“大石国”，也就是说，他把目光又瞄向了以河中地区为中心的西喀喇汗国。另一方面，虎思斡耳朵周边，也就是七河地区，实在是个能耕能牧的好地方，适合作为一个新兴王朝的政治和经济中心。

大石定都虎思斡耳朵是在 1134 年，此后又过了整整 87 年，蒙古帝国崛起，成吉思汗铁木真率军发动第一次西征，他召全真教的掌教长春真人丘处机前往西域军中觐见，丘处机带着弟子们跋涉万里，最后在大雪山（今阿富汗境内的兴都库什山）见到了铁木真。这趟旅程留下了一部史料价值很高的著作《长春真人西游记》，书中对于途中所见的西辽故都，是这样描述的——

自金师破辽，大石林牙领众数千走西北，移徙十余年，方至此地。其风土、气候与金山以北不同，平地颇多，以农桑为务。酿蒲萄为酒，果实与中国同，惟经夏秋无雨，皆疏河灌溉，百谷用成。东北西南，左右山川，延袤万里，传国几百年。

这本书的作者是丘处机座下得意弟子李志常，他曾经跟随丘处机前往觐见铁木真，所写所记皆亲眼所见，亲身经历，可信度很高。由他的记述可以看出，虎思斡耳朵周边以农业生产为主，能种“百谷”，还能植桑养蚕，种葡萄酿酒，虽然雨水较少，但河渠纵横，引水灌溉，收成是很好的。再远一点的地方，还有大片牧场，放养牛、羊、马匹，确实是一块丰饶沃土。

但是进驻虎思斡耳朵，并不代表大石已经统治了东喀喇汗国全境。前面说过，东、西两个喀喇汗国都实行分封制度，各贵族、部族都有自己的采邑，有自己的部属和百姓，当阿儿斯兰汗无法控制全境的时候，仅仅令其降服，是无法把贵族们和各部族都同时征服，并让整个东喀喇汗国都跪伏在大石脚下的。

那么，应该怎样彻底统治如此广大的领土呢？耶律大石要做的第一件事情还是正名，他现在已经是名义上的东喀喇汗国之主，那么就不能允许在其治下还有西域回鹘国的最高领袖——阿儿斯兰汗的存在。于是大石降封伊卜拉欣为“伊利克－伊·土库曼”，意思就是土库曼王。他自己占据了七河之地，但允许伊卜拉欣继续统治喀什噶尔和其附近的和田地区。也就是说，大石把原来东喀喇汗国的国土一分为二，将其北部划归东喀喇汗之上的喀喇契丹菊儿汗直辖。

史料上说，大石曾经派出过一支军队，到喀什噶尔与和田巡行，很可能是护送伊卜拉欣回喀什噶尔，也就是伊卜拉欣老祖宗玉素甫起家的地方。随即大石又降服了原本东喀喇汗国境内的葛逻禄人和康里人，并且派遣部队再度杀往谦谦州，沉重打击了当地的吉利吉斯人，报了当年一箭之仇。

大石定都虎思斡耳朵是在 1134 年年初，等到整个东喀喇汗国都平定了下来，他就誓师东进，对金朝发起了大规模的复仇之旅，那是在当年的三月份。由此可知，大石征服如此大一片领土，花费的时间是非常短暂的，最多不超过三个月。再往前算，降服高昌回鹘国是在 1132 年，随即他就发兵向西，收服了驻扎在东喀喇汗国东境上的那一万六千帐契丹、突厥人，中间两年的时间，他一直都停留在边境线上，未曾前进过一步。

在这两年的时间里，大石暗中做了大量的外交斡旋和分化瓦解工作，所以不动则已，一动之下，就用短短三个月的时间彻底征服了有现在半个新疆维吾尔自治区大小的东喀喇汗国。孙武子所谓的“疾如风，徐如林，侵掠如火，不动如山，难知如阴，动如雷震”，就是大石用兵最好的写照吧。

大石西征，最大的目的不是迁徙，更不是流亡，他一心想着回归故土，光复旧物，消灭女真人，重建庞大的契丹辽朝，所以当在西域的根据地稳固以后，当然应该整顿兵马，东进复仇了。定都虎思斡耳朵以后，大石把年号从“延庆”改为“康国”，并于三月间再次宰杀青牛、白马，誓师东征。

为什么会选择这个时机东征呢？东喀喇汗国刚刚征服，还不可能在短短的数月间就稳定下来，原本回鹘人和突厥各部的矛盾，也不是在他们头上压上一伙契丹人就可以搞定的，从西辽以后的历史发展来看，国内各民族相互间的矛盾——并非回鹘人或突厥人对契丹人的矛盾——占有颇为突出的地位，大石就不能多等一段时间，先搞几年内政，把情况稳定下来，再东征攻金吗？

让我们把目光再从西域移回中原，看看在大石于可敦城扩充力量，然后整旅西征这段时期内，中原宋、金两国的形势有着怎样的发展变化吧，看看大石选择在降伏东喀喇汗国以后立刻东进谋求收复失地，究竟有着怎样的战略考量吧。

大石是在1124年七月与天祚帝耶律延禧彻底决裂、离开夹山行营、北赴可敦城的，第二年耶律延禧就被女真兵俘获，随即金兵大举南下，在1126年年初和年底两次包围东京汴梁。次年也即1127年，乃是宋钦宗赵桓靖康二年，北宋灭亡，赵佶、赵桓父子被金人掳走，史称“靖康之耻”。

赵佶的第九个儿子康王赵构于当年五月在河南商丘登基，建立南宋王朝，史称他为宋高宗。次月，女真大将斡离不，也就是那位曾经俘虏过耶律大石，并且用绳子牵着大石，逼迫他带路奇袭天祚帝行营的“二太子国王”突然英年早逝——据说是因为打马球中了暑。

在粘罕、兀术等将的率领下，金兵来势汹汹，步步紧逼，赵构节节南逃。1128 年十月，河北重要的抗金据点五马山寨沦陷——前面提过，这个五马山寨的寨主之一，就是曾经参与宋金“海上之盟”，被粘罕的老爹撒改称赞为“也力麻立”的名将马扩。

1129 年三月，赵构南逃到杭州，随即麾下将领苗傅、刘正彦就发动政变，把他赶下了台，赵构的心腹爱将王渊也在政变中被杀。想当年在卢沟战场上被萧干和耶律大石俘虏的时候，这王渊只不过是一员押运粮草的中级军官而已，但因为拥戴赵构登基有功，受封御营司都统制之职，相当于武装部队总参谋长。可惜王渊人际关系搞得不好，苗、刘等人又嫉妒他受重用，所以才铤而走险，杀王渊、废赵构，史称“明受之变”。

政变很快就被平息，宋高宗赵构复位，感念王渊的功劳，追赠他少保的头衔。就在同一年，耶律大石攻取了金朝的“北部二营”，并且派遣使者南下联络南宋王朝。前文也有提及，残辽使者被西夏截留，他的一个汉人随从逃到泾源，把相关情况报告给宋将曲端，曲端再上报川陕宣抚处置使张浚，张浚上报赵构。可惜赵构这个时候正在淮南被女真兵打得满头是包，整天想着求和，数千里外的联系、救援，他理都不理。

耶律大石和南宋夹攻金朝的幻想就此破灭，并且通过此事可以看出，西夏人已经不和自己一条心了，而是死心塌地地打算跟在女真人屁股后面，以保本国的平安。大石一看中原已无隙可乘，就在次年也即 1130 年二月杀青牛、白马祭告天地，开始了他漫长而卓绝的西征之旅。

东征复国

耶律大石在 1130 年离开中原争胜的舞台以后，可敦城彻底改为防御态势，连攻打北部二营之类的试探性进攻都不再有了，金朝西北面的压力基本解除。而等大石终于在西域站稳脚跟，再掉过头来想望中原的时候，形势又已经有了翻天覆地的转变——

大石是当年二月份整旅西征的，然后到了三月间，他大概还在谦谦州跟吉利吉斯人周旋呢，女真大将完颜宗弼也就是“四太子国王”兀术就亲率大军追袭赵构，好像当年他哥哥斡离不追袭耶律延禧一般。可惜兀术的本领不及斡离不，运气则更差，被南宋浙西制置使韩世忠用战船团团围困在镇江附近，整整围了 48 天，差点就全军覆没了——这就是历史上著名的“黄天荡之战”。

黄天荡之战，兀术被吓得不轻。消息上报朝廷，掌权的左副元帅粘罕建议说：“契丹辽原来以汉人治汉人的制度还是有点儿作用的，咱们不如也照抄吧。”于是在中原扶持了降将刘豫的伪齐政权，把伪军推到第一线去，女真兵北归修整——其实这是第二个金朝的傀儡，第一个是张邦昌的大楚，早就在南宋的压力下覆灭了。

女真将领们打算改变进攻策略，不再一路猛追赵构，转而先攻西路，拿下四川，到时候顺江而下，东、北两线夹攻，这仗就好打了。就像三国时代，虽然魏强吴弱，可是曹魏多次南征都没能打垮东吴，一直等到灭亡蜀汉，占据了蜀地以后，代魏而兴的西晋才能“王濬楼船下益州，金陵王气黯然收”。

正好这个时候，南宋方面的川陕宣抚处置使张浚收拢原西北军残兵败将，重新凝聚起一股强大的力量，准备逐步收复西北失地。为了彻底吞并陕甘，进取四川，更为了隔断张浚和西夏的联络，防备夏人突然叛变，金朝派右副元帅讹里朵（完颜宗辅）统率大将娄室和匆忙从淮北赶回来的兀术，准备抢先在陕西发起强大攻势。

对于女真方面的这一战略转变，南宋君臣一头雾水，懵然不知。不知是不知，赵构被金兵杀怕了，为了缓解东线的压力，也下令张浚在陕西发起进攻，牵制敌人。都统制曲端进言说：“咱们现在实力还不足备，得在川陕积聚十年，才可能对金人发起全面进攻呀。”张浚心说：“十年？十年后皇帝还在不在，是不是在东线被女真兵拿走了都不清楚，谁能等呀？！”于是罢免曲端，亲率五路大军共十八万人马，快速挺进。

就这样，宋金双方不约而同地把主力调往西线，惊天动地的大战一触即发。

这是 1130 年秋季之事，这个时候的耶律大石第一次降伏和州回鹘，可能正在高昌城里享用高昌王毕勒哥的美酒佳肴呢。

1130 年八月，张浚统率马步军十八万，号称四十万，分进合击，最后聚集在耀州的富平（今陕西省渭南市富平县西南），与金兵相隔八十里扎下大寨。其实这个时候，因为娄室的部队被别部宋军绊住了手脚，还没能够开到前线，前线金将只有讹里朵和兀术，统共也就两三万人，宋军若能快速突进，胜算是相当大的，临阵俘虏或者杀死讹里朵、兀术都有可能。可惜的是，就在这个节骨眼上，偏偏那位志大才疏的宣抚使张浚犯开了浑。

当年宋辽白沟之战，有个观望不进、拖拖拉拉的童宣抚，而今宋金富平之战，又出了个同样拖拉的张宣抚，真是前后辉映。当然，两者还是有着本质上的区别的，童贯是奸臣，一心只想着自己的荣华富贵，张浚却一心抗金，只是书呆子气发作而已。他心说我堂堂大宋王师，和那些蛮夷是不同的，不能搞什么小家子气的偷袭，于是写下一封战书送到女真营中，约期决战。

这个时候讹里朵哪里敢打，只得深沟高垒，一味地搞拖延战术。宋将都来催促张浚，说您战书也下了，礼节也到了，咱们总该打了吧，没道理对方不应战就一直跟这儿耗着呀。可是张浚仍然执迷不悟，光知道效仿先贤，往女真营中送胭脂花粉、珠宝钗环，讽刺讹里朵和兀术是娘儿们。可惜，当年诸葛亮用这个激将的花招都没能激得动司马懿出战，如今张宣抚这招又如何激得动老奸巨猾的讹里朵。

一拖再拖，大好战机就此丧失，女真方面终于盼来了娄室的大军，双方这才走马见阵。比较起来，宋军弱而金军强，但是宋军的数量是金军的好几倍，所以一开始算是杀了个棋逢对手，胜负难分。

恶战当中，兀术过于深入，被宋将刘锜团团包围，差一点就冲不出来了。为了减轻兀术的压力，娄室带病上阵，猛攻南宋环庆路经略使赵哲所部。这赵哲是个软蛋，前锋才一遇挫，他就吓得落荒而逃，颇有当年刘延庆在卢沟的无耻风范。宋军五路兵马，一路主将逃亡，牵动其余四路，越打越是胆怯，越杀人是越少——全都跑了。到了当日的黄昏，终于再也支持不住了，宋军全线崩溃。

富平之战，是宋金开战以来，双方投入兵力最多，厮杀最为惨烈的战役。虽说宋军败退，陕西土地大半丢失，张浚被迫退回汉中，但女真方面也损失惨重。如果耶律大石此时仍在可敦城中，大可以趁机南下，联合宋军夺取陕西之一部分，说不定会有复国的希望呢。

然而很可惜的，金军会把战略重点从东线转向西线，与宋军恶战争夺川陕，大石根本就猜想不到，更没有预测的本事。富平大战的时候，他已经率师西征，远在数千里之外了。

金军夺取四川，沿江南下的计划，并没有因为富平的惨胜而宣告终结。富平大战的次年也即1131年五月，已经彻底吞并陕西地区的金军南下进入汉中，前锋直指战略要地和尚原（今陕西省宝鸡市西南）。当时守备和尚原的宋将是新任陕西都统制吴玠，是可以和岳飞、韩世忠齐名的智勇双全的牛人，在他的指挥下，宋军以寡击众，大破金兵。

听到战败的消息，年轻气盛的兀术火了，于是在当年十月份亲率大军，猛攻和尚原。吴玠占据有利地形，不断用强弓硬弩击退冲锋的敌军，女真兵倒下了一批又一批，损失惨重。兀术一看，这仗不能再打了，还是撤吧。结果他前脚才退，吴玠后脚就猛追，杀得金兵鬼哭狼嚎，死伤无数，就连兀术本人也身中数箭，落荒而逃。吴玠的兄弟吴璘在后面边追边喊：“前面就是兀术，追上他，砍下他的脑袋！”吓得兀术竟然学起败战渭水的曹操来了，拔刀割了自己的胡子，冒充小兵，好不容易才逃得一条小命。

1131年，此时此刻耶律大石又在做什么呢？大石第一次进攻东喀喇汗国，结果吃了个大败仗，后路又遭到高昌回鹘兵的袭击，被迫撤回叶密立城。也是在这一年，占据了陕西全境的金兵一方面南下进攻汉中，一方面北上攻打可敦城，结果被留守可敦城的耶律佛顶林牙击退。

大石退回叶密立城重整兵马，在这关键时刻他当然不能退回可敦城，寻机南下中原。可是他待在西域不动，东面宋金双方的厮杀却日益白热化。1133年，金朝大将撒离喝率领十余万兵马，包括女真兵，也包括伪齐的汉兵，再次进攻汉中，一路势如破竹，直取饶风关（今陕西省安康市石泉县西北）。吴玠在饶风关拼死抵抗，旋即因为叛徒的告密而被金兵抄了后路，被迫败退到仙人关（今甘肃省徽县东南）。

虽然拿下了饶风关，但是金军经过连番恶斗，早已疲惫不堪，再看到吴玠已经收拢败军，重新站稳脚跟，撒离喝被迫暂停前进。到了第二年也就是1134年的春季，因为粮草不继，他终于待不下去了，绕了几个圈子以迷惑宋军，然后狼狈地撤出了汉中。

就在同一时刻，千里之外的耶律大石进入喀喇斡耳朵，将其改名为虎思斡耳朵，不费吹灰之力就吞并了东喀喇汗国。虽说相距遥远，但大石无时无刻不在关注着中原的局势，无时无刻不在想着东征复国，宋金两国的形势通过可敦城和西行的各族商队逐一传到大石耳中。即使情报未必准确无误，但通过缜密的归纳分析和判断，大石应该能够得出比较明智的结论。

结论就是，趁着宋金双方仍在汉中对峙的大好机会，此时东归故土，直取防备空虚的陕西，定能够连克数城，站稳脚跟。到时候以七河地区为后方基地，源源不断地运送粮草物资和兵员到前方，就足以与金军主力一战了！

机不可失，时不再来，如果金军抢先打败宋军，攻克了汉中，或者毫无损伤地撤出汉中，加强陕西防备，那么此次东征复国就将劳而无功。正是基于这个原因，所以大石才刚拿下东喀喇汗国全境、来不及巩固这个新的根据地，就匆忙召集诸将，商讨发兵东征的事宜。

听说要杀回老家去，契丹兵将们无不兴奋欢呼。大石起意东进复国，一方面是中原的形势有机可乘，另一方面也是跟随他万里西征的那些契丹兵和汉兵已经快要熬不下去了。他们穿越沙漠，翻过高山，行经很多无人之地，多次遭受当地游牧民族的袭扰，好不容易找到块既适合放牧也适合耕种的好地方，又与当地人语言不通，风俗不同。他们无时无刻不在期盼着回归故土，以前不回去是因为没有机会——如果回去就要受女真人的奴役，还不如客死异乡呢——但是现在已经兵强马壮，足堪一战了，为什么还不能回家呢？

几乎每个人的心都飞到了万里之外，都恨不得一步就回归中原，去和女真人大战一场，以报国破家亡的血海深仇。

此时东进，时机选择得很好，但终究两地相隔数千里，等契丹兵回到中原，形势是否会有所变化？事先谁都预料不到。谋事在人，成事在天，下一步也只好看天意如何了。

佛经中暗藏玄机

虽然决定东征复国，但谨慎的耶律大石还是留了一招后手。东喀喇汗国刚刚被征服，还不够稳定，这个时候身为皇帝的他如果亲自领兵杀回中原，一旦战败，后果将不堪设想。为了给自己，也给跟随自己数千里远征的那些契丹同胞留一条退身之路，他决定不再亲征，只委派得力将领率领主力东归。

大石挑选的主将就是我们前面提到过的萧斡里剌，当时在西辽朝廷中担任的职务是六院司大王。六院司属于北面官，负责游牧民族事务，比之汉制，大致等同于户部，但权力要更大一些。相当于户部的北面官衙门还有一个，就是五院司，也称为北院，六院司可称为南院，萧斡里剌这个时候，也可以称他为“南院大王”，就其此后的表现来看，很可能算是大石朝廷里总理一级的人物。

萧斡里剌是东征军主帅，副帅则选定了敌剌部前同知枢密院事萧查剌阿不，此外，还任命茶赤剌部秃鲁耶律燕山为都部署（前线总指挥），护卫耶律铁哥为都监。敌刺部和茶赤刺部都是当初大石在可敦城召集开会的那十八部游牧民族之一，不过看这两位将军的姓名，应该是契丹人，而不会真是敌刺部和茶赤刺部的人，大概前面冠以部族名，是指他们统领从这些部族借来的兵马吧。同知枢密院事，相当于国防部副部长，“秃鲁”则是头人的意思，护卫就是禁卫军官，这个阵容可以说是超级豪华。

不仅派将豪华，出兵数量也实足惊人，竟然整备了七万骑兵，大概是将跟随大石西征的契丹骑兵、汉族骑兵，还有比大石较早迁来西域的那一万六千帐契丹人和突厥人，全都包括进去了吧——简直就是新兴的西辽政权的倾国之兵了。

在宰杀青牛、白马，立旗誓师的时候，大石再次对他英勇的战士们发表演讲，他说：“我大契丹自从太祖、太宗艰难创业以来，其后的多位君主耽于逸乐，不理国政，致使盗贼蜂起，天下土崩瓦解。朕被迫率领着你们远征大漠，希望能够恢复故土，中兴大契丹。这地方虽然富庶肥沃，终究不是你我君臣世代居住的地方，咱们总是要回故乡去的呀！”

这番话喊出了大石本人的理想，也喊出了兵将们的心声，立刻就引来如同海潮一般的欢呼。然后大石关照元帅萧斡里刺说：“你这趟去，一定要赏罚分明，和士卒们同甘共苦，选择水草繁茂的地方扎营，调查清楚敌人的情况再进攻，别自取其败。”从这番话里可以看出，大石对此次东征充满了相当大的忧虑，把那么大一支部队交到萧斡里刺手里，他也是不大放心的，否则，那些老生常谈，还用对跟随他多年、做到六院司大王高位的萧斡里刺说吗？

西辽这次东征，准备得相当不充分，后勤物资的保障尤其如此。万里行军，在那个时代是很艰难的事情。后来蒙古人也万里远征，取得了辉煌胜利，那是因为蒙古骑兵同时也是牧民，可以连续数日数夜驰骋而不下马，一人携带数匹坐骑，随时换乘，渴了、饿了靠喝马奶就能解决问题。大石麾下的契丹战士、奚族战士、突厥战士们进入中原农耕区域那么多年，游牧性已经大打折扣了，况且还夹杂着部分汉人和渤海人，是没法和后来的蒙古骑兵相比的。

况且，大石远征西域，也是一程一程走过来的，不是一口气杀过来的。他先进至叶密立，休整一段时间后再南下进入高昌，两度征服，终于把高昌回鹘王国牢牢掌握在手心里，这才西取七河地区，并且在边界线上停了很久，然后才猛然突进，吞并东喀喇汗国。如果一口气远征万里，很可能因为后勤问题而兵马越打越少，找不到一寸立锥之地。

真要想大规模进攻金朝，最好的方法就是先在帝国东境，也就是高昌回鹘王国的东部集结兵马和钱粮，然后联络西夏和草原游牧民族，一起向金朝的腹地推进。如果以虎思斡耳朵为出发地，那么距离目的地未免太过遥远了，恐怕还没等走到边境线上，粮草物资就会耗光。

但是为了把握这个大好时机，大石是没有时间慢慢集结和准备物资、兵马的，此次东征，事实上是一次大冒险。

冒险的结果也在预料之中，萧斡里刺率领西辽军走了一万多里地，连个女真兵的影子都没有见到，反而己方的物资消耗殆尽，牛马累死大半，只好垂头丧气地返了回来。虽然这一切早就在大石所预料过的多种可能性之内，他仍不禁仰天长叹："这么不顺利，难道是命数如此吗？"

虽然比吃败仗要好，但总得让我们碰上一回女真兵呀，打上一两个小胜仗，即便无法在中原站稳脚跟，也总能够鼓舞士气，更鼓舞留在故土受女真兵蹂躏的族人们的士气，鼓动他们起来反抗女真人的残暴统治。竟然毫无所得，狼狈而回，苍天就这样捉弄我吗？苍天就这样捉弄我们契丹民族吗?!

在耶律大石心中，充满了壮志难酬、故国难复的悲愤情怀，而当他听说随后在中原地区爆发了怎样的战事，应该会感到更加懊悔吧。因为就在这一年的三月份，撒离喝退出汉中，经过了短暂的休整以后，在兀术的协助下，再度返身杀了回来。

富平大战以后，吴玠退守和尚原，并且打败过兀术的进攻，后因此地距离后方路途遥远，粮草补给困难，他就留下兄弟吴璘继续防守，自己退到了仙人关。吴玠依山据险修筑堡垒，起名叫作"杀金坪"，严阵以待金兵的再次南侵。

就在耶律大石准备向喀喇斡耳朵进兵之时，兀术终于攻克了和尚原，吴璘退到阶州（今甘肃省陇南市武都区）。1134 年三月，兀术、撒离喝合兵一处，再次杀入汉中，直逼仙人关。

吴璘闻讯，急忙率领麾下兵马疾奔七昼夜，突破重围前来增援兄长。兄弟二人在杀金坪和仙人关一线顽强地抵抗着金兵的进攻，并在敌军受挫以后突然实施反突击，吴玠所部甚至迂回到金军背后，突然杀入了兀术和撒离喝的大本营。金兵死伤万余，仓皇撤退，吴氏兄弟从后追杀，连续收复凤、秦、陇三州。

仙人关大战以后，金朝终于被迫放弃了进攻四川的妄想——倘若萧斡里剌指挥的西辽七万大军能够在此前后突然杀入陕西的话，整个中原西部的形势都将会发生翻天覆地的变化。

金军在西线受挫，被迫把攻击重点重新拉回东线，当年九月，金和伪齐联兵渡淮进击，结果被韩世忠、牛皋等宋将击败，加上粮草不济，被迫退兵。从此以后，南宋以韩世忠、岳飞、张俊等将守淮，以吴玠兄弟守川，铸成了一条完整而牢固的防御体系，战争的天平开始扭转。

可惜宋高宗赵构并没有收复失地的雄心壮志，他只求偏安江南，做一个太平皇帝，于是趁着军事形势好转，屡次派遣使臣去和女真人和谈。就在 1134 年，南宋使臣杨安来到金朝，并且见到了金朝的礼部尚书宇文虚中——这位宇文虚中并不是女真人，而是汉人，前面提起过他，曾经上书谏阻北宋伐辽，后来他被俘投降，被金朝尊为“国师”，但一直心向南朝。宇文虚中给了杨安一封“矾书”，让他把情报传回南宋。

所谓矾书，就是指用明矾水写的书信，这种书信笔迹一干就变成了一张白纸，得重新沾水才能现出字来，算是一种古老的密信吧。宇文虚中是个聪明人，他怕矾书被人识破，所以书信内容乍看只是一部佛经和经后的“跋语”（后记）而已——其实秘密全都藏在那跋语里，这样写道：

“石头双林，虽未出世，气象已咄咄逼人……当坚其心，有进无退，众魔将降，吾道自胜……”

前人早就看出了其中的奥妙所在。所谓石头，其实是指的耶律大石；“双林”是指两位林牙，也即耶律大石林牙和耶律佛顶林牙；“魔将”是指女真人；“吾道”是指南宋王朝。这段话看上去都是些神神鬼鬼的妄语，真实含义却是这样的：

“最近耶律大石的势力变得极为庞大，如果能够与之联络，请他大举进攻金朝，咱们就有恢复中原的希望了。”

宇文虚中要杨安把这份跋书传递给张浚，再由张浚奏报给宋高宗赵构知道。可惜赵构一心只想着投降、和谈，他才不奢望恢复中原，重整河山呢，宇文虚中的一番苦心，就此化为了泡影。

但由这份“矾书跋语”可以看出，耶律大石此次派兵东征，虽然没能见到女真兵，消息却已经传了出去，所造成的政治影响是相当巨大的。金人很快就得到了消息，并且为此战栗不已。

宋金之间的此次大规模战争一直延续到 1139 年。因为女真兵尤其是伪齐军在前线节节败退，金朝的鸽派挞懒（完颜昌）逐步架空鹰派的粘罕，主导了朝中舆论。1137 年，粘罕愤懑而死，他尸骨未寒，被他扶上台的伪齐政权就彻底完蛋了——挞懒废黜刘豫，取消伪齐，同时放回此前扣押的宋使王伦，承诺说愿意送还宋徽宗赵佶的灵柩和河南诸州，南北和谈。

1139 年，和谈终于成立。此后虽然只维持了一段短暂的和平期，终于女真兵可以缓出手来，重新巩固自己在中原地区的统治，契丹辽朝复国的大好时机也就此错失了。

对于西辽和耶律大石来说，一次东征铩羽而归，消耗了无数的粮草物资，沉重地打击了士气，数年内是没有力量更不可能下定决心再次大规模东征了。他们只有等待，等待着宋金两国间重新开战，等待着中原局势再次发生戏剧性的变化。

那么，从 1134 年到 1139 年，在这五年之间，耶律大石真的没有尝试过再次出兵去和女真人见仗吗？某条野史记载似乎提供了一些说法，往往被专家们所引用。

这条记载出现在南宋进士徐梦莘编纂的《三朝北盟会编》一书中，书里有一篇《狱中上书》，提到因为大石军“忽然猖獗，干冒陛下”，也就是说对金朝发动进攻，所以金朝皇帝派粘罕率军反击。金军在进入沙漠以后，与大石潜伏在沙漠中的军队反复交攻，双方打了整整三昼夜，胜负不分。但是金军粮草断绝，人马也冻死很多，副将外家得本是契丹人，得知他的父兄妻子都在大石军中，于是突然率数千骑兵阵前倒戈。金军因此全面崩溃，伤亡异常惨重。

粘罕死在 1137 年八月，他在此数年之前就已经被挞懒架空，不再掌管军队了，而《狱中上书》里提到他跟随两位“先帝”南征北战，可见写这篇上书的时候，金朝已经是第三代天子——金熙宗完颜亶——在位了。战争也应该发生在金熙宗 1135 年即位以后，否则粘罕就不会说大石军“干冒陛下”，而会说“干冒先帝”。以此考据，战争应该发生在1135年或者1136年间。

不过话还得说回来，这条野史记载真的可靠吗？答案很可惜，是彻底的否定。首先，粘罕是病死的，根本就没有下过狱，而这条野史后面紧跟着就是《金熙宗诛粘罕诏》，那是完全的无中生有。就算按某些学者的说法，《诛粘罕诏》是“西贝货”，而《狱中上书》是《病中上书》的误写吧，文中所提到的战争对象也是“御林牙兵”而不是“林牙兵”或者“大石军”。御林牙兵，当然应该拆读为“御林、牙兵”，而不会是“御、林牙兵”，在非本国君主的相关事物前面加个“御”字，那是日本人的习惯，不是女真人的习惯。

因此即便《狱中上书》里提到的战争确有其事，战争对象也是一支叛乱的“御林牙兵”，而和耶律大石一点关系都没有。某些专家不但考证说这是金和西辽之间的战争，甚至还考证出战争的地点是在可敦城南方的沙漠地带，粘罕所面对的是西辽留守可敦城的兵马，虽然看着像模像样，但根基就是虚的，大厦也就无从建立，再怎么努力考证也只是空中楼阁而已。

大石在虎思斡耳朵继续生聚的过程中，除了一次失败的东征以外，并无史料记载对金朝发动过进攻或者骚扰。他再次对外用兵是在三年以后，即1137年，进攻的目标不是东面的金朝，而是他的既定目标——河中地区的西喀喇汗国。

第五章
卡特万：改变历史的瞬间

大石总结故国灭亡的教训，认识到那么庞大的一个王朝瞬间崩溃，很大一方面原因是分封制度，贵族们都拥有自己的土地、拥有自己的私兵，既有能力和中央政府叫板，相互间起了矛盾、冲突，甚至爆发战争，中央政府也往往无力镇压。前车之覆，后车之鉴，因此大石建国以后，并没有彻底照搬契丹辽朝的制度，他大刀阔斧地把分封制砍掉了。

一个狄纳尔

在1134年春季首次发兵东征失败以后，耶律大石调整策略，暂时不再抱杀回老家的妄想，而是安下心来，先稳定自己在七河、喀什噶尔和高昌等地的统治。前面说过，他允许高昌王毕勒哥继续统治和州回鹘故地，允许土库曼王伊卜拉欣继续统治喀什噶尔与和田，作为雄踞他们之上的喀喇契丹菊儿汗，直辖领地则只包括以虎思斡耳朵为中心的七河地区，以及较早的根据地叶密立和最早的根据地可敦城周边土地。就疆域面积来看，基本上可以算是公平三分。那么，在这种三分而立的情况下，大石要怎么保证他的中央政权永远凌驾于附属国之上而不会养虎遗患呢？

前面说过，早在大石离开天祚行营北上可敦城的时候，他就按照传统制度把属下官员分为南北两部分。等西征到了叶密立，登基当上皇帝，大石就根据原来契丹辽朝的制度，设立了完整的中央机构。担任中央各部负责人的，比如萧斡里剌、萧查剌阿不、耶律燕山等，全都是跟随他百战功成的宿将。一方面，对于这些老部下，大石熟悉他们每一个人的能力和性格，运用起来得心应手；另一方面，如果这些部将随着功勋的提升、权力的扩展而形成尾大不掉之势，也确实是一件麻烦事。

类似情况在中原王朝屡见不鲜，更不用提可以算半个中原王朝，但仍然保留着浓厚分封制色彩的契丹辽朝了。

大石总结故国灭亡的教训，认识到那么庞大的一个王朝瞬间崩溃，很大一方面原因就是分封制度，贵族们都拥有自己的土地、拥有自己的私兵，既有能力和中央政府叫板，相互间起了矛盾、冲突，甚至爆发战争，中央政府也往往无力镇压。前车之覆，后车之鉴，因此大石建国以后，并没有彻底照搬契丹辽朝的制度，他大刀阔斧地把分封制砍掉了。

《全史》上记载说："他（大石）劝导自己的亲信们要居安思危、战战兢兢，不让异密（'艾米尔'，阿拉伯语'王子'之意，后来引申为'长官'）们拥有自己的封地，但自己赏赐他们，并说：'如得到封地，就要肆虐。'"大石不仅不给功臣们分封土地，还不让他们畜养私兵，国家军队统一由政府掌握，逢有战事才调配给某位将领指挥，“将不专兵”，加强了中央集权，消除了分裂的根苗。

虽然并没有留下很明确的记载，但综合种种史料所言，应该可以判断出大石对于他在七河、叶密立、可敦城，甚至包括一部分谦谦州在内的直辖领地，是按照中原王朝的习惯实行郡县制度，由朝廷任命地方官员来管理农业、牧业、工商业，而不是把治民之权扔给贵族们、朝廷只管向贵族们收税而已。

原本西域和中亚细亚各地的政治、经济制度和大石所施行的正好相反，国王的直辖地非常狭窄，贵族们或者某些部族雄踞一方，他们有自己的百姓和军队，国王只向他们索取贡赋而已。因为无法清楚了解各贵族、各部族的财力高低，国家要求的献纳数额就经常不靠谱：征得少了，既无法维持政府日常开销和国王本人家族的消费，还容易使地方势力积聚坐大；征得多了，又容易引发贵族们和各部族的不满，矛盾积累深了就会发生暴乱。耶律大石的政策虽不能说从根本上扭转了这种局面，却也可以算是一剂良药。

西辽政权的中心区域，也是大石直辖领地中最重要的七河地区，因为灌溉的便利，生产以农业为主，这就方便他施行汉法。而对于七河地区的畜牧业，以及其他直辖领地的牧民们，又该怎么管理呢？契丹辽朝的南北两面官制度已经基本上解决了分而治之的问题，大石只要稍加修改，去芜存菁，就可以得心应手地运用了。

换作一伙不同时具备农业和游牧两方面管理经验的外来征服者，换作一个不同时精通蕃汉文字、学识渊博的领导者，恐怕都不能用很短的时间就在西域站稳脚跟，并且建立起如此庞大的一个帝国来吧？契丹人千里迢迢跑到西域来，老祖宗的经验制度竟然还大有用武之地，不能不说是天大的运气。

大石对于帝国直辖领地实行汉法郡县制，并且以两面官制度来对农业居民和游牧民分而治之，就管理上来看，恐怕是那个时代可以拿出手的最科学的方法。而就赋税制度来说，大石深切地体会到契丹辽朝之所以灭亡，很大一个因素是对百姓压榨太狠，导致民不聊生，烽烟四起，因此他是主张轻徭薄赋的。

轻徭薄赋思想是中华传统文化中很重要的一个组成部分，它把普天下都看成一个整体，同样受皇帝一人统治，所谓“普天之下，莫非王土；率土之滨，莫非王臣”是也，百姓有义务供养皇帝和他的行政机构、军队组织，皇帝也有义务让百姓都过上富足的生活。怎样才能让百姓富足呢？按照传统的儒家思想，能够做到轻赋税、不扰民，那就比较到位了。可以说，世界其他地区在历史上当然也出现过类似的轻赋、爱民思想，但都没有中华的相关思想来得深入和成体系。

以中亚细亚为例，因为普遍实行分封制度，所以普天之下不都是王土，率土之滨不都是王臣，对于贵族们封地上的百姓，我有必要爱护吗？我就算想要爱护，根本连管理权都没有，又如何爱护得了？爱不爱这些百姓，他们过的日子是富裕还是贫穷，那是贵族们的事情，和国王是无关的，国王也不直接向这些百姓收税，国王只是向贵族们索取贡赋而已。赋税制度沉重与否，很大程度上取决于分封贵族，因此重税、加税、税额不科学、税制无体系，乃是司空见惯的事情。

那么在西辽帝国内真的没有分封制度吗？也不能完全这样说，大石在统治西域以后，起码高昌回鹘国和东喀喇汗国就可以算是分封诸侯了。但在帝国直辖领地内，还是基本上没有分封制度的，而是国家直接面对小民百姓收税。可这一方面，对于赋税额度比较容易掌控；另一方面，要是重税逼急了百姓，他们也会直接把矛头指向中央政府。所以在这种情况下，大石设定了相当低的税额，并且引进了西域和中亚地区很少见的人头税制度。

西域和中亚地区原本最常见的税种是土地税和商业税，按照伊斯兰教的规定，“哈拉吉”也就是土地税竟然高达收获量的三分之一。大石一方面降低了土地税，按照《金史》上所载，有几个回鹘人自称在他们国家“以田为业，所获十分之一输官”，也就是说必须缴纳收获物的十分之一——比起原本的三分之一，土地税轻了三倍还多。

另一方面，大石为了便于控制直辖领地内的人口，引进了中原王朝延续千年的人头税制度。《全史》上说：“当他们（契丹人）占领城市以后，对于它的居民未做任何改变，只从每户——从城市居民，此外，也从农村居民——收一个狄纳尔。至于耕地之类，拿它们给居民享用。”

狄纳尔是当时中亚地区常见的金币，不是铸造的，而是用金片冲制花纹而成的，很粗糙，也很薄，从出土实物来看，每枚重约7

到8克。现在的金价，每克在300元人民币以上，按照300元算，8克金子就是2400元，但这不是摊派到每个人头上的人头税，而是“户赋”，一户如果有5口人，这笔钱就不算很多了。

元朝有个名叫刘郁的人，写过一本《西使记》，曾经说七河地区“民赋岁止输金钱十文”，十文就是10枚狄纳尔，他用了一个“止”字，翻译成现代汉语，可以用“才”字来替换，也就是说，老百姓交人头税才每户10枚狄纳尔，赋税真是太轻了。其实西辽时代的人头税是刘郁时代的十分之一，那才真叫轻呢！

某些专家认为西辽并没有土地税，只收人头税，也就是《全史》上说的“至于耕地之类，拿它们给居民享用”，这未免把耶律大石看得过于伟大了，如果真是那样的话，大石就不是一位君主，而是一个苦行僧。他有庞大的国家机构要维持，有庞大的军队要养活，他在世的时候，几乎每两三年就会爆发一场大规模的战争，每户只收1枚狄纳尔，真的够他开销的吗？莫非大石是个炼金师，能够点石成金不成？

“以田为业，所获十分之一输官”，这条记载是可信的。

对于自己的直辖领地，大石所设定的赋税非常低，而对于高昌回鹘和东喀喇汗这两个附庸国，他也没有横征暴敛。对于附庸国当然不能再收土地税，他却也不按照传统规矩每年收取无法定额的贡赋，而是套用直辖领地上的人头税制度，照样每户收取1枚狄纳尔。由于这个原因，西辽前期和这些附庸国的关系始终都很好，不像包括塞尔柱突厥人在内的其他各个中亚细亚王朝，经常是兵锋一扫，百国归降，大军一退，万邦作乱。

耶律大石在新都虎思斡耳朵从 1134 年到 1137 年，休整了大约三年的时间。在这段时间里，他命中注定将会遭遇的强敌——塞尔柱大君桑贾尔仍在继续扩充自己的势力，把这个一度跌入谷底的帝国重新一步步推上高峰。

首先在 1135 年，桑贾尔彻底征服了阿富汗的伽色尼朝，把它也纳入了塞尔柱的附庸体系，也就是说，此刻除了东喀喇汗国已被契丹族的耶律大石征服外，塞尔柱帝国的东部领土已经基本恢复了。

随即桑贾尔就把目光转向西方。这个时候大塞尔柱的西境甚至未出伊朗，当时桑贾尔的两位堂兄弟——基利吉和图图什——分别割据安纳托利亚和叙利亚，侄子马赫穆德二世则统治着伊拉克和伊朗西部。尤其是马赫穆德二世，认为自己才应该是大塞尔柱的正统继承人，不肯承认桑贾尔的大君地位。局促在巴格达的阿拔斯朝哈里发以为翻身时机终于到来，耍尽手腕离间这叔侄二人，希望他们好好厮杀一场，自己就能够渔翁得利了。

但是桑贾尔没有给哈里发这个机会，他迅速挺进巴格达，迫使马赫穆德二世降伏，击碎了哈里发的阴谋。虽然并没有彻底吞并侄子的领地，但从此以后，马赫穆德二世、基利吉和图图什都拜伏在了大君桑贾尔的脚下，承认他为自己至高无上的宗主。

稳定了西线局势以后，桑贾尔回到根据地——呼罗珊的谋夫（今土库曼斯坦的马雷），休整了不长时间，就再次发兵河中地区。

两位命中注定的敌人，距离越来越近了……

导火索

1134 年，耶律大石征服了东喀喇汗国，在休养生息整整三年以后，他再次率军西进，进攻西喀喇汗国。西辽大军首先进入费尔干谷地（今乌兹别克斯坦的费尔干纳盆地），并未遭遇到什么抵抗，于是势如破竹地杀到忽毡（今塔吉克斯坦的苦盏）城下。

忽毡是河中地区的历史名城，位于锡尔河中游南岸，距离西喀喇汗国首都萨末鞬（河中府）只有不到 300 公里的路程。当时担任西喀喇汗国桃花石汗的是马合木，也就是那个可怜巴巴被囚禁至死的桑贾尔的女婿苏莱曼汗的第三个儿子，他一看情况不妙，急忙亲自领兵前往迎击。

根据《全史》的记载，西喀喇汗朝和西辽的军队，是在回历 531 年的拉马丹月，也即 1137 年五六月间交锋对战的，这个时候，耶律大石已经攻克了忽毡，因此战场就定在忽毡城下。大石的百战之将、精锐之师，当然不是日薄西山的西喀喇汗国军队所能抵挡的，马合木汗吃了一个大败仗，率领残兵狼狈地逃回了萨末鞬。

国王浩浩荡荡出兵，丢盔卸甲归来，史料上说这一事件“严重地震惊了它（萨末鞬）的居民，恐慌和沮丧加重，单等着早上或晚上的灾难，蒲华和河中其他城的居民也是如此”。

当时河中地区已经基本上伊斯兰化了，而伊斯兰教徒打着“圣战”的旗号，曾经和东方的佛教徒打过很多年仗，比如在喀什噶尔、高昌、和田，连番厮杀中，杀戮、抢掠、仇恨是根本无法避免的。虽然塞尔柱人多次征服河中，虽然东面的喀喇汗国和西面的花剌子模也曾挥军前来，但在穆斯林们想来，他们终究都同为真主的信徒，杀戮和抢掠不会很严重，更不会迫使他们改变信仰。那些异教徒就不好说了，传说八剌沙衮（虎思斡耳朵的旧称）的菊儿汗是个佛教徒，或者是个摩尼教徒，一旦让他进入萨末鞬城中，又会发生什么事情呢？真主的信徒会不会无一幸免，玉石俱焚？

于是如同漏网之鱼一般逃回萨末鞬的马合木汗急忙写信向宗主国大塞尔柱求救，他在信中写到，有一支异教徒的军队突然从东方侵入他的国土，穆斯林遇上了前所未有的灾难，他请求苏丹桑贾尔发兵保护伊斯兰世界。

好在马合木汗，以及萨末鞬、蒲华等城的居民们很快就大松了一口气，因为那支来自东方的“异教徒军队”在占据忽毡，并且击败西喀喇汗国军队以后，并没有乘胜前进，而是停下来巩固新占据的领土。

很多历史学者都认为大石之所以停步不前，一方面是实力还不足够把西喀喇汗国一口吞下，另一方面是为了稳固忽毡以东的领地，是纯粹被动式的。但在对照征服东喀喇汗国的整个过程以后，我们或许也可以得出截然不同的结论——

正如猛虎的狩猎，轻易不扑，扑则必中，大石的军队虽然停在了忽毡，他的使者、哨探却应该已经散布到了整个河中地区，他在寻找，更重要的是在制造时机，待到时机成熟，只需一战，甚至可以兵不血刃地就进入萨末鞬，吞并整个西喀喇汗国。当初他驻兵在东喀喇汗国边境上，一连两年，表面上毫无动作，实际上却很可能直接煽动和资助了葛逻禄人和康里人的反叛，把阿儿斯兰汗伊卜拉欣逼到山穷水尽，然后顺利地"登上那不费他分文的宝座"。今天对付西喀喇汗国，大石仍可照搬当日的策略。

因为和东喀喇汗国相同，西喀喇汗国的回鹘王室与葛逻禄人之间也是矛盾重重。突厥人西迁进入中亚细亚，甚至一直跑到西亚和地中海边，此后他们臣服于当地政权，因为保持着很强的游牧性和战斗力，所以往往被征发从军，很多上层人士也从而节节攀升，成为各国举足轻重的军事将领。举例来说，塞尔柱人的祖先就曾经担任过喀喇汗王朝和伽色尼王朝的军官，他们很快就反客为主，变成了这两个王朝的宗主国势力。

——正所谓"殷鉴不远，在夏后之世"。

从广义上来说，回鹘人也算突厥种，但喀喇汗国的开国之君本就是西域回鹘国，或者更往前推是漠北回鹘帝国的工室成员，多少代的养尊处优，战斗力早就不行了，文化水平倒在逐步提高——相比塞尔柱历代苏丹来说，喀喇汗王朝历代可汗都可以算是文化人，而包括桑贾尔在内的塞尔柱苏丹们则大多是文盲。所以喀喇汗王朝往往会任命葛逻禄或者康里贵族做军官，王朝的主要军事实力也捏在葛逻禄人和康里人手中。和中亚地区其他政权一样，时间一长，这些骄横的葛逻禄和康里将领就会擅权，甚至会起兵造反。

但是喀喇汗朝王室和突厥军官们的矛盾非止一日，为什么偏在大石兵临城下的时候才会彻底激化，搞到无法收拾呢？要说这里面没有大石的暗中谋划，纯粹是巧合，是老天也在帮助那些国破家亡的契丹人，实在难以令人置信。

东喀喇汗国是如此，西喀喇汗国也是如此，大石虽然停在忽毡，不再前进一步，桃花石汗马合木和境内葛逻禄军官的争斗却逐渐表面化了。葛逻禄军官们甚至拥立了自己的可汗，不但不服从马合木汗的统治，还集结起来向萨末鞬进发。

火烧眉毛，且顾眼下，马合木汗毫无办法，只能再次求救于桑贾尔。此时桑贾尔已经集合了整整十万大军进入河中地区，驻扎在萨末鞬城中，马合木汗请他先别管异教徒——貌似他们并无继续前进的迹象——还是先帮我把葛逻禄人给解决了吧。

其实大君桑贾尔此次出征，目的并不是对付那些来自东方的“异教徒”，此时的他刚刚稳定帝国西境，还狠狠抽了阿拔斯朝哈里发一个大耳光，正在志得意满之际，还会把谁放在眼里呢？况且那些“异教徒”已经止步不前，自己还有必要立刻去攻打他们吗？

桑贾尔之所以抽调呼罗珊直辖领土和周边各封臣、藩属的十万大军，旌旗蔽日，浩浩荡荡地向东进发，其实有一个很大的原因，就是要威慑离心倾向严重的花剌子模。

所谓花剌子模是指阿姆河下游南岸地区，北靠咸海——那个时候的咸海，就被叫作“花剌子模海”，这一地区早就成为一个单独的政治单位，最初依附于喀喇汗王朝，后来又归从伽色尼王朝。伽色尼朝的势力退出河中地区以后，花剌子模已成河中孤岛，被迫服从塞尔柱人的统治，塞尔柱人派遣宠信的“突厥奴”，也即奴仆出身的突厥人前去管理，称为“花剌子模沙”（“沙”是波斯语“国王”之意）。

桑贾尔征讨东喀喇汗国和伽色尼朝的时候，花剌子模沙阿即思一直跟随在他的军中。这位阿即思的祖父名叫纳失·的斤·伽尔恰，原先在桑贾尔的父亲马里克·沙宫廷里负责端着水瓶伺候苏丹饭前洗手，因为聪明伶俐而受到宠信，最后竟然被任命为花剌子模的税务官。1097 年，花剌子模发生叛乱，沙被部下所杀，暴乱平息后，纳失·的斤·伽尔恰的儿子忽都不丁·摩诃末就被任命为新沙，此后统治花剌子模长达三十年之久。

当塞尔柱帝国一度分裂，濒临崩溃边缘的时候，忽都不丁·摩诃末为了寻求靠山，就把儿子阿即思送去距离自己最近的塞尔柱王子桑贾尔宫中服务。靠着桑贾尔的支持，阿即思终于在父亲死后顺利地继承为花剌子模沙。

然而很奇怪的，大概是性格不合，桑贾尔和阿即思这对君臣的关系始终不是很好，再加上塞尔柱诸将嫉妒阿即思的身份和权柄，还有些人妄想接管富庶的花剌子模，就经常在桑贾尔面前说阿即思的坏话。阿即思察觉到了这一情况，于是就在桑贾尔征服伽色尼朝，回师呼罗珊的途中，觐见苏丹，请求放他归国。

睿智的桑贾尔立刻看出了阿即思心中所想，他虽然答应了对方的请求，转过脸来却对大臣们说："一个我们再见不到他的面的人，背着走了。"大臣们询问："倘若陛下肯定这点，那为什么他获允回家，得到这种恩许呢？"桑贾尔回答道："他给我们的服劳使我们受到他的大恩，伤害他不合我们的仁义之道。"

果然不出所料，阿即思一回到花剌子模就宣布独立。1138年9月，桑贾尔亲率大军进攻花剌子模，阿即思因为不相信自己的军队，战斗还没爆发，就从两军阵前落荒而逃了。于是桑贾尔委派自己的侄子苏莱曼·本·穆罕默德为新的花剌子模沙。

但是这位苏莱曼·本·穆罕默德的统治并不长久，被志费尼誉为"德行高尚、才艺过人"，既是诗人又是政治家的阿即思很快就卷土重来，1140年他收复花剌子模全境，甚至还发兵进攻塞尔柱的藩臣西喀喇汗国，攻陷重镇蒲华，杀死了当地的塞尔柱总督增基·本·阿里。

阿即思毕生的奋斗目标就是使花剌子模赢得独立，但经过上一次不战而逃，说明他很清楚自己还不是桑贾尔的对手，因此虽然恢复了故土，却立刻呈交一份言辞谦卑的誓书，表示愿意回归塞尔柱人的怀抱，老老实实当他们的附庸国。当然，桑贾尔是不会再相信阿即思了，他打算找机会再征河中，给这个居心叵测的老部下更多苦头尝尝。

可是，阿即思已经表示臣服了，要找什么借口才能再次发兵东进呢？桑贾尔在等待机会，这机会转眼就出现了——西喀喇汗桃花石汗马合木写信给桑贾尔，说境内的葛逻禄人不服统治、屡次掀起叛乱，希望大塞尔柱苏丹能够给予增援。

于是桑贾尔集合了整整十万大军，浩浩荡荡向东方杀去。要说仅仅为了镇压西喀喇汗国内葛逻禄人的叛乱，是不需要动用如此数量和规模的军队的，桑贾尔的真实目的是在稳定西喀喇汗国局势的同时威服花剌子模，甚至恢复七河和喀什噶尔地区的附庸国。

就这样，桑贾尔迎面撞上了刚刚征服东喀喇汗国不久的菊儿汗耶律大石。

大君桑贾尔亲率大军远征河中的消息传来，造反的葛逻禄军官们无不大惊失色。众寡之势悬殊，想要独自抵抗塞尔柱大军无异于痴人说梦，缴械投降吧，多年来与之为敌的马合木汗肯定不会放过他们。要怎样才能保住部族、家庭，以及自己的小命呢？

正好耶律大石驻兵忽毡，便派大批间谍和使者进入河中地区，其中应该也包括刚刚征服的东喀喇汗国境内的葛逻禄人和康里人。同一民族的双方一碰头，说起契丹的菊儿汗如何英明，他的军队如何战无不胜，他的赋税如何轻减，税务官们也不作威作福，于是西喀喇汗国的葛逻禄军官们仿佛揪住了一根救命稻草，立刻派遣使者前往忽毡，请求耶律大石的救助：

“陛下若能够使我们摆脱正在眼前的厄运，我们愿意服从您的统治，献上我们的忠诚。”

看似送上门来的肥肉，但实际上这一切早就在大石的计划之中，虽然因为桑贾尔的出兵使得这个计划提前成功，确实有些出乎他的预料。于是大石盛情款待了来使，然后提出要求说，如果你们愿意按照我国的规定缴纳赋税，那我就出兵帮你们的忙。

西辽的税额非常之低，前面说过，包括收获物十分之一的土地税和每户一枚狄纳尔的人头税，比起中亚细亚旧有的税率来，减少了将近七成。条件如此优厚，葛逻禄人没道理不答应，于是他们就此垂下高傲的头颅，拜伏在了大石脚前。

卡特万大战最终爆发，这些葛逻禄人就是真正的导火索。

用针来截断毛发

大塞尔柱苏丹桑贾尔于 1141 年年初开始召集军队，辖地内包括呼罗珊、西吉斯坦、伽兹纳、马赞德兰和古尔等各部族或各地区的首领们纷纷从命，集合了整整十万骑兵，据说桑贾尔仅检阅这支大军就花费了六个月的时间。当年七月，他志得意满地渡过阿姆河，开进河中地区。

西喀喇汗国桃花石汗马合木匆忙前往迎接，把他的宗主接入首都萨末鞬，并且恳请桑贾尔帮助他镇压境内叛乱的葛逻禄人。葛逻禄人闻讯非常慌乱，急忙派遣使者前往忽毡，去请求菊儿汗耶律大石的援助。

于是大石就派遣使者前往萨末鞬，并且带去了自己的亲笔书信。大石在信中说，葛逻禄人已经接受了自己的统治，承诺不再骚扰萨末鞬和马合木汗，希望桑贾尔可以原谅他们，收兵回去。

这是中国人先礼后兵的传统，但在桑贾尔看起来，却误以为菊儿汗怕了自己——十万骑兵在手，河中地区恐怕数百上千年来就从没见过如此规模的大军，还有谁胆敢不服吗？所以桑贾尔回复了一封态度非常骄横的信，要求大石立刻皈依伊斯兰教，并且立誓成为大塞尔柱的附庸，否则他就要用武力来解决问题。

《全史》上说，桑贾尔陶醉于自己军队的实力，在信中反复渲染说他麾下战士擅长使用各种武器，这个文盲苏丹还加上了一句很不靠谱的比喻："须知他们能用自己的箭截断须发。"他的宰相塔伊尔是个有文化的人，进言说，这比喻不对呀，箭是穿刺类兵器，怎能用来斩截呢？况且态度过于傲慢和强横，反而容易使敌人看轻自己，还是改一改吧。

然而，正在兴奋头上的桑贾尔根本就不听劝。

塞尔柱的使者就这样带着他们苏丹的回信来到忽毡，当着大石的面把信一读，骄横之色溢于言表。西辽将领们，或许也包括西喀喇汗国的葛逻禄军官们大为愤怒，纷纷鼓噪，但是大石摆摆手，示意他们安静，然后叫人按住使者，拔下他的一根胡须，再给他一根针，说："来，你试试用针来截断自己的胡须。"

使者茫然不知所措，或许他还真的试了，但箭镞还是有点侧锋的，劲使巧了说不定真能截断毛发，针可只有尖刺，完全没办法拿来当小刀使。看着使者慌张局促的表情，各族将帅全都大笑起来，大石也不禁莞尔，反问道："如果你不能用针截断胡须，另一个人又怎能用箭来截断胡须呢？"

既然谈判已经破裂，战争无可避免，大石也就不再玩书信来往的外交花样，即刻点起大军，浩浩荡荡地向西进发，前去与桑贾尔交锋。据说他的军队中包括契丹兵、汉兵，大多是他从东方带来的，也包括突厥兵，那应该是东喀喇汗国境内的葛逻禄人、康里人和西喀喇汗国新归附的葛逻禄人。

听到菊儿汗发兵的消息，桑贾尔也率领他的大军离开萨末鞬。两支大军如同两道湍急的巨流一般，终于在萨末鞬以北的卡特万草原遭遇了。

前面说过，呼罗珊是指波斯东部，而西吉斯坦人主要居住在今天的伊朗和巴基斯坦交界处，古尔人主要居住在今天的阿富汗中南部，伽兹纳是指里海西南岸，马赞德兰是指里海南岸。距离较近，便于开到河中地区的伊拉克以东的大塞尔柱各封臣、藩领，可以说大半都听命从征了。

在这一地区，除了上述那些随同出征的国家和部族外，其实大塞尔柱还有三股很大的附庸势力，那就是伽色尼、花剌子模和西喀喇汗。伽色尼王朝位置过于偏南，没收到征发命令，或者收到了不肯前来，也在情理之中；花剌子模离心倾向非常严重，对于桑贾尔的征召，阿即思肯定能躲就躲了；西喀喇汗国的马合木则一定会陪同桑贾尔杀出萨末鞬城的，虽然他国土残破，手下兵将不多，但塞尔柱大军再加上西喀喇汗的部队，总数就应该超过了十万。

中亚地区多高山、荒漠，适于居住的河流沿岸和绿洲地区并不算多，所以地广人稀。桑贾尔手里光半个大塞尔柱帝国，疆域总面积已经超过了才灭亡不久的北宋王朝，但北宋号称“八十万禁军”（虽然真正具有战斗力的也就西北军七八万人而已），桑贾尔能拿出十万就已经顶天了。但这确实是河中地区从未见过的庞大军队，因为河中地区和中亚细亚，自从公元 9 世纪阿拔斯王朝衰弱以后就从未出现过如此统一的政权，就连塞尔柱帝国的极盛期，其统治中心也是在西方，东方各国时降时叛，控制力并不稳固。

可以说，只有坐镇呼罗珊的桑贾尔才有如此实力，能够拉出十万大军来远征河中地区。

那么对比桑贾尔来说，大石究竟动用了多少兵马呢？此时西辽帝国的疆域大致等同于今天的新疆维吾尔自治区，人口比中亚细亚相对稠密，虽然建国时间不长，但从高昌回鹘往东去是大片沙漠，然后是西夏国，再然后才与金朝接壤，金军若想远征西辽，且得准备、忙活一阵子呢，基本上可以说东部并无压力，可以全力向西。就双方国力对比来看，西辽略逊于大塞尔柱，桑贾尔倾国杀来，西辽如果也把全部兵力都投入战场，兵数相差应该不会太过悬殊。

在进攻西喀喇汗国之前，大石曾经委派萧斡里剌为统帅，召集了七万大军东征金朝，虽然空手而回，还死伤了大批牲畜，人员方面却并没有遭受什么损失。这支东征部队，主力应该是契丹人、汉人、渤海人和奚人，也就是说，绝大多数是陆陆续续从契丹辽朝跑过来的“遗民”。这七万人应该是西辽的主力部队，因为大石此次西征，目的本是吞并西喀喇汗国，预料不到会和中亚细亚的霸主桑贾尔正面交锋，所以也就没有征调附庸国东喀喇汗和高昌回鹘的部队。

大石本部七万人，再加上西喀喇汗国境内刚刚归降的葛逻禄兵，除一小部分留守忽毡外，与各种穆斯林史料记载相同，前赴卡特万战场的部队约莫七到八万人。这七八万人马，和桑贾尔的十万比起来确实略显不足，但只要指挥得当，还是有胜利的希望的。

大石将怎样指挥这场大决战呢？他究竟能否取胜呢？在叙述战役过程之前，我们还是先来介绍一下战场附近的地形吧。

河中地区由两河一湖一山包夹而成，所谓两河，是指北面的锡尔河和南面的阿姆河；所谓一湖，是指西北方的咸海；所谓一山，是指帕米尔高原及其西部连成一片的诸多山脉。西喀喇汗国的首都萨末鞬位于河中地区的中部偏东，在它东面是高峻的山岭，在它西面是广袤的草原和沙漠。

萨末鞬城，也叫河中府，今天翻译为“撒马尔罕”，乃是乌兹别克斯坦的第二大城市。这座城市位于泽拉夫尚河以南的河谷地区，早在喀喇汗王朝统治此地之前，就已经挖掘了多道沟渠，引泽拉夫尚河水南下，灌溉城市周边农田，所以萨末鞬的繁荣富庶，可谓河中地区之最。

泽拉夫尚河是河中地区仅次于阿姆、锡尔两河的重要河流，它发源于东面的泽拉夫尚山，由东向西，迤逦而来，养育了萨末鞬城和西面的蒲华城（布哈拉），在靠近阿姆河中游的地方消失于克孜尔库姆沙漠。

从萨末鞬城向北五六公里的地方就是泽拉夫尚河，渡过河去是一片大草原，被称为卡特万草原。卡特万草原呈东高西低之势，东面是帕米尔高原群山的余脉，由泽拉夫尚河的支流冲刷出多条峡谷，其中有一条峡谷名叫达尔加姆峡谷——据说西辽军队就是背对着达尔加姆峡谷扎营的。

史料上没有说东西方两支大军谁先进入的战场，但很有可能是大石占了先，首先选择好了对己方比较有利的位置。桑贾尔率领大军离开萨末鞬城，北渡泽拉夫尚河以后，本是面朝北方，但得知西辽军队从东而来，已经立下了营寨，于是转向朝东，按照《辽史》上的说法，双方相距约两里多——古代的尺度比现在小，换算成现在的尺度，大概是一公里不到吧。

伊斯兰史料记载说，这天是“萨法尔月的第五天”，换算为公历是9月9日，一大早两军相遇，各自排列阵形，准备作战。战前，耶律大石利用地形的优势眺望了一下敌方阵列，然后鼓舞士气说：“敌军虽多，但多而无谋，只要一进攻，他们首尾无法相救，则我军必然取胜！”

这话其实是老生常谈，没有什么实在的内容。敌军多是正常的，至于有谋无谋，你在此以前从来都没有和桑贾尔对过阵、打过仗，这结论是怎么得出来的？如果能够攻敌一点，使其首尾不救，打胜也是很正常的，真实的布置在哪里？计划又在哪里？

可是大石也只能这样说说，他即便有详细的谋划，对战争胜负早就胸有成竹，也是没法对士兵们说的，说了士兵们也未必能懂。

重要的是在士兵面前展现自己的无所畏惧和坚定信念，只有这样才能使士兵对他们的将领充满信心，才能提高士气。如果仗还没开打就先说："敌人比咱们多，打起来很困难，你们要不卖命就死定了。"看看士兵们会有什么反应？如果双方兵数实在太过悬殊，这样讲或许可以从另一方面激发士气，做困兽之斗，寻找翻盘的机会，但现在双方兵力差距非常有限，就没必要玩这种花样了。

那么大石为鼓舞士气而说了一堆空话，他究竟有没有完善的策略和取胜的信心呢？我们相信是有的。虽然兵力略显不足，但西辽军比起塞尔柱军有一个很大的优势，那就是纪律严明、阵列紧密。前面说过，这支军队的主力是汉和契丹等民族的战士，他们多年来跟随大石南征北战、东挡西杀，以大石的丰富经验来说，应该已经将这支主力部队训练得如同铁板一块，轻易无法打碎了。刚刚依附的西喀喇汗国葛逻禄人或许纪律性要差一点，但数量不多，很难对大局产生影响。

相比起来，塞尔柱方面是一支联军，估计桑贾尔本部的呼罗珊战士还不到半数，其余的古尔人、西吉斯坦人等，并没有长期并肩作战的经验，很可能无法完美地配合起来。耶律大石登高而望，他肯定看穿了塞尔柱阵营中几个虽然微小但确实存在的缺口，所以认为只要善加利用这些缺口，就有机会拉近兵数的差距，进而取得胜利。

一支真正强大的军队，不管被分割为多少块，不管被分配给怎样的战斗任务，相互间的配合都应该是紧密无间的。这来源于长期并肩作战所产生的默契，也来源于对己方上级将领用兵风格的了解，来源于统一的军事制度和法纪规范。人的勇懦总是有所区别的，如果没有很好的配合，没有严密的约束，勇猛者冲锋在前，很可能遭到合围，怯懦者退缩在后，很可能拖全军的后腿。那么，是说联合军肯定打不过独立的部队吗？也不能如此武断，重点还要看将领们究竟是怎样指挥的，是不是真的“无谋”。

双方列开阵势，按照惯常的做法，都把自己的军队分为四个部分：第一部分是中军，然后是左翼和右翼，最后是后方预备队。一般情况下，都会把主要力量放在中军——因为这是指挥官所在的位置，如果中军被击溃，肯定满盘皆输——或者中军牵制，左右翼完成包抄合围；或者左右翼协防，中军突入；在特殊情况下也可能把重兵布置在一翼，形成斜线阵列，也就是中国传统所谓的“钩形阵”，但这种情况比较少见。

两军对阵，如果兵数相差并不大，往往很难“大旗一挥，全军掩杀”，瞬间就把敌人给打垮。如果形成一进一退的胶着之势，胜负就要看谁能在最合适的时机、最合适的方位投入后方预备队了。后卫部队虽然主要作用是保障全军的后路和保护粮草物资，但往往会成为最终制胜的关键。

冷兵器时代的平原大决战，原理就是这么简单。当然，具体运作起来，每个细节都可能影响全局，都可能决定最终的胜负，千变万化，若非有经验的将领，是绝对不可能运用自如的。

峡谷里的伏兵

1141年9月9日，西辽和塞尔柱两支大军在泽拉夫尚河北岸的卡特万草原遭遇，各自排列阵势，准备进行一场大规模的决战。

塞尔柱方面的布置是这样的：桑贾尔亲自统率中军，委派勇猛善战的西吉斯坦国王担任左翼指挥官，右翼则交给了重臣艾米尔（阿拉伯语“王子”的意思）库马吉。此外，桑贾尔把作战经验丰富的老兵列在阵后，作为最后发动突击的预备队。

桑贾尔的意图非常明显。他虽然态度骄横，不可一世，终究东征西讨那么多年，不是不懂兵法的白痴将领，他不会妄想着一次冲锋就可以把西辽军队给打垮。他是希望首先用前阵三军咬住敌人，把敌人逐渐拖乏，然后调上老兵发动雷霆万钧的最后一击，赢得决定性的胜利。后来纵横欧洲的拿破仑·波拿巴也擅长这样作战，习惯把久经沙场的老兵最后投入战场，经常会瞬间扭转本已不利于自己的战局。

相比桑贾尔来说，耶律大石的布阵就有点让人摸不着头脑了。按照《辽史》的记载，大石自领中军，派六院司大王萧斡里剌、招讨副使耶律松山统率左翼部队，派枢密副使萧剌阿不、招讨使耶律术薛统率右翼部队——萧剌阿不很可能就是曾经随同东征的大将萧查剌阿不，《辽史》里漏写了一个字。同样是前部三军排列，同样派出了自己最信任也最重要的将领率领左右两翼，自己坐镇中央，但奇怪的是，西辽军的左右翼竟然各只有两千五百人！

《辽史》中并没有记录大石此次出征兵马总数是多少，按照契丹人作战的惯例，中军数量会是左右翼两到四倍，也就是说，如果左右翼各两千五百人，那么大石的中军最多也就两万人马。按照穆斯林史书记载，西辽军最少也得有七万，难道大石把剩下的四万五千人全都扔到后面去了吗？他究竟想干什么？

西辽军的背后就是达尔加姆峡谷，这道峡谷非常狭窄，入口处才不过 200 多米宽而已。西辽的后军，同时按数量来说也是主力，究竟是布置在峡谷之外呢，还是布置在峡谷之内呢？四万多人如果都布置在峡谷里，那得延绵多长呀，还能在战斗中发挥作用吗？

耶律大石背靠达尔加姆峡谷扎营，是有其明确的军事考量的。首先，塞尔柱人在战斗过程中将无法包抄西辽军的后路；其次，即便塞尔柱人已经事先在峡谷另一头布下了伏兵，希望能在战斗过程中穿越峡谷，袭击西辽军后路，由于达尔加姆峡谷过于狭窄，无法在一线排布太多兵力，因此也不会对西辽军的后阵造成太大损害。唯一值得担忧的是，如果塞尔柱人先派兵堵住峡谷另一头，再在战斗中用左右翼完成包夹，把西辽军都挤入峡谷之中，那就后退无路，肯定全军覆灭了。

当然，在军事上没有绝对有利的地形和绝对完美的布阵，如果塞尔柱人能够完成对西辽军的半包围，把大石压入达尔加姆峡谷之中，那么不用堵住峡谷的另外一头，西辽军自然就吃了败仗，顶多就是全军覆没还是全军崩溃的区别而已。

列阵完成之后，战鼓声如同惊雷一般敲响，双方大军各自稳步向前推进，最终碰撞到了一起。战斗初期，最激烈的厮杀发生在中部，耶律大石和桑贾尔都亲自指挥作战，向敌人发起了一轮又一轮的进攻，杀得难解难分。但是逐渐的，形势开始起了变化，西辽军两翼部队开始向后退缩。

西辽左右翼仅仅各有两千五百人而已，虽然并没有明确记载塞尔柱人在左右翼各布置了多少兵马，但数量肯定远远大于两千五。经过头几轮勇猛的冲杀以后，因为兵数的劣势，西辽军左右两翼终于无法抵挡敌人的攻击，被迫向后退却。

两军对冲的时候，后退就等于失败，很容易全线崩溃。因应这种形势，作为中军统帅的大石有两种选择：一是同样后退，二是向一侧靠拢。后退是很不明智的，左中右三路同时后退，敌人乘胜追杀，失败的命运是注定了的，只是时间早晚而已。比较明智的做法是放弃左右翼中的一翼，中军主力往另一翼靠拢，把兵力集中起来，猛烈攻打敌方相对的一翼。如果在自己被放弃的一翼彻底崩溃后不久便能击溃敌方一翼，那么胜负仍然是五五开，局面会重新稳定下来。

大石正是采用了这后一种做法，他率领中军缓缓地向南方运动，靠拢萧斡里剌所统率的左翼——也就等于说，放弃了萧查剌阿不所统率的右翼。萧查剌阿不本来抵挡汹涌而来的敌军已经非常艰难，被迫向后收缩，因为中军主力远离自己而去，干脆远远跑开，向北方退却。这样一来，西辽中军和右翼之间就被撕裂了一个很大的缺口。

正面朝向这个缺口的是勇猛无双的西吉斯坦国王所率领的塞尔柱军左翼。看到这个大好时机，西吉斯坦国王立刻大踏步地前进，直线插入缺口，攻击大石中军的右侧。为了保证右侧的安全，西辽中军被迫向左回旋，距离萧查剌阿不越来越远了。

那么原本西辽中军所面对的塞尔柱中军又在干什么呢？和西吉斯坦国王相同，苏丹桑贾尔也看到了西辽军被迫暴露出的缺口，一方面为了策应孤军深入的西吉斯坦国王，另一方面也为了从侧面打击西辽中军，桑贾尔严令右翼指挥官库马吉牵制住敌人，自己率领中军也朝这个缺口冲去——西辽军的全线崩溃，似乎就在眼前。

然而这一切，其实都在大石的计划之中，西辽军是故意露出破绽，引诱塞尔柱大军进入预先布置好的口袋阵。整个战役的进程，其实在开战以前，大石就已经成竹在胸了，他之所以选择放弃右翼，引诱敌方的左翼快速突入，恐怕也是在战斗过程中看到西吉斯坦国王勇而无谋，所以才故意这样安排的吧。如果西辽军放弃的是左翼，或许不那么勇猛的艾米尔库马吉不会如此轻易就上圈套——某些时候，勇猛并不是善战的同义词，表面上的怯懦实际是谨慎，或许反倒可以和老谋深算画上等号。

等到西吉斯坦国王和桑贾尔长驱直入，彻底撕裂了西辽军的阵列，甚至因为收不住脚而冲入达尔加姆峡谷的时候，却突然发现因为峡谷狭窄，不易回旋，反而无法及时掉过头来攻击西辽中军了。而大石布置在阵后的真正主力却在此时发挥了预料之中的强大作用——

大石不可能把全部后军四万余人都布置在峡谷之中，但可能有一支部队在峡谷中堵住了敌人的去路，其余主力则埋伏在谷口两侧，趁着塞尔柱人冲入峡谷，短时间内无法转身的机会，从两侧对其发起迅猛的攻击。而大石的中军和萧斡里剌的左翼则可以放心地腾出手来，猛攻艾米尔库马吉率领的塞尔柱右翼军，以及布列在阵后的那些老兵。

这个时候，双方初始就投入战场的部队多少已经呈现疲态了，只有各自的后军仍然精神饱满、气力充沛。战场被分割为峡谷内和峡谷外两块，输赢的关键就看是哪一块战场最先决出胜负了。如果塞尔柱后阵的老兵们能够顶住大石的迅猛攻击，甚至发动反突击，逼近峡谷，策应桑贾尔主力逃出，那么大石的计划就会功亏一篑；如果西辽的后军先击破桑贾尔主力，那么塞尔柱的老兵即便再能征善战，也肯定无力回天了。

战场上看似千钧一发，在战场之外回想和分析，胜负的结论却可以很轻松地得出。达尔加姆峡谷方面，塞尔柱主力部分被逼入峡谷，无法回旋，部分仍在谷外，但遭到西辽军的两翼夹击，基本上处于被包围状态。而在卡特万主战场上，大石统率中军、萧斡里剌统率左翼军，对塞尔柱的右翼和后军却可以造成夹击之势，如果萧查剌阿不假装溃败的右翼军能够及时兜个圈子再掩杀回来，那么包围圈也可形成。在两处战场上，塞尔柱军都处于被包围或被半包围的状态，还有可能扭转败局吗？

况且，西辽后军与敌遭遇、对攻，是早就谋划好的，士兵们人人都有心理准备，而相对的，塞尔柱后军那些老兵们却被杀了个猝不及防——明明是我军占有优势呀，为什么敌人能够杀到后军来？苏丹在哪里？前军全部覆灭了吗？背着这样沉重的思想包袱上阵，即便是刀枪血泊中滚爬出来的老兵，士气也可能会瞬间跌落到谷底。

战斗就这样按照大石的计划完美地演进着，最后为暂时的胶着画上休止符的，就是那些西喀喇汗国投靠过来的葛逻禄人。

史料上记载说，在卡特万大战中，这些葛逻禄人英勇奋战，起到了关键性的作用。因为大石为葛逻禄各位“伯克”安排的战场，应该是在阵后，也就是说，他们或者就列兵在达尔加姆峡谷中，堵住桑贾尔的去路，或者埋伏在谷口，从侧翼狠狠地打击塞尔柱人。

“伯克”是突厥语，也可以写作“伯格”，意思是“头领”，后来引申为军队长官，塞尔柱帝国开国之君图格里克在被哈里发册封为苏丹以前，称号就是伯克。这些葛逻禄伯克们恐怕拥有比西辽兵更为强烈的战斗意识，所以大石才会把如此重要的断后任务交给他们。

对于西辽兵来说，即便这仗打输了，自己还有地方可逃，即便塞尔柱军队趁机突入七河地区，也未必就能顺利地打到虎思斡耳朵城下，战争拖长了，最终的胜负还未可知。但是对于葛逻禄人来说就完全不同了，他们好不容易依附上了一个比较仁慈的主子，如果这个主子战败，族人们不是要再度沦为马合木汗的奴隶吗？况且自己这次帮助契丹人和马合木汗的宗主桑贾尔作战，桑贾尔会用多么残暴的手段来对付战败者，尤其在他眼中是反叛者的自己？未来肯定会如同地狱一般残酷！

基于这种考虑，葛逻禄兵将人人争先，个个奋勇，毫无畏惧地向前冲杀。在他们的奋战下，桑贾尔的中军很快就崩溃了，残兵逃出达尔加姆峡谷，狼狈地向南方跑去。耶律大石的计划获得了圆满成功，他魔术般的战术手腕，终于为年轻的西辽王朝赢得了决定性的胜利。

《辽史》上说，大石"三军俱进，忽儿珊（指根据地在呼罗珊的塞尔柱军）大败，僵尸数十里"，这多少有点夸张，但是穆斯林史书的夸张更是有过之而无不及。伊本·阿西尔在《全史》中说："在伊斯兰教中没有比这更大的会战，在呼罗珊也没有比这更多的死亡。"还说："十万人被杀，这当中有一万二千名戴缠头巾的（指伊斯兰学者）和四千名妇女。"那就更可笑了。

冷兵器时代，一般情况下伤亡比率不会超过三成，超过这个数目，部队建制就会被打散，士兵就会四散奔逃，再有能力的指挥官也无法凝聚人心了。桑贾尔带到卡特万战场上的一共只有十万人，照《全史》的说法，难道全都战死，没几人跑掉吗？进入达尔加姆峡谷的部队是有可能在没有退路的情况下遭到全歼的，但也应该会有被俘虏和主动投降的人，仍在峡谷外的军队不可能全都做了西辽兵刀下之鬼。

再说了，桑贾尔军中就算普遍文化程度比较高，有“一万二千名”伊斯兰学者，也不可能会带上“四千名妇女”呀。

当然，桑贾尔在卡特万吃了大败仗，这个大败仗不但是他平生所没有经历过的，也是河中地区甚至中亚细亚数百上千年都没有发生过的，这确实是事实。塞尔柱军实在是败得太惨了，冲锋在前的左翼指挥官西吉斯坦国王做了西辽兵的俘虏，退缩在后的艾米尔库马吉也做了俘虏，此外，桑贾尔的妻子，还有著名的伊斯兰法学家胡萨德·奥马尔等人也悉数被擒。桑贾尔本人倒是侥幸逃脱，带着西喀喇汗国的马合木汗，一路向南疾奔，连萨末鞬城都不敢进，直接逃回呼罗珊去了。

俄国史学家巴托尔德判断，在卡特万会战中，塞尔柱军进入达尔加姆峡谷的部队，被峡中泽拉夫尚河支流冲走了一万人，两处战场总共被杀的有三万人，超过冷兵器时代伤亡惯例的上限！

长老王·约翰

1141 年 9 月 9 日，在卡特万草原上爆发的大决战，如同惊雷落地一般震撼了四方，对中亚细亚甚至整个欧亚大陆的历史进程都产生了前所未有的重大影响。

从倭马亚王朝直到阿拔斯王朝，中亚细亚迅速地伊斯兰化，把原本从东方稳步向其推进的唐文化，以及随之而来的佛教文化排除在外。怛罗斯之战以后，390 年过去了，中亚细亚的绝大多数居民都信奉了伊斯兰教，虽然大大小小的王国林立、更迭，但执政的不管是逊尼派，还是什叶派，全都属于伊斯兰教，他们名义上的领袖始终是远在伊拉克的哈里发，而最近数十年来，实际上的领袖也都是塞尔柱的苏丹。

在怛罗斯之战，高仙芝败退 390 年之后，耶律大石率领他的无敌军团从东方翻越群山和沙漠而来，他们高举着用汉字和本就脱胎于汉字的契丹文字所书写的旗帜，他们信奉着佛教、道教、摩尼教甚至萨满教等各种不同的信仰，他们抱持着和中亚细亚传统迥然相异的价值观，执行着与中亚细亚传统截然不同的政治和经济政策，如同一股势不可当的洪流，瞬间就淹没了七河、淹没了喀什噶尔与和田，甚至淹没了河中地区。

只因为一场战斗就彻底改变了中亚细亚的政治格局，前有怛罗斯，后有卡特万，但胜负之势截然相反。

东亚的黄河、长江，以及西亚的幼发拉底河、底格里斯河，孕育了人类最古老的两大文明，作为这两大文明重要桥梁的中亚细亚地区，见证了文明的兴盛和衰退。怛罗斯之战预告着脱胎于两河文明的伊斯兰文明的崛起，而卡特万之战则宣告了东方中华文明的再度兴盛。

经过卡特万之战，西亚再度陷入分裂和混乱。大塞尔柱西部早就已经诸侯林立、鏖战不休了，又受到来自欧洲的十字军的冲击，桑贾尔原本有机会使王朝复兴，再度恢复近似统一的局面，但耶律大石毫不留情地打碎了他的万丈雄心。

战败以后，桑贾尔率领残兵败将狼狈地渡过泽拉夫尚河，因为西辽军在后面紧追不舍，赶得他上天无路、入地无门，被迫连萨末鞬城也不敢进，带着西喀喇汗国的马合木汗一路向南奔窜。最终残兵从忒耳迷（今乌兹别克斯坦的铁尔梅兹）渡过阿姆河，一口气狼狈逃回根据地——呼罗珊的谋夫，塞尔柱帝国和桑贾尔本人从此一蹶不振。

桑贾尔打仗的本事是有的，政治手腕也不缺，可惜根本缺乏统治偌大一个帝国的行之有效的组织系统和行政规划能力。中亚细亚那种松散的管理方法，往往会造成帝国的瞬间崛起、膨胀，然后又瞬间衰弱、灭亡，桑贾尔也逃不脱这个历史规律，不败则已，一败涂地。

为了尽快恢复塞尔柱帝国的全盛之姿，桑贾尔不知劳乏地长年征战，穷兵黩武，搞得国库空虚，被迫加大对普通百姓的压榨力度。卡特万之战，据说他仅集结军队、整备物资就花费了整整 300 万狄纳尔，这还不包括行军过程中为表示苏丹的富有、慷慨而多次大手大脚的馈赠和赏赐。花剌子模沙阿即思本来就对桑贾尔一肚子不满，趁此机会发动了对塞尔柱附庸各国、各部族，甚至桑贾尔直辖领土的进攻，桑贾尔发兵抵御，兵连祸结，财政危机更加严重。

此后不久，古尔王朝开始崛起，成为塞尔柱最大的边患。这个王朝又写作“郭耳朝”或者“廓尔朝”，是由塔吉克人建立的，根据地在今天阿富汗西北部赫里河、穆尔加布河和法拉河的上游地区，以出口武器、盔甲、警犬和奴隶著称。古尔王朝建立后开始对外扩张，往东进攻伽色尼朝，往西进攻塞尔柱帝国。1152 年，与塞尔柱同源的古斯人因为不满桑贾尔的横征暴敛，起而发动叛乱，投向古尔王朝。1153 年，桑贾尔亲率大军前往征讨，却被受古尔王朝暗中支持的古斯人两次击败，一路后撤，最后甚至被迫放弃了首都谋夫。

就在撤出谋夫的时候，这位曾经雄心万丈、权威赫赫的塞尔柱大君桑贾尔不慎做了古斯人的俘虏。古斯人处死了同时俘获的其他塞尔柱将领，却留下桑贾尔一条老命，白天扯他出来坐在王位上当傀儡，晚上把他关进铁笼子里，像对待狮子、老虎一般豢养起来——如此屈辱的命运竟然持续了整整三年。

从未遭受过如此挫折与羞辱的桑贾尔竟然没有被气死，还能苟活下来，他的命倒也够硬了。

桑贾尔被俘以后，塞尔柱诸异密拥立原西喀喇汗国的马合木汗为苏丹——他老爹是桑贾尔的女婿，多少算有点继承权。但是马合木汗继位虽然也获得了西方各塞尔柱苏丹的同意，但本人却毫无权柄，大权都落到那些异密手中。1156 年，被耍了整整三年的桑贾尔终于找了个机会逃出古斯人的掌控，回到屡遭兵燹的首都谋夫。大概是终于松了一口气，这老家伙一年后就病死了，享年 71 岁。塞尔柱帝国从此再无复兴的希望。

相比塞尔柱帝国的衰败，耶律大石的事业却因为卡特万会战而达到了辉煌的顶峰。大战结束以后，大石释放了全部俘虏，然后乘胜渡过泽拉夫尚河，杀到萨末鞬城下。萨末鞬居民们已经被如此规模的战斗和失败吓破了胆，不敢做任何抵抗就打开了城门，迎接西辽军进入。于是，大石就此顺利地吞并了西喀喇汗国。

但是大石并没有把河中地区作为自己的直辖领地，他找到马合木汗的兄弟伊卜拉欣，册封他为桃花石汗，按照对待高昌回鹘和东喀喇汗国的例子，只在萨末鞬留下一名沙黑纳（监督官和收税官）就退兵了。

大石在萨末鞬待了90天，然后又前往起儿漫（今乌兹别克斯坦卡尼梅赫）巡行，最后班师回归虎思斡耳朵。起儿漫是个神秘的地方，似乎冥冥中有着天意似的，西辽的开国君主最远就走到这里，而这个王朝的结束之地也是在这里……

跟随大石归国的并非全部军队，他委派大将额儿布思（有专家认为此人即《辽史》中提到过的萧查剌阿不）率领部分兵马继续向西，进攻花剌子模。有一种传说，说因为阿即思不满塞尔柱人的统治，从而以富庶的河中地区来引诱耶律大石，暗中敦请西辽大军进入河中，所以卡特万大战得以爆发的幕后黑手其实就是阿即思。虽然这一传说的可靠性并不很高，但倘若真是如此的话，阿即思真可谓前门拒狼而后门迎虎，得不偿失了。

虽然大石西征万里，攻灭各国，但东西方史料上都没有记载说西辽兵如何烧杀抢掠，如何屠杀百姓，大概大石自命为仁义之师，或者为了把各地居民的抵抗尽量压缩到最小，从而严明军纪，禁止抢掠吧。但额儿布思在进入花剌子模后却背弃了这一政策，大肆烧杀，并且抢掠居民的财产。有一种可能性，即经过卡特万的胜利，西辽兵将们滋生了骄傲情绪，不肯再严守大石的军纪；还有一种可能性，阿即思打仗不行，要阴谋诡计和搞外交斡旋却很强，而且他对待桑贾尔的政策就是屡战屡败而又屡败屡战，为了能够彻底打垮这位花剌子模沙的神经，额儿布思才行此下策。

虽是下策，效果却很明显，西辽大军还没有靠近花剌子模都城，阿即思就已经吓破了胆，派遣使者前往表示臣服。额儿布思按照西辽对待附庸国的政策开出条件，阿即思一口答应，毫无二话，答应每年缴纳三万枚狄纳尔的人头税，并且还附带上其他贡品，这才说服额儿布思满意地收兵回去。

西辽帝国的最大疆域就这样确定了下来。王朝的直辖领地是以虎思斡耳朵为中心的七河地区，北至伊犁河，南到锡尔河上游，西至塔拉斯河（今哈萨克斯坦东南部和吉尔吉斯斯坦西北部），东到伊塞克湖东面，此外，正东面可敦城周边地区也由菊儿汗直辖。附庸国则包括高昌回鹘、东喀喇汗王国、西喀喇汗王国和花剌子模，附庸部族主要有康里部、葛逻禄部，以及粘拔恩部（在阿尔泰山以北，帝国的东北方）。

拉施特在《史集》中说，西辽“在萨末鞬西北方的卡特万草原击溃了最后一位‘伟大的塞尔柱君主’桑贾尔的军队，征服了花剌子模，并首次迫使中亚伊斯兰教徒接受异教徒的统治”，从此菊儿汗耶律大石成为“统治突厥斯坦和河中的所有各国和地区，拥有大量军队武装、人民的伟大君主”。

因为卡特万大战，西辽确立了在河中地区的统治地位，并且威震中亚细亚。不仅如此，“契丹”之名从此远播四方，甚至远传到了欧洲，相当长一段时间内，俄罗斯人用“契丹”来称呼中国，拉丁文中也时常如此表述。

这个时候的欧洲各国，正在联合起来向伊斯兰世界发起进攻，1096 年发动了第一次十字军东征——那一年，耶律大石虚岁 10 岁。十字军在耶路撒冷及其周边地区建立起很多个基督教的小王国，但此后逐一被塞尔柱突厥人扫平，遭受重挫。当大石在卡特万击败了塞尔柱大军以后，消息不胫而走，传到地中海沿岸，给那些仍在死守最后基地的十字军很大鼓舞。他们期盼着东西方夹击伊斯兰世界，并很可能由此产生了“长老王·约翰”的传说。

在基督教世界长期以来都流传着一个神话，说“东方三博士”之一的后裔在遥远极东之处建立了一个强大的王国，拥有数不尽的财宝和多如天上浮云的军队，这个国家的国王就是“长老王·约翰”，他将在必要的时候率兵前来救助基督徒们的危难。这则神话的源起正是在第一次十字军东征前后。

对于“长老王·约翰”是否确实存在，他的真实身份是什么，历代都众说纷纭。有人认为那是指埃塞俄比亚的一位皇帝，但埃塞俄比亚是在欧洲的南方而非东方；还有人认为那是指蒙古草原上的克烈部，克烈部很可能在 10 世纪前后就皈依了景教（基督教聂斯托利派），但克烈部最强盛的时代也不过三分之一个蒙古草原的霸主，规模比起传说中的远方王国来实在差得太多了。

很有可能，欧洲基督徒心目中的“长老王·约翰”，指的就是菊儿汗耶律大石，约翰的王国就是西辽帝国，或者神话传说原本并无确切根源，但因为西辽的崛起而使二者合并为一了。首先，在大石的统治下，景教在七河地区获得了极大的支持，消息传播速度很快；其次，教皇亚历山大三世曾在 1177 年写信给“长老王·约翰”，请他帮助十字军，时间恰在卡特万大战之后不到四十年，根据双方相隔的距离和当时的信息传播速度来看，亚历山大三世心目中的远方王国很可能就是指西辽。

正因为受到了“长老王·约翰”传说的鼓舞，1147 年到 1149 年，法王路易七世和神圣罗马皇帝康拉德三世领导发动了第二次十字军远征——根本没有西辽也就是传说中的远方基督教王国的策应，结果当然还是无功而返。

二世瓶颈

西辽的建立，以及耶律大石对河中地区的征服，对西方所产生的影响并不仅仅体现于“长老王·约翰”的传说，除此以外很重要的一点是打通了东西方文化交流的渠道。在此之前，中亚细亚甚至包括西亚细亚很长一段时间都处于突厥人的统治下，以塞尔柱各苏丹为最典型的例子。这些突厥贵族大多没什么文化，连桑贾尔本人都是一个文盲，他们的征服和统治只会带来文化的衰退。而大石则不同，他是林牙出身，精通蕃汉文字，文化素养很高，而他麾下的那些汉族和契丹族将领也大多是契丹辽朝的旧贵族，是受过相当程度文化教育的。因此在西辽的统治下，中亚细亚的地方文化受到保护，远来的中国文化更为其注入了相当大的活力。

中国文化通过西辽这个踏板，继续向西方传播，这是其中一点；另一方面，来自中国的科学技术也由此汹涌向西，不可遏制。怛罗斯之战后也曾经产生过一股东方科技西传的洪流，但都是被迫的，是片面的——阿拉伯人俘虏了部分唐军中的工匠，学到了火药配制、造纸术，以及先进的丝织技术和东方的绘画艺术，其中阿拉伯人看重的是军事工艺，阿拉伯火器因此在相当长一段时间内称雄世界。卡特万会战后的科技西传却是主动的，并且是全方位的。

从国家组织形式、经济技术、建筑技术，到语言文字、文学作品、服饰、音乐等，中国的科学技术和文化艺术，就此全方位多层次地在中亚细亚扎下了根，并且在大石等西辽统治者的推动下不断传向西方。在《长春真人西游记》中，李志常曾经记述说中亚细亚的居民反映“桃花石诸事皆巧”；苏联的《吉尔吉斯史》里也说：“吉尔吉斯斯坦出现的高度发展的汉文化的新浪潮，归功于喀喇契丹。”

此外，西辽还使契丹文字得以保存。契丹文分为大字和小字两种，大字创制于太祖阿保机神册五年（920 年），是模仿汉字笔画设计的方块字，约有 3000 多个，小字则是阿保机的弟弟耶律迭剌根据回鹘文创建的拼音文字。在契丹辽朝，契丹文和汉文并为官方文字，后来金朝也根据契丹大字创造过女真文字，到了 1191 年，金章宗完颜璟过河拆桥，说女真文也造完了，契丹文就没用了，下诏全部废除。于是契丹文字在中国本土就此灭绝，连臣服于金朝的契丹人都逐渐不认识自己本民族的文字了。

然而在西辽境内，耶律大石和他的继承者们仍然照着老规矩，定汉文和契丹文为官方通行文字。西辽灭亡以后，成吉思汗铁木真率领蒙古大军西征，他麾下有一位重臣名叫耶律楚材，本是契丹贵族的后裔，但也早就数典忘祖，不认识契丹文了。耶律楚材来到中亚细亚，找到一个叫李世昌的人，李世昌自称原本是西辽贵族，被封为郡王，于是他就拜在此人门下学习契丹文字，并且把一些用契丹字书写的文献翻译成汉文，留下了宝贵的文化遗产。

文化的上升、科技的发展，很大程度上来源于宽松的政治环境和宗教政策。其实阿拉伯人进入中亚细亚之初，宗教政策也是比较开明的。阿拉伯人刚占领中亚细亚，一直打到葱岭的时候，并不强迫当地居民皈依伊斯兰教，而只是按照教义所规定的，凡穆斯林都可以不缴税，税金要转嫁到“异教徒”头上去。这样一来，居民们纷纷改变信仰，等到穆斯林人数越来越多，阿拉伯的地方长官们可就为了难，为什么？因为可能缴税的人口越来越少了呀。于是他们一方面破坏教义，也向穆斯林征税，一方面更为凶狠地压榨“异教徒”——这是各地暴乱不断、纷闹不休的很大一个原因。

而一旦伊斯兰教在中亚细亚占据统治地位以后，“异教徒”就逐渐没有了容身之地，屡受欺压。等到耶律大石率军杀来，吞并了喀喇汗国，一改以伊斯兰教为国教的做法，延续中原王朝的传统，允许各种宗教平等传布。佛教、基督教（主要为聂斯托利派）、犹太教、拜火教、摩尼教又繁盛起来，使得境内的文化发展更加多元化，更加生机勃勃。不过《全史》中说耶律大石本人信奉摩尼教，恐怕只是讹传。须知摩尼教传入中国有两个方向，一是从西北方向传入，未入中原就已止步，二是从东南沿海传入，范围不出今天的苏、浙、闽三省，从契丹辽朝故地过来的大石此前是很难接触到的，更不大可能会虔诚信奉。大石本人很可能信的是在契丹辽朝盛极一时的佛教或者传统的萨满教。

诸多宗教在中亚细亚复兴的同时，伊斯兰教的传布空间当然会受到挤压。在当时回鹘族盲诗人艾哈迈德·尤格拉克的长诗《真理的入门》中，曾经这样写道：

> 学者丢弃了善功，隐士舍弃了虔诚，
> 哲人竟跳起欢乐的萨玛（指萨满教祈神之舞）手舞足蹈。
> 禁止异教的人已无影无踪，
> 异端学说却猖獗风行。

然而这对伊斯兰教来说却也并非是桩坏事。任何一种思想，也包括宗教，在占据统治地位以后往往会停滞不前，逐渐腐化，被剥夺统治地位以后，反而更容易吸收别家所长，重新焕发出活力来。正是受到西辽宽松的宗教政策影响，伊斯兰教苏菲派中产生了新的改革者——亚塞维，他所创建的亚塞维派，简化了原本的宗教仪式，吸收游牧民族的神和宗教仪式，用当地流行的突厥语来传播，使伊斯兰教更便于东传，甚至一直进入中国的腹地。

宗教政策的开明、文化艺术的发展，使得后人纷纷赞誉西辽为“名教大国”，这话真的一点不假。

西辽康国八年（1141 年）九月，天祐皇帝耶律大石在卡特万击败塞尔柱大君桑贾尔，顺势吞并了西喀喇汗国，随即又派大将额儿布思攻入花剌子模，迫使花剌子模沙阿即思臣服，王朝就此达到鼎盛。但大石去国万里，经过连年征战，身体健康每况愈下，两年后的康国十年（1143 年），他突然在虎思斡耳朵去世，享年 56 岁（按虚岁记是 57 岁）。

以当时人的寿命来算，大石不算长寿，但也不算短命，只是从后人的眼光看来，多少都会慨叹他英年早逝。人们纷纷猜测，以大石一贯抱持的理想来看，或许再积聚个三五年，他就会挥师东进，去和金朝一争雄长吧。如果大石能够多活两年，历史又会有怎样惊人的改变呢？

就在卡特万大战的前一年，即 1140 年，南宋名将岳飞在郾城大败金朝统帅完颜兀术，准备乘胜渡河，恢复中原，河东、河北各地义军也遥相呼应，大金朝面临着建国以来的第一次大危机。可惜岳飞最终并没能完成夙愿，宋高宗赵构随即就下诏诸将班师，并且解除了他们的兵权。岳飞愤而前往庐山隐居，表示“非暴力不合作”，结果被召回临安，扣上一个“莫须有”的帽子，惨遭杀害。

岳飞遇害于1141年农历十二月二十九日，也就是卡特万大战的数月以后。远在万里之外的大石不大可能得到相关情报，他或许并不清楚，如果在三五年内第二次发兵东征，所面对的形势与离开中原时是大为不同的。首先，岳家军确实很能打，但岳飞能够连番取胜，并不仅仅是自己能打而已，同时也说明了女真贵族已经开始堕落腐朽，建国初期的悍勇善战之心正在逐渐瓦解，并且金朝在中原地区的统治并不稳固，这点对大石无疑是有利的。

同时对大石东征还有不利的一面，那就是经过1141年签订的“绍兴和议”，南宋甘当金朝的臣属，已经不大可能配合西辽军，从南线夹击金朝了。

昔日的有利变成了不利，昔日的不利转化为有利，那么当大石领兵万里而归的时候，他将面对怎样的敌人，将会爆发怎样的战争，又会取得怎样的成果呢？是能够顺利恢复契丹辽朝在中国北方的统治，还是二度铩羽而归，甚至被杀得大败，从而连好不容易打下的西方领土也面临崩溃的危险呢？后人可以随心所欲地猜想，历史却终究无法假设，从某种意义上来说，大石真是死得其时，他在自己事业最辉煌的顶点撒手尘寰，留给后人无限的崇敬和怀想，用震撼世界的胜利画上这样一个句号，虽不完美，却很圆满。

从王朝创建者的角度来看待大石，他无疑是个胜利者，世界历史上很少有人能像他那样，用短短十年时间就征服如此广大的一片领土，奠定下数世的基业。然而，从契丹人的角度来看大石，他却又是一个悲剧人物，因为他一直梦想着恢复契丹辽朝在故乡和北中国的统治，他南征北战、东杀西讨，只为了积聚复国的实力，而当他真正拥有这种实力的时候，老天却又不给他时间了。当初离开可敦城的时候，大石应该不会想到，自己将会埋骨异乡，再也没有机会回到中国去了……

耶律大石去世以后，新兴的西辽帝国并没有像很多“其兴也勃焉，其亡也忽焉”的国家那样，因为天纵英才的领袖去世而瞬间崩溃，这是因为大石套用了契丹辽朝的政治制度，完善了一整套的管理体系，群臣各安其职，同时也因为他在帝国直辖领域内不再分封土地，没有任何一员将领可以趁机反叛，取而代之。然而，下一代的接班过程也并非一帆风顺，因为据说太子夷列年纪尚幼，还没有办法亲自主政，有效地管理那么大一个国家。

历史上很多王朝都在初代征服者去世以后陷入危机，这可以称为“二世瓶颈”。征服者深感创业之难，并且也比较了解民间疾苦，他们在世的时候或许会如履薄冰、兢兢业业地治理国家，而当他们去世以后，如果继承人年纪还轻，基本上没有经历过什么苦难，纯粹是蜜罐子里养出来的，就很有可能肆意妄为，从而使国家瞬间走向衰败。况且，开国之臣们劳苦功高，也未必就甘心接受年轻君主的领导，主幼臣强，从来都是祸乱的重要根源。

很多王朝都无法顺利度过这“二世瓶颈”，眨眼间天下大乱，很快就灭亡了，比如说秦朝，再比如说西晋，甚至连自己也上阵打过仗、才能超卓、登基时候年纪也不算轻了的隋炀帝杨广也没能摆脱这一厄运。还有很多王朝，二世的时候经历过多次朝野变乱，全靠上下一心、苦挨苦熬，才勉强渡过危机，比如西汉惠帝病弱、吕氏乱政；再比如曹操才死，北中国立刻人心惶惶，军队的哗变、百姓的暴乱此起彼伏。那么，西辽又将怎样度过这种“二世瓶颈”呢？

皇帝死了，太子尚幼，怎么办？其实契丹人早就有应对类似危局的传统方法，那就是母后临朝，摄政护君。当年阿保机去世，太子耶律德光年轻无法服众，全靠了德光的老娘述律太后在阿保机灵柩前自断一腕，震慑人心，才使得局面稳定下来。后来景宗耶律贤年纪轻轻就挂了，全靠了他的老婆萧太后（萧燕燕）抱着儿子临朝称制，才顺利完成景宗朝到圣宗朝的过渡。

西辽是契丹人建立的王朝，政治制度基本上全盘延续契丹辽朝，因此也保留了这种太后临朝称制的传统制度。耶律大石去世的时候，遗命太子夷列继位，因为夷列尚幼，就让皇后，也就是夷列的母亲、未来的皇太后塔不烟“权国”，也即暂时管理国家。

西辽帝国的建立和兴盛，全靠的是耶律大石，这个大帝国顺利度过“二世瓶颈”活了下来，塔不烟功不可没。在论起中国历史上为数不多的女政治家的时候，千万可不要忘记了这位杰出女性。

第六章
河中府：大厦崩塌的开端

1143 年，西辽的菊儿汗、天祐皇帝耶律大石去世，按照中国传统规矩，群臣给他上了一个庙号，叫作“德宗”。大石驾崩以后，太子耶律夷列年纪尚幼，无法管理朝政，于是群臣就遵照契丹辽朝的传统，把大石的皇后塔不烟抬了出来，请她临朝称制、权国——比垂帘听政还权大，因为塔不烟直接跑上了前台，直接面对大臣们，面前根本不必装模作样地垂道竹帘子。

倒霉的招降使

1143 年，西辽的菊儿汗、天祐皇帝耶律大石去世，按照中国传统规矩，群臣给他上了一个庙号，叫作“德宗”。

所谓“祖有功而宗有德”，也就是说有开国大功的皇帝得上庙号为某祖，有德的后继皇帝得上庙号为某宗。比如西汉刘邦就是太祖高皇帝（也简称高祖），他儿子刘桓就是太宗孝文皇帝；再比如北宋的赵匡胤是宋太祖，他兄弟赵光义就是宋太宗。南宋第一个皇帝赵构没捞到个“祖”字，庙号是宋高宗，为什么呢？因为他算是继承了赵宋王朝的正统，算是复国，不算开国。

有哪些非开国之君也捞了个“祖”字呢，咱们来掰着手指头算算，貌似也就元世祖忽必烈、明成祖朱棣和清圣祖玄烨三个而已，这三人自命功高盖世，虽非开国，功比开国，所以臣子们才破坏规矩给上了“祖”的庙号。

西辽正像南宋，乃是继承了契丹辽朝的正统，虽然基本疆域和老祖宗拥有的根本八竿子打不着，但无论耶律大石本人还是他的契丹、汉族臣属们，全都不把虎思斡耳朵政权看作是一个新的王朝。正如大石曾经说过的：

“朕被迫率领着你们远征大漠，希望能够恢复故土，中兴大契丹。这地方虽然富庶肥沃，终究不是你我君臣世代居住的地方，咱们总是要回故乡去的呀！”

西辽或者喀喇契丹只是后世史学者对这个帝国的称呼，为的是和在北中国建立的契丹辽朝相区别而已，就像后唐、南唐之与唐，前秦、后秦之与秦一般。帝国的正式名称应该是“大辽”或者“大契丹”，所以，群臣没有也不敢给大石上“祖”的庙号，而是追尊他为“德宗”。

德宗皇帝耶律大石驾崩以后，太子耶律夷列年纪尚幼，无法管理朝政，于是群臣就遵照契丹辽朝的传统，把大石的皇后塔不烟抬了出来，请她临朝称制、权国——比垂帘听政还权大，因为塔不烟直接跑上了前台，直接面对大臣们，面前根本不必装模作样地垂道竹帘子。

塔不烟的全名应该是萧塔不烟，姓耶律的皇帝娶一个姓萧的同族女性为后为妃，本就是契丹辽朝的传统，也顺理成章地成为西辽的传统。塔不烟权国整整 7 年，然后退居幕后，让儿子耶律夷列亲政；夷列统治了 13 年，壮年而殁，因为他的儿子们都还年幼，就命其妹耶律普速完临朝称制；普速完统治了整整 17 年，夷列的少子耶律直鲁古才得以亲政。

这里面就存在一个问题，即萧塔不烟究竟是不是耶律大石的原配夫人呢？她是什么时候嫁给大石为妻的呢？大石享年 56 岁，去世的时候儿子夷列年幼不能治国，也就是说，夷列还不到 20 岁，他起码是在大石 36 岁以后出生的。考虑到塔不烟统治了 7 年才把朝政大权交给儿子，夷列更有可能继位的时候才 13 岁，老娘治国 7 年以后他才刚刚成年。

如果夷列继位时是 19 岁，那么从大石去世往前推 19 年，是公元 1124 年，大石 37 岁，这一年的七月份他离开天祚帝的夹山行营北上，前往可敦城。如果夷列继位时是 13 岁，从大石去世往前推 13 年，那是公元 1130 年，大石 43 岁，这一年的二月份他离开可敦城，整兵向西，进行近万里的大远征。也就是说，夷列很可能是大石在可敦城养兵生聚的时候出生的。

对于大石数十年的军旅生涯来说，这段时间相对平稳，娶妻生子，正其时也，话是说得通的，这种猜测也是很有可能的。然而大石是在这段时间里娶了塔不烟的吗？塔不烟是他第一位正室夫人吗？古人娶妻普遍较早，男子 20 多岁还没结婚并不常见，而大石

20 岁的时候是 1107 年，契丹辽朝虽然连根子都已经腐朽了，却还没有露出瞬间崩溃的苗头——完颜阿骨打要在整整 7 年以后才起兵造反呢。身为辽太祖阿保机八世孙的耶律大石，肯定不会讨不起老婆，当时更不会有什么“匈奴未灭，何以家为”的想法，他为什么要等到 30 多岁才在可敦城娶妻生子呢？

我们还是从头开始，顺藤摸瓜去探索各种可能性吧。首先，假设大石确实是 20 岁上下、风华正茂的时候娶的萧塔不烟，但是多年无子，或者在战乱中儿子们都死了，直到去往可敦城以后才生下了夷列。如果事实确实如此，就可以推出塔不烟的年龄并不比大石小太多，不大可能超过 10 岁。塔不烟在把政权移交给儿子以后，她的身影就从历史上消失了，夷列在位 13 年而死，让妹妹普速完监国，却没有请老娘二度出山，可能塔不烟已经去世了。如此推测，则塔不烟 60 多岁去世，倒也在情理之中。

还有一种可能性，即耶律大石的原配妻子，甚至还包括原配所生的儿子都已经在战乱中去世或者失散了，为此他才被迫在与天祚帝决裂、自称王号以后，再次挑了个萧姓女子为妻，也就是塔不烟，生下儿子夷列和女儿普速完——史料上没有记载大石还有别的侧妃，如果普速完是侧妃所生，应该也没有资格临朝称制吧。

可惜史料记载太过简单，我们只能进行种种猜测，却终究无法完整了解大石的家庭状况。别说塔不烟是不是他的糟糠之妻，就连他一共有几个儿子，夷列上面还有没有哥哥，下面还有没有弟弟，都无法给出准确的答案来。

而杰出的女政治家塔不烟的实际年龄和前半生的所有经历，也就这样湮没在荒烟残照之中了。

萧塔不烟的尊号是“感天皇太后”，抱着儿子临朝称制，并且改年号为“咸清”。魏良弢先生因此认为塔不烟很可能多年来与耶律大石同甘共苦，甚至在西辽的建立过程中起过很大作用，所以自改年号，把自己等同于皇帝一般，却并没有引起群臣的反对。然而这种猜测完全是不必要的，换皇帝就理当换年号，不管这个皇帝是年长还是年幼，是亲政还是让老娘、老叔甚至权臣来代管国家。说白了，“咸清”是小皇帝夷列的年号，不是皇太后塔不烟的年号。

不过，塔不烟确实很有统治才能，在她的治理下，社会安定，百姓富足，西辽帝国蒸蒸日上。可惜树欲静而风不止，大石逝世的消息很快就传遍了四方，甚至一直传到了女真人耳朵里。根据《金史》所载，皇统四年（1144 年），也就是大石去世的第二年，回鹘派遣使臣进贡，说大石和他们国家相邻，现在大石已经死了。金熙宗完颜亶闻报大喜，立刻就任命大臣粘割韩奴为武义将军，回访回鹘国，并且让他得机会就前往大石（大石之国，即指西辽），去查看一下究竟。

粘割韩奴前往西辽，其真实用意是什么呢？史书上并没有明确记载。有两种可能性：一、探看一下情况，看有没有机会发兵攻打；二、看看西辽人肯不肯“归服王化”，也和回鹘一样成为金朝的属国。

那么，这个向金朝进贡的回鹘究竟是什么国家呢？根据他们自称“和大石相邻”的地理位置来看，很可能是指高昌回鹘，《金史》中也记载说粘割韩奴是从“和州”前往西辽的。可是高昌回鹘不是西辽的附庸吗？又为什么会向金朝进贡呢？

中亚大国西辽，乃是耶律大石一手打下来的，大石才刚去世，高昌就胆战心惊，怀疑将要变天，从而脚踩两条船，向东方同样庞大的邻国金朝派遣使臣，倒也在情理之中。反正天高皇帝远，今天西辽的使者来了，我好生招待，明天金朝的使者来了，我也盛情款待，你们互不碰面，这西洋镜就拆不穿。况且，就算拆穿了我的把戏，你又能拿我怎样？发兵前来攻打吗？那不正是把我往敌人怀里推吗？谁会有那么傻？

总之，因为高昌回鹘的通风报信，金朝得到了大石逝世的消息，派粘割韩奴出使西辽。感天皇太后塔不烟将怎样面对这一来自东方的威胁呢？她会对金使摆出何种姿态，作何种表态？在我们后人看来，确实是件饶有趣味的事情。

根据《金史》所载，粘割韩奴出使西辽，一去就不回头，谁都不知道他遭遇了什么事情，是死是活，因此金朝对于西辽的内情始终是一头雾水，也就拿不出是战是和，或者威逼对方成为属国的策略来，此事就此不了了之。直到 31 年以后的 1175 年，粘拔恩部的酋长撒里雅、寅特斯率领康里酋长孛古等三万多人脱离西辽的掌控，前来降附，才终于道破了粘割韩奴的下场。

据他们所说，事情的经过是这样的——

那一年，大国（金朝）派遣粘割韩奴从和州（高昌回鹘）前去出使“大石”，才进入“大石”境内，恰好“大石”来到野外撞见了，就问韩奴是什么人，为何不下马致敬？韩奴回答说：“我乃上国使臣，奉天子之命前来招降你们，你应该下马听我宣读诏书。”“大石”说：“你一个人前来，空口说几句白话就想叫我们投降吗？”叫人把韩奴揪下马来，喝令他跪下。韩奴破口大骂：“反贼，天子不忍心对你们用兵，派我来招降你们，你就算不能自缚而降，亲自前往谢罪，也该当礼敬天子使臣才对，怎么反敢侮辱我?！”“大石”非常愤怒，就把韩奴给杀了。

《金史》中记述完这件事情以后，还解释说：“这个时候大石林牙已经死了，子孙相继，西方各部仍习惯称呼他们为‘大石’。”可见所谓的国名“大石”，其实应该是西辽，人名“大石”，其实应该是耶律大石的继承者，按照时间推算，应该是夷列或者塔不烟。

学者们大多把这件事归到塔不烟头上，但考虑到夷列继位的时候起码已经13岁了，并不是一个襁褓中的婴儿，他离开虎思斡耳朵，跑去野外（传统认为是去狩猎）遇见粘割韩奴，一言不合把对方给宰了，也并非不可能的事情。

“两国相争，不斩来使”，这在历史上往往只是不敢杀害使臣，或者使臣本人害怕被杀时才搬出来的话，事实上历朝历代被杀的使臣车载斗量，多了去了。况且，就粘割韩奴说的那番屁话来看，他被杀也是活该。

估计粘割韩奴进入西辽直辖领地时间不长，还没有详细了解当地的状况，以为不过是一小撮契丹辽朝的残党向西逃窜，勉强找个落脚点而已（估计高昌回鹘给了他很大的误导，因为回鹘人绝对不会告诉他西辽有多强大，自己也只是西辽的附庸），所以态度极其傲慢和强横。当时金朝是很强大，可以说是东亚甚至世界上最强盛、疆域也最辽阔的国家，但西辽比它差得也有限，“两国相争，不斩来使”，前提总得是使者秉持着使者之道，你一副上国天使前来招降的臭面孔，谁能忍得了呀？

所以粘割韩奴被杀完全是咎由自取，不管下令杀他的是塔不烟还是少不更事的夷列，都可以理解，并且不能说做得有多么不对。

感天皇太后塔不烟执政7年，除了粘割韩奴被杀一事外，史书上对她统治期间所发生的事情完全付诸阙如，毫无记载。不过对于一个已经进入稳定期的王朝来说，没有事是最大的好事，没有战争、没有大的动乱，四境太平，自然百姓得以安居乐业，有什么不好的吗？

塔不烟没有对外用兵，更没有为了完成亡夫耶律大石的夙愿而远征金朝，希图复国，即便在金朝使臣粘割韩奴把她或者她儿子气得十分厉害以后也没有这样做。这是因为一个王朝根基稳固以后，尤其在初代的征服者去世以后，自然会逐渐产生惰性。贵族、大臣们都有了自己显赫的身份地位，有了财富，谁还会想着再靠打仗去攫取虚无缥缈的远方的好处呢？即便是跟随大石万里远征，一路杀到西方来的重臣们，比如萧斡里剌、耶律燕山等人，大概也都不再梦想回归中原了吧。

大石本身在直辖领地内不再分封的政策，从某种意义上来说，也催发了这种惰性，贵族们不再靠画一个圈就能把土地变成自己的私产，设立头下军州，那么我还为什么要出外去打仗呢？只要国家太平，我的地位和财富可以传之于子孙万代，不就已经很好了吗？

对于农耕民族的汉人来说，这种惰性是相对较轻的，安土重迁、落叶归根等传统思想使得他们总想回到老家去，可即便如此，南宋朝一稳定下来，主和之声还是占了上风。况且游牧民族本就有迁徙的传统，对于契丹人来说，只要他们有自己的国家就好，至于这国家是在北中国还是在西域和中亚细亚，又有什么区别呢？

因此感天皇太后塔不烟执政七年，西辽国天下太平，一直等到她退居幕后，儿子夷列亲政以后，战争才再度爆发——不是西辽和别人开打，而是附庸国里先互相打了起来。

花剌子模的崛起

青年皇帝夷列在1150年走上前台，次年下诏改元为“绍兴”。非常有趣，这个年号和南宋高宗赵构此时的年号相同（初号建炎，后改绍兴）。中国皇帝定年号有两大原则，一是得挑好字眼，组成个吉利的意思，比如大石有两个年号，“延庆”就是延续欢庆，“康国”就是国家安康，夷列第一个年号“咸清”，“咸”是全体之意，“清”是指政治清明，或者河清海晏也即天下太平。“绍兴”也是好意思，“绍”是继承，“兴”是兴旺。

可是皇帝定年号还有另外一个原则，那就是不能重复。一般情况下，皇帝打算改元，或者新君继位必须改元，就得由博学的大臣们翻查古书，一方面找好字眼，另一方面看看有没有和以前王朝的年号相重复的，然后拟出几个备选来，交给皇帝最终敲定。历朝历代年号很多，不可能毫无重复，但一般情况下是某些地处偏远的小国家的年号，如果博学的大臣都一时疏忽给遗漏了，定了个一模一样的，说不定还会被后人嘲笑。像绍兴这个年号，竟然和南宋王朝同时代的年号相重，实在是前无古人，后无来者。

这只能说明西辽帝国此时已经彻底隔绝于中原之外了，对于此时的中原王朝，包括金朝和南宋的消息相当闭塞。这一方面是因为路途遥远，通讯不便；另一方面也说明西辽君臣已经毫无东进恢复河山之心，甘心于在中亚细亚做他们的一方霸主了。

夷列去世以后，群臣为其上的庙号叫作“仁宗”。照理说，中国古代皇帝有庙号还有谥号，都是死了以后给追加的，生前的称号则是“尊号”。耶律大石的尊号是天祐皇帝，庙号德宗，谥号史无所载，夷列则连生前的汉式尊号都没有传下来。现在还不清楚西辽是否有专门官员记史，根据耶律大石的林牙出身，很可能是延续了中原王朝这一传统的，可惜无论汉文的还是契丹文的西辽史，都没能流传下来，后人研究西辽历史主要靠的是中亚细亚的一些穆斯林史料。他们当然搞不懂什么谥号、庙号，只会按照自己的习惯去称君主的“名号”。那么夷列的名号是什么呢？其实和他老爹大石相同，都是“菊儿汗”。

菊儿汗夷列才一亲政，就搞了一趟中原王朝常搞的活动——人口普查。夷列是在 1150 年亲政的，第二年元旦改元绍兴，派遣官员调查和统计辖区内的人口数。这件事见载于中国史书《辽史》，照理说十万八千里外，中国人哪知道西辽具体发生了一些什么事情呢？但《辽史》是元朝时候编撰的，元朝疆域辽阔，应该能够搞到很多中亚细亚的史料记载吧，况且人口普查的结果非常详细，应该是有根据的。

这次人口普查，主要是统计 18 岁以上的男丁，也就是按规矩该服徭役和兵役的那部分人。传统以成年男子为国家兵役和徭役的主要来源，虽说在某些年代，未成年的孩子和女人也被迫服徭役，甚至要上阵去打仗，但终究不是常态。西辽这次普查的目的性非常明确，是为了清查隐瞒人口，为国家军队的组建和国家工程的顺利实施创造条件。

普查结果，“得户八万四千五百户”，也就是说，共有八万四千五百个成年男丁，这个统计数字肯定只限定在菊儿汗的直辖领地内，不包括附庸国，附庸国全都自治，在附庸国内搞人口普查太不现实了。

仁宗夷列亲政第七年，也即绍兴六年（1156 年），战争终于爆发了，地点是在河中地区，带头闹事的还是那群突厥种的葛逻禄人。

葛逻禄人当年臣服于耶律大石，原想得到西辽帝国的庇佑，脱离西喀喇汗王朝的统治，谁想大石打完卡特万之后就一拍屁股走人了，把河中仍然封给西喀喇汗王朝的宗室，作为自己的附庸国。虽然按照大石的规定，西部葛逻禄人所要缴纳的赋税比从前大为减少，但他们仍然游牧在河中地区，要受当地领主，即西喀喇汗国桃花石汗的管辖，心中难免愤愤不平，时间一长，纷争再度爆发。

卡特万大战以后，原西喀喇汗国桃花石汗马合木跟随桑贾尔西逃呼罗珊，等到桑贾尔被古斯人擒获后，他就在当地异密的拥戴下继任为塞尔柱大君。耶律大石占领河中地区，改立马合木的弟弟伊卜拉欣·本·摩诃末为新的桃花石汗，是为伊卜拉欣三世。这位伊卜拉欣三世肯定不会想："若不是葛逻禄人招来了契丹人，我也坐不上汗的宝座。"相反，他肯定会忧心忡忡："葛逻禄人会不会像当年反对我哥哥一样也反对我呢？"

在这种很正常的心理基础上，虽然葛逻禄人受到的经济压榨要比从前轻，但他们的政治地位恐怕反而会直线下降，因为西喀喇汗王朝对他们已经彻底不信任了。反过来说，葛逻禄人本身也肯定会滋长骄傲情绪："当年若不是我们浴血奋战，契丹人未必能在卡特万打赢。况且我们是归降了契丹人，又不是归降你桃花石汗，你如今怎敢还对我们指手画脚，当我们是你的狗？！"

双方的不信任越来越深，大石以及大石的妻子塔不烟还在宝座上的时候，或许还能威慑双方，不出什么乱子，等到大石去世，塔不烟也退居二线了（或许已经死了），双方的矛盾就无可避免地要走向激化。于是到了1156年，矛盾演化为战争，桃花石汗伊卜拉欣三世和国内葛逻禄人的伯克（军事首领）艾亚尔在一个名叫饥饿草原的地方大打了一场。

战争的具体过程，史书上没有记载，只知道西喀喇汗国军队完全不是能征惯战的葛逻禄军队的对手，输得无比凄惨，甚至连国王伊卜拉欣三世也阵亡了，陈尸荒野。

不知道为什么，附庸国里出了这么大的事情，年轻的菊儿汗夷列却不闻不问。说起来，西辽对于附庸国的管理实在太粗放了，只要你按时缴税，国政我就不管，哪怕你国中闹翻了天，只要不来求救，我也不会增援。就好像中国传统的告状体系一样，民不告，官不究，除非是谋反大罪——对于西辽来说，除非你想独立，否则我才懒得多管呢。

所以西喀喇汗国的问题，只好由西喀喇汗国王室自己去处理。伊卜拉欣三世死了，他的几个儿子都还年幼，挑不起治国的重担来，好在王室成员中还有一个叫阿里·本·哈桑的，此人已经成年，而又深孚众望，于是群臣上奏夷列，请求立阿里为新的桃花石汗。

夷列一看，你们既然都拥戴阿里，朕也不会反对，那就他吧。阿里·本·哈桑就此登上宝座，成为新的桃花石汗，也称“恰克雷汗”。

这位恰克雷汗重新积聚力量，图谋反攻，终于在回历五五三年（1158—1159 年），也就是伊卜拉欣三世被杀三年后，突然领兵发动奇袭，直逼葛逻禄人的大本营，打了场漂亮仗，还当场杀死了葛逻禄人名义上的领袖比古汗。之所以说是名义上的领袖，因为此人只是傀儡，实际权力都掌握在他手下那群伯克手里。

葛逻禄人因此遭受重创，艾亚尔伯克、拉钦伯克等人保护着比古汗的儿子们仓皇逃出河中地区。可他们该到哪里去呢？再去请求西辽的支援吗？那是不可能的。西喀喇汗国现在是西辽的附庸，只要没有违逆菊儿汗的意志，没有想要摆脱西辽的控制，国内再怎么闹，夷列肯定是不会管的。这伙人想来想去，周边最大的、可以依靠的势力除了西辽就只有花剌子模了，不如逃到花剌子模去吧。

花剌子模这些年可真是“抖了”起来，虽说名义上臣服于虎思斡耳朵，还得年年缴税，但终究“天高皇帝远”，它和西辽中间还隔了一个西喀喇汗国，菊儿汗根本就管不到那么遥远的地方，任由他们胡作非为。尤其是西辽的几个附庸国，高昌回鹘周边是吐蕃、西夏和金朝，没什么地方好发展，东喀喇汗国邻着吐蕃，西喀喇汗国邻着花剌子模，也都受到同样的局限，只有花剌子模向西、向南一望，大片混沌，可以浑水摸鱼。

花剌子模第二代沙阿即思原本的理想不过是谋求独立，可是桑贾尔在卡特万吃了大败仗以后，他就改变策略，转守为攻，开始有计划地蚕食塞尔柱帝国的领土。在向西辽表示臣服，糊弄走了额儿布思以后，阿即思立刻就发兵杀入呼罗珊，攻陷了塞尔柱的首都谋夫，杀死和掳走了一些当地的宗教学者，还把桑贾尔的国库抢掠一空。1142 年春天，阿即思再度攻入呼罗珊，拿下了历史名城你沙不儿（今伊朗呼罗珊省内沙布尔）。

可是终究瘦死的骆驼比马大，桑贾尔逐渐在呼罗珊站稳了脚跟，恢复了统治，就于1143年四月发起反攻。估计因为耶律大石的去世，西辽暂时没有精力前去救援，阿即思吃了败仗，被迫再次向桑贾尔表示臣服，还把前两年抢到的财宝全都还了回去——当然，他也并没有放弃和西辽的隶属关系。

如此狡猾多诈而又反复无常的花剌子模沙阿即思，终于在西辽和塞尔柱两大强国的夹缝里苦熬到了1156年，见到了来自西方的曙光。那一年苏丹桑贾尔被古斯人所擒，阿即思立刻抓住这个大好机会，率军进攻塞尔柱辖区内的阿模里（在阿姆河南岸，即今天的土库曼纳巴德）。阿模里守军进行了顽强的抵抗，阿即思发现难以攻克，就写信给桑贾尔，表示效忠和勤王，并请求把这座城堡赏赐给自己。但是桑贾尔回复说："我们不对人吝惜该堡，但先遣你的儿子伊勒·阿儿斯兰率师来救援我们，然后我们将把阿模里堡和成倍的城堡赏赐给你。"

阿即思当然不是真心想要救援桑贾尔，一看拿不下阿模里堡，干脆就收兵回去了。此后不久，在谋夫登上塞尔柱大君之位的马合木主动写信请求花剌子模的救援，阿即思受邀前往呼罗珊，但在途中病倒，且再也爬不起来了。

阿即思的长子伊勒·阿儿斯兰此时镇守在外，听到老爹的死讯，立刻领兵归国，囚禁了打算篡位的兄弟苏莱曼沙，继位成为这一系的第三代花剌子模沙。这个时候，在花剌子模的西方，塞尔柱再难重兴，呼罗珊也乱成一锅粥，在其南方，伽色尼朝日薄西山。

伊勒趁机大肆扩充地盘，实力得到了很大的增强——这个小小的花剌子模，即将成为西辽帝国最强大的敌人。

葛逻禄问题

1156年在中亚细亚历史上发生过三件大事，分别是桑贾尔的被擒、阿即思的去世和伊勒的继位，以及咱们前面提到过的饥饿草原之战。饥饿草原之战后不久，西喀喇汗国新汗阿里·本·哈桑对境内葛逻禄人发动了全面反攻，于是，葛逻禄贵族们就凄凄惶惶逃往花剌子模，去投奔花剌子模的新沙伊勒。

花剌子模从阿即思开始，就对富庶的河中地区垂涎三尺，这回可算是逮着机会了。拉钦伯克等人跑来跪在阶下哭诉，说："阿里汗杀死了古尔汗，还打算对其他葛逻禄首领动手。"伊勒高兴得一拍大腿，机会终于来了，于是他就以保护葛逻禄人为借口，悍然发兵进攻河中地区。

1158年七月，花剌子模军以流亡葛逻禄人为先锋，进入西喀喇汗国境内，攻陷了名城蒲华。恰克雷汗阿里一方面把境内的土库曼人召集起来，协助防守首都萨末鞬，一方面急忙派遣使者去向菊儿汗夷列求救。

饥饿草原之战的时候，伊卜拉欣三世没有想到去向宗主国求援，大概他根本就没把那些葛逻禄人放在眼里，没想到一次托大，竟然导致兵败被杀的凄惨命运。恰克雷汗阿里不像他前任那么无谋和大意，并且他此刻所面对的不是国内的反叛势力，而根本是一支庞大的外国军队——花剌子模这两年势力膨胀很快，遥远的虎思斡耳朵或许不大清楚，他阿里可是看得明明白白。

使者一路快马来到虎思斡耳朵，跪在菊儿汗夷列驾前哭诉，请求发兵救援，这回夷列再不能无动于衷，听之任之了。对于附庸国内的事务，也不知道他是昏庸呀还是秉持着粗放原则，一般情况下懒得多管，可是求救信正式递到，如果再置之不理，那可是会丧尽人心的呀，那自己还能期望各路藩属的忠诚吗？

然而夷列深晓“以夷制夷”的道理，自己不亲自动手，却下诏给东喀喇汗国的“伊利克－伊·土库曼”（也就是原本的东喀喇汗国阿儿斯兰汗）伊卜拉欣·本·阿合木要他出兵相助。那位土库曼王接到诏书，不敢怠慢，急忙点了一万精兵，亲自率领，浩浩荡荡向西进发。

伊勒在蒲华停留了一段时间，稳定局势，向居民们许下种种诺言，请他们支持自己，然后才东向逼近萨末鞬。阿里沉着应战，双方隔着泽拉夫尚河列阵，小小打了几仗，互有胜负。就在这个时候，土库曼王终于领兵赶到了，阿里请他立刻配合进攻敌军，然而对方却一个劲儿地摇头。

那位土库曼王登高一望，只见花剌子模军武器精良、士气高昂，实在是一支劲旅。土库曼王一想，我这趟来是为的什么呀？就算打赢和赶走了花剌子模人，也不过就赢得阿里一声感谢和菊儿汗一声称赞而已，损伤自己的军队，结果恐怕什么也捞不着。这样的仗，不打也罢。

于是土库曼王煽动萨末鞬城里的宗教学者们起来反对战争，说大家都是真主的信徒，不应该自相残杀。阿里抵抗不住这种舆论压力，只好央告宗教学者们去花剌子模军中求和。伊勒一看对方援兵到了，想起西辽帝国辽阔万里，附庸众多，就算自己打赢这一仗，敌人增援源源不断地开到，也总有扛不下去的时候，于是就同意了和谈。

和谈的结果，花剌子模立刻撤兵，阿里则恢复葛逻禄各位首领原本在西喀喇汗国中的职务。

花剌子模和西喀喇汗国之间的这场战争，并没能从根本上解决葛逻禄人的问题，只是把矛盾借着和约暂时压制下去而已，可以预见的，时间一长还得出乱子。不过菊儿汗夷列是看不到事情的结局了，他仅仅在位 20 年，也就是说亲政才 13 年就去世了，估计死的时候不会超过 40 岁。

西辽仁宗夷列年纪轻轻的就驾崩了，他起码有两个儿子，但是年龄还小，无法亲自主政，按照规矩，还是皇后权国。然而或许因为皇后已经去世，或许因为皇后太没有政治才能，夷列破天荒地把政权移交给了自己的妹妹——耶律普速完。

普速完是耶律大石和萧塔不烟的女儿，为了拉拢开国的第一功臣、六院司大王萧斡里剌，大石（或者塔不烟）把她嫁给萧斡里剌的长子萧朵鲁不为妻。大概因为普速完和她母亲一样，都很有政治头脑，身后又有强大的萧氏家族支持，所以夷列才会请妹妹代自己的儿子执掌朝纲吧。

这倒有点像武则天的女儿太平公主了。然而太平公主虽然对朝政有很大的影响力，终究没有亲自主过政，普速完则不同，她登上摄政宝座，改元为崇福，自己给自己冠上“承天太后”的尊号——大概意思是继承自己母亲感天皇太后的事业——中国五千年的古代史，公主摄政的，就只有她一个而已，空前绝后。

承天太后普速完和她哥哥夷列不同，行动力和决断力都超强，对于附庸国内事务绝不肯粗放管理。她执政时期有记载的历史事件，比老哥和老娘两代加起来还要多，为什么呢？因为她想要彻底消除前两代遗留下来的隐患，并且不是有事把事情按下去，而是没事也要惹事，先激化矛盾，再解决矛盾。

普速完上位以后有记载的第一件事，就是收拾河中地区的最大不稳定因素——葛逻禄人。1164 年才刚掌握政权，她就下诏给西喀喇汗国的新君主马苏德二世，要他把蒲华和萨末鞬两地的葛逻禄人迁往喀什噶尔地区。

这些西部葛逻禄人长期以来充当西喀喇汗国的边防军，贵族们都是军事将领，可是根据普速完的命令，他们不许携带武器上路，到了喀什噶尔以后，全都得转行务农。马苏德接到诏书，大喜过望，自己一直头大的葛逻禄人即将被赶走，那位菊儿汗宝座上的女人真是太英明了！于是他立刻一板一眼地执行命令——理所当然地，引发了葛逻禄人的大暴动。

西部葛逻禄人已经在河中地区生活了好几代，不是你说让他们走，他们立刻就肯搬走的，况且他们大多数是战士，突然要他们放下武器，改行务农，谁都会心里哆嗦——我能够靠耕地养活自己吗？本来这些葛逻禄人就已经对普速完的命令有所不满了，马苏德再来个公报私仇，严格执行命令，毫不通融，葛逻禄人当然会拿起武器来反抗。

葛逻禄人在他们的多位伯克领导下，聚集起来向蒲华进军。此时蒲华的城市长官名叫摩诃末・伊本・奥马尔，这人很有头脑，他一方面派遣快马去萨末鞬告急，一方面派人和造反的葛逻禄人交涉。据说使者这样对葛逻禄人的首领说：“要知道，当昨天异教徒（指契丹人）通过这个国家的时候，他们放弃了抢掠和屠杀；而你们是穆斯林战士，把手伸向别人的财产和鲜血，那是卑鄙的。我将向你们缴付足够你们需要的钱，只要你们放弃抢掠和袭击。”

对方既然这样低姿态地前来恳求，还愿意缴纳保护全城百姓身家性命的赎金，葛逻禄首领们也不便断然拒绝，于是张口开出天价。使者回去禀报，摩诃末・伊本・奥马尔就地还钱——就这样使者在两边来回跑，争取到了宝贵的时间。马苏德二世趁机秘密发兵前来，从背后突袭葛逻禄叛军。葛逻禄人大败，一部分依循前例逃去花剌子模境内，大部分则被缴下武器，押送去了喀什噶尔。就这样，在普速完雷厉风行的指令下，在摩诃末・伊本・奥马尔的策划下，在马苏德二世的奇袭下，终于圆满地解决了河中的葛逻禄人这个老大难问题。

下一步，就该收拾胆敢收留葛逻禄人，还曾一度侵入河中地区的花剌子模了。

阿即思仿佛脑后有反骨似的，一辈子都在和塞尔柱苏丹桑贾尔作战，希图摆脱塞尔柱人的控制，但他始终不敢对西辽说半个不字。等到伊勒时代，来自西方塞尔柱的威胁逐渐土崩瓦解，1162年，原西喀喇汗国的桃花石汗也是后来塞尔柱的大君马合木遭到部下穆阿夷·爱阿巴的劫持，被刺瞎双目囚禁了起来。伊勒趁机发兵呼罗珊，逼迫实际掌握政权的爱阿巴低头求和。

既然西方的压力解除了，这位比他老爹更野心勃勃的花剌子模沙就开始把目光瞄向东方，借口葛逻禄人问题没能得到圆满解决，拒绝再向虎思斡耳朵缴纳贡赋。

或许伊勒有点看不起普速完吧，菊儿汗夷列已经去世了，他的继承人还很年幼，一个女人盘踞在虎思斡耳朵的宝座上，又能有什么作为呢？然而伊勒料想不到，这位承天太后的性格可比她去世的哥哥要火爆得多，况且此时西辽的军事实力又有很大增强，于是1170年，一支数量惊人的大军离开虎思斡耳朵，浩浩荡荡向西进发，前去讨伐“不服王化”的花剌子模。

普速完这次征伐，得到了和花剌子模有仇的西喀喇汗国的大力支持，马苏德二世也急忙领兵前去会合。花剌子模沙伊勒点兵迎战，还按照老规矩，让流亡的葛逻禄人当先锋，这支葛逻禄人的统帅正是曾在饥饿草原会战中取得过大胜的艾亚尔伯克。

艾亚尔伯克在阿模里构筑防线，想要挡住西辽和西喀喇汗国的联军，等待花剌子模大军前来会合。然而众寡之势实在太过悬殊，大军一到，寸草不留，艾亚尔伯克兵败做了俘虏。这个时候伊勒还在半道上，听到消息，又惊又恐，突然就从马背上摔下来，病倒了。于是他急忙派人前去西辽军前求和，自己退兵回归花剌子模。

史料上并没有记载和谈的结果，大概是伊勒对自己此前的行为表示道歉，答应按时缴纳贡赋吧，普速完知道一口吃不下花剌子模，也就不再紧逼，诏令大军班师。然而受此屈辱和惊吓，伊勒的病势越发沉重，当年 8 月 8 日终于咽了气。

这就是比老爹还胆大，敢和西辽开战的下场。

铁腕太后

花剌子模伊勒共有两个儿子，长子特克什，次子苏丹沙（音译，不是苏丹 + 沙）。伊勒自己在登上沙的宝座前曾被封在名城毡的（今哈萨克斯坦克孜勒奥尔达东南方），花剌子模对这个城市非常重视，所以他在继位以后，也命令特克什镇守毡的。因为老爹死得突然，特克什还没来得及回去奔丧，就得到消息，小兄弟苏丹沙已经登上王位了。

特克什闻报又惊又怒。原来两兄弟不是一个娘生的，苏丹沙的母亲图尔罕王后是个很有权力欲的女人，一心想把自己的儿子扶上宝座，自己也好“垂帘听政”。因为就在花剌子模本土，所以伊勒一死，这母子俩就近水楼台先得月，还下诏召特克什前去觐见。

特克什知道自己不能回去，这一去就等于承认了弟弟苏丹沙的国主地位，同时还很可能一去不复返，遭到后母的囚禁或者谋害。可是以毡的一城之力，还无法与夺位者相对抗，于是他一面敷衍，一面积聚力量，打算找机会起兵，夺回本该属于自己的权力。

图尔罕王后一看特克什不肯应召前来，一不做，二不休，立刻发兵讨伐。特克什不敢抵挡，匆忙逃出毡的，骑快马跑到虎思斡耳朵，去向承天太后普速完请求庇护。特克什在承天太后的驾前，又是哀告，又是抹眼泪，说花剌子模的王位本该是他的，后母、兄弟篡位不说，还打算把他连根铲除，请宗主国主持公道。

为了能够说动普速完，特克什还承诺说："如果我能得回我的王国，必将花剌子模的所有财富都进献给太后，并且年年进贡，岁岁来朝。"

普速完一听，这倒不错，通过拥立一位新的花剌子模沙，可以把这个素有离心倾向的王国重新拉回正道上来，何乐而不为呢？根据志费尼所记载，普速完派遣驸马率领一支为数众多的军队陪同特克什前往花剌子模，图尔罕、苏丹沙母子被大军吓破了胆，丢弃王位，逃到呼罗珊去了。

所谓驸马，指普速完的丈夫萧朵鲁不，志费尼曾经记载道："（特克什）投奔喀喇契丹诸汗之汗的女儿，她在那时自己拥有汗的称号，朝政由她的丈夫驸马处理。"可见萧朵鲁不当时在西辽政权中拥有一人之下、万人之上的重要权柄。

1172 年 12 月 11 日，特克什在西辽大军的护卫下进入花剌子模，登上王位。他履行了自己的承诺，极其恭敬地招待了驸马萧朵鲁不，送他归国，然后派遣使者去虎思斡耳朵称臣，虽然没有献上所有的财富，此后倒也确实连续进贡了好几年，不敢再有丝毫拖欠。

虽然有西辽在背后支持特克什，但花剌子模的内乱并没有就此平息。图尔罕、苏丹沙母子在逃出花剌子模以后，跑去呼罗珊向穆阿夷·爱阿巴，也就是刺瞎苏丹马合木双眼的那家伙求救。图尔罕临走时带走了国库里的大量财宝，此时全都进献给爱阿巴，并且承诺说只要爱阿巴帮助他们母子复国，她就“把花剌子模国土及其整个疆域奉献给他”。

在图尔罕的花言巧语游说之下，爱阿巴错误地认为花剌子模的贵族和百姓都在感情上倾向于她的儿子苏丹沙，只要自己协助出兵，夺回政权不费吹灰之力。于是 1174 年七月，爱阿巴搜集被前花剌子模沙伊勒打残的兵马，保护着图尔罕母子向东方进发，结果他所在的前军遭到特克什突袭，几乎全军覆没。爱阿巴自己也做了俘虏，于 7 月 11 日被斩杀于花剌子模沙的大帐之前。

图尔罕母子倒是侥幸跑掉了，逃往的希思丹（今土库曼斯坦东南境，阿特拉克河以北，里海东岸）。特克什紧随而至，的希思丹人开城投降，并且献出了图尔罕王后。特克什处死庶母以后就回国了，这次战争仍未能捉住他同父异母的兄弟苏丹沙。苏丹沙先是逃回呼罗珊，依附爱阿巴的儿子脱欢沙，继而又跑去投靠古尔王朝，仍旧和老哥作对。

外敌暂时清除，特克什开始把目光移向国内，据说“他实现了花剌子模秩序的恢复，国政井然有序”。与此同时，“契丹的使者们往来不绝，而他们的征索和需求难以容忍，尤有甚者，他们不守礼节”。特克什和协助他上台的宗主国西辽之间，只维持了很短的一段蜜月期，双方的关系很快就产生了裂痕。

为什么会发生这种情况呢？照理说耶律大石所规定的对附庸国的管理制度是很开明、很得人心的，教育程度普遍很高的契丹使者更不会“不守礼节”。包括花剌子模在内的各附庸国，西辽并不在其境内派驻军队，只是偶尔派遣一支小部队“巡边”而已。如前所述的西喀喇汗国和葛逻禄人之事，要等附庸国主动提出要求，西辽才会调动军队前去协助平叛。

一般情况下，西辽只会发给附庸国或者附庸部族首领一面银牌，就如同中原王朝习惯派发的金印一般，同时派遣一两名官员常驻或定期巡视该国、该部族，主要任务是监察情况和收取贡赋。这种官员名叫“沙黑纳”，某些历史著作中将其翻译为“总督”，是不确切的，因为沙黑纳的权限非常小，比起惯常所谓的“总督”来差得十万八千里。西辽本身套用了一个汉名来称呼这种官员，即为“少监”。

志费尼在《世界征服者史》中这样描述西辽对河中地区的统治：“当喀喇契丹的诸汗控制了河中时，算端（苏丹之异译）乌思蛮（指西喀喇汗国后期的一位君主奥斯曼）也受菊儿汗的统治，服从他的敕旨和禁令。菊儿汗让他继续拥有河中的国土，没有把他从那里撵走，满足于征收一小笔年贡和把一名沙黑纳派驻在他那里。算端乌思蛮过着安适和快乐的生活，每当朝见菊儿汗时，总受到尊崇礼敬的接待。”

在这种情况下，似乎花剌子模只要恪守臣道，甘心尊奉西辽为他的宗主国，特克什就没有理由对虎思斡耳朵政权产生任何不满。

可惜，制度是由人来定的，也终究会被人本身来加以破坏。从耶律大石派额儿布思征服花剌子模，直到特克什被扶上宝座，已经整整三十年过去了，原本完善的制度逐渐走向崩溃。从虎思斡耳朵方面来说，承天太后普速完虽然雄心铁腕，却很可能是一个生活奢靡的人，她基本上没有参与过父母艰苦奋斗、开疆拓土的战争，政治经验也略显不足。她因为扶助特克什上台，自以为有恩于花剌子模，从而在额定的年贡外还想多索取一些财物，也是可以想见的事情。

尤其特克什当初来求救的时候，那话可是说得太满了，竟然许诺“将花剌子模的所有财富都进献给太后”，普速完心想，我不要你所有财富，就比制度规定的多要一点点，你还有什么不满吗？

而从特克什方面来说，他在登上花剌子模沙的宝座以后，却目瞪口呆地面对着一个空空如也的国库——图尔罕母子不是把财物都劫到呼罗珊，献给了穆阿夷·爱阿巴了吗？特克什很可能连缴纳本年应该献给西辽的贡赋都捉襟见肘了，更别提还得父债子还，支付老爹伊勒在世时拖欠的那些钱，在这种情况下，普速完还多次派遣使者前来要求额外的财物，两国之间的关系就此产生了裂痕。特克什一怒之下，甚至把一名前来催款的契丹官员给处死了。

这一外交事件并没有立刻引发两国间新的战争，按照志费尼所说的，只是“特克什和契丹人相互谩骂”而已，但躲在古尔朝的苏丹沙听说了这个消息却大喜过望，于是1177年前后派人前往虎思斡耳朵去游说。此时普速完正在愤恨特克什简直是狼子野心——我帮了你那么大忙，你还敢斩杀我派去的使者——转头听人说苏丹沙还活着，就不禁起了再度废立之心，派人去召苏丹沙前来觐见。

苏丹沙来到虎思斡耳朵以后，又搬出他老娘欺骗穆阿夷·爱阿巴那一套，指天发咒地保证花剌子模的百姓和军队都拥戴自己，只要西辽肯发兵相助，老哥特克什除了逃跑以外，没有第二条道路可走。普速完也上了当，再度任命丈夫萧朵鲁不为统帅，率领一支大军前去护送苏丹沙归国。

特克什听到这个消息，吓了个半死，但他并没有如苏丹沙所说的落荒而逃，因为此时他在花剌子模国内已经站稳了脚跟，得到了贵族、百姓和军队的拥护。当然，即便如此，想要和西辽大军相对抗，也是很不现实的，于是特克什掘开阿姆河水，淹没附近道路，打算一方面迟滞西辽大军的进攻，一方面尽量巩固城防。

西辽大军在开入花剌子模境内以后，沿途所见，老百姓并没有“箪食壶浆以迎王师”，苏丹沙在这里并不受欢迎，萧朵鲁不多少有点后悔。正在这个时候，突然听说阿姆河水淹没了道路，使得前进之途茫茫有如汪洋，于是就打算下令退兵。

苏丹沙听说这个消息以后，实在是吓坏了——难道自己就这样再跟着西辽大军回虎思斡耳朵去吗？那“欺君之罪”的帽子一扣下来，自己小命铁定就完了呀。他左思右想，突然心生一条妙计，就去对萧朵鲁不说：“大军征伐，未经一战，未得寸土，回去怎么向太后交代呢？不如驸马退兵回去，给我一支偏师，去夺下一两座城池，也可避免太后的雷霆之怒。”

萧朵鲁不和老婆普速完一样，耳根子也有点软，竟然听信了苏丹沙的谎言，分派一支小部队给他，让他前去进攻古斯人占据的撒拉哈夕（在呼罗珊东北部，具体位置不详）城。苏丹沙快速进军，猛攻撒拉哈夕，守将灭里·的那吃了败仗，被迫龟缩回城堡里再也不敢露头。一看此城仓促难下，苏丹沙就转道攻克了名城马鲁（今土库曼斯坦马雷市），收编了当地的军队，并且把跟随他前来的西辽军队遣散回国。

就以这座马鲁城为根据地，苏丹沙逐步对外扩展，麾下很快就膨胀到一万多人，终于在1181年前后控制了大半个呼罗珊地区——此乃后话。

西辽驸马萧朵鲁不第二次进攻花剌子模虽说无功而返，但花剌子模沙特克什经此一吓，只得再次放低身段，向虎思斡耳朵表示服从。承天太后普速完重新控制了花剌子模，加大了对西方的统治力度，但与此同时，西辽在东境的控制却逐渐走到了尽头。

这里所说的东境，是指西辽帝国东北部的可敦城周边地区，以及部分谦谦州。前面说过，粘拔恩部的酋长撒里雅、寅特斯率领康里酋长孛古等三万多人脱离西辽的掌控，投奔了金朝，即所谓“乞求缴纳从前大石所赐的金牌、印章，接受朝廷（金朝）的金牌和印章”——时间是在1175年，也就是特克什成为花剌子模沙的三年之后。从此西辽的东北境不再包括谦谦州，而后退到阿尔泰山一线。

西辽帝国的直辖领土原本像是一个两头大、中间细的哑铃，两头大就是东面的可敦城和西面的七河流域，而中间细就是阿尔泰山以北、谦谦州地区的狭长走廊。谦谦州的丢失，自然使得可敦城周边地区成为远隔在外的孤岛。女真人早就对可敦城觊觎已久，所谓“卧榻之侧，岂容他人酣睡”？远在数千里外的“大石”还则罢了（况且隔在中间的高昌回鹘还两头受封，谁都不得罪），可敦城就在帝国西北边境上，真要出点什么事情，他们和西夏勾结起来，麻烦可就大了。因此经过外交和军事两方面的手段，最终金朝吞并了可敦城。

可敦城，这座耶律大石赖以起家的根据地，终于无可挽回地落到了宿敌女真人手中，不知道大石在天有灵，会做何种感想？他会认为拿西方的花剌子模交换东方的可敦城，是一笔好买卖吗？这支仅存的独立的契丹民族，距离故乡越来越远了……可敦城丢失的具体时间，史料并无所载，但估计应该在谦谦州粘拔恩部降金以后，也即1175年以后不久，金朝进而也基本完成了对整个蒙古草原各部的控制——可惜，时间并不算长，因为就在这个七十年代的末期，草原上一位落魄贵族迈入了他的青春期，此人就叫作铁木真。

政变和迷局

公元 1178 年，铁木真 16 岁了，在伟大的西辽帝国中，承天太后普速完迎来了她所统治的第 15 个年头，也就是崇福十五年。同样冠以太后之名高踞西辽王座上的她的母亲，也只统治了 7 年而已，还不及女儿的一半。可以想见，即便仁宗夷列去世的时候，他的儿子尚在襁褓之中，此时也接近成年了，过不了多久，以姑母身份摄政的普速完就要彻底交出政权，退居幕后了。况且，根据穆斯林史料的记载，夷列起码有两个儿子，而继任菊儿汗的乃是次子。

从感天皇太后塔不烟到夷列，政权是和平移交的，而从普速完到下一任菊儿汗，问题却并没那么简单。《世界征服者史》把西辽皇族世系搞得一团糟，按照书中的说法："菊儿汗（耶律大石）不久后死了，他的妻子阔阳作为他的继承人登上宝座，开始颁发敕旨，百姓都服从她。后来她因为淫乱，和跟她通奸的人一起被处死。还活着的菊儿汗两兄弟之一被选择来继承他。"

这段混乱的话把三代人变成了一代人，似乎耶律大石去世后由皇后塔不烟摄政，然后塔不烟被杀，皇位落到了大石的兄弟手中。任何史料记载中都没有记述塔不烟是何时因何而死的，更没有提到大石还有兄弟。

事实上，"阔阳"很可能是汉语"国王"的蒙古语转音，她并非指感天皇太后塔不烟，而是指承天太后普速完，“活着的菊儿汗两兄弟”也不是指大石的兄弟，而是她的孙子们。

根据《辽史》记载，普速完勾搭上了丈夫萧朵鲁不的兄弟萧朴古只沙里，把萧朵鲁不赶出政权核心，封为东平王，不久后还罗织罪名，把丈夫给害死了。萧朵鲁不的父亲萧斡里剌率兵包围普速完的宫殿，射死了普速完和小儿子萧朴古只沙里。

虽只寥寥数语，言之不详，但比照《世界征服者史》，我们可以相信《辽史》的记述是基本正确的，普速完确实因通奸被杀，而杀她的人正是她的公公、西辽开国重臣萧斡里剌。前面说过，萧斡里剌的身影最早在耶律大石称帝的时候就出现了，被委以重任，封为六院司大王，也就是南院大王，这个职位相当于汉族政权的户部尚书，或者更高一些。但萧斡里剌并不是一个文臣，大石发兵东征，希望恢复故土的时候，他任命萧斡里剌为统帅，在卡特万大战的时候，更委以节制左翼的重责大任。在其他很多西辽开国重臣资料缺失的前提下，我们甚至可以猜测萧斡里剌很可能是大石麾下的第二或第三号人物（有可能第二号人物是留守可敦城的那位耶律佛顶，萧斡里剌排在第三）。

正因为如此，所以大石或者他的妻子塔不烟才会把女儿普速完嫁给萧斡里剌的长子萧朵鲁不，借以拉近两家的关系。而进一步成为皇亲的萧斡里剌，无疑威望和权柄有更大幅度的增长，成为西辽政权的真正第一重臣。普速完掌权以后，根据穆斯林史料的记载，“朝政由她的丈夫驸马处理”，萧朵鲁不很可能和普速完共同执政，就好像契丹辽朝历史上经常出现的皇帝、皇后并肩坐朝一般，萧氏的权柄之重一时无两。

普速完勾搭上了丈夫的兄弟萧朴古只沙里，很可能想要和丈夫离婚，改嫁给小叔子，但基于夫妻双方的身份，家庭矛盾转化为政治冲突。普速完罗织罪名，赶走并进而杀死了自己的丈夫，因此引起公公萧斡里剌的不满，发动军事政变，也是顺理成章之事。

虽然按照耶律大石所设定的制度，贵族没有封地，将领也不专兵，得逢有战事，才由朝廷给统兵大将调发军队，但以萧斡里剌的威望，或许再加上普速完杀害丈夫等行为的不得人心，老头子是很有可能召集部分军队跟随他铤而走险的。铁腕女主普速完就这样死在了自己公公的箭下，而萧朴古只沙里也被当成杀害长兄的同谋，被自己老爹一箭给射死了。

既然权国的女主普速完在政变中丧了性命，仁宗夷列的儿子、曾经年幼的菊儿汗就应该从幕后走向台前，亲自执政，或者在重臣萧斡里剌的挟持下假装亲政了。根据《辽史》所载，是夷列的次子直鲁古继承了皇位。

前面论证过，按照中原王朝的传统，以及基本政治制度都沿袭中原王朝的西辽的传统，是没有女人当皇帝或者当菊儿汗的。中国历史上，被记载在帝王世系中的只有五个女人，即篡唐的大周皇帝武则天，西辽的塔不烟、普速完，以及蒙古的乃马真后和海迷失后。除了武则天确曾戴上皇冠以外，另外四个都不是真正意义上的一国之君，乃马真后和海迷失后也都是在大汗尚未被选举出来之前暂时执政而已。

普速完和她的母亲塔不烟一样，只是权国摄政，她高踞宝座的时候，真正的菊儿汗应该是她的侄子——夷列的儿子。那么，此后亲政的是夷列次子，他的长子哪里去了呢？

《辽史》中对此并无记述，但在《世界征服者史》中，志费尼却写道："还活着的菊儿汗两兄弟之一被选择来继承他（这个'他'，原意是指耶律大石）。另一个兄弟企图篡国，因此给除掉。前一个兄弟逐渐强大，委任官吏，并把沙黑纳派到各地去。"

按照这段记载，在普速完被杀以后，西辽帝国内部还发生过一场兄弟相争，夷列的两个儿子争当菊儿汗，结果其中一个获得胜利，杀死了另外一个，登上宝座——也就是说，身为次子的直鲁古杀死了姓名已经湮灭不可考的长兄，成为西辽新的皇帝。

然而，如果说在普速完执政的时候，她眼前还有一个挂名不掌权的菊儿汗，为什么这个菊儿汗会是做弟弟的直鲁古，而不是他的长兄呢？如果直鲁古已经当了十多年有名无实的菊儿汗，他的长兄又有什么机会起来造反呢？

让我们来猜测一下，历史的真相会不会是这样的——夷列遗命自己的长子继位，因为长子年龄尚幼，就请妹妹普速完权国当政。普速完当政的第 15 年，萧斡里剌突然发动政变，将这个儿媳妇杀死，同时废掉当时的菊儿汗，拥立直鲁古为新的菊儿汗。如果真相确是如此，那么直鲁古就不是西辽第三任皇帝，而是第四任，在他前面还有一个在位 14 年，却连名字都被人遗忘了的哥哥。

当然，还有可能是直鲁古趁着宫廷政变之机夺权篡位，说不定他打着为姑母报仇的旗号消灭了萧斡里剌的势力，因为萧斡里剌的身影从此也从历史上消失了，谁都不知道他是哪年死的，因何而死的。反过来说，也存在着第三种可能性，与此正好相反，即夷列因为种种原因让次子直鲁古继位，但在萧氏发动政变以后，国中大乱，他的长兄想要趁机夺权，最后却被捏掉了。

因为史料实在过于简略，上述任何一种可能性都能够自圆其说，但在没有新的、靠谱的史料的支持下，也都是无法作为定论的。西辽政权这一次非正常的政权交替，恐怕会湮灭在漫漫黄沙之中，就如同直鲁古长兄的名字一样，将永远不为后人所知吧。

西辽崇福十五年（1178 年），重臣萧斡里剌发动政变，杀死了权国的承天太后普速完。其间还经过了什么风波和坎坷，无人得知，只知道在同一年内，仁宗夷列的次子耶律直鲁古继承皇位（或者是亲政），并于第二年改元天禧。

耶律大石去世以后，包括塔不烟、夷列在内，执政时间都并不算长，就连最长的普速完也不过短短 15 年而已，执掌国政的君主或者君主代理说不上更替频繁，却也都没有超过 15 年，这就使得政策反复转变，王朝无法进入一段稳定、平和的大发展时期，换言之，达不到一个享国长久的王朝所必然在第二或第三代达到的极盛期。这大概也就注定了西辽帝国存在的年数会相当有限吧。

直鲁古在位时间倒是颇长，可惜在他执政的时代，帝国已经开始走下坡路了。在东方，可敦城和谦谦州已经失去，在西方，花剌子模的崛起也极大规模地压缩了帝国的统治疆域，同时封闭了对外扩张的可能性。

因为史料的缺失，直鲁古在位前二十年，几乎无事可说，至于这位菊儿汗是贤明还是昏庸，是勤政还是疏懒，是俭朴还是奢侈，也都无从考究——虽然他此后的表现实在不怎么样，但人也是有可能逐渐改变的。而这二十年的时间里，倒是特克什所领导的花剌子模国大发展的时期，它逐渐从西辽附庸中疆域最狭小、实力最薄弱的一个国家，跃升成为中亚细亚首屈一指的大国。虽然直到特克什于 1200 年去世，花剌子模始终没有和西辽彻底撕破脸，绝大多数时间一直服从于西辽松散的统治，按时缴纳贡赋，但事实上他已经可以算是和西辽、古尔王朝鼎足而立、三分中亚了。

特克什在 1177 年前后掘开阿姆河，放水堵住了萧朵鲁不统率的西辽讨伐大军，渡过了他人生中最后一次危机，随即就腾出手来，专心对付他的兄弟苏丹沙。

1187 年年初，特克什率领大军进入呼罗珊，苏丹沙趁机杀向花剌子模，想要夺回故土。但以特克什之能，是不会故意空出后方来让兄弟有机可乘的，花剌子模各城防守严密。苏丹沙一看情况不妙，只得仓促退兵，然后把大军驻扎在阿模里，自己仅带着五十名战士突破特克什的军队，冲入被重重包围的马鲁城——这小子倒是足够勇敢。

特克什一看兄弟已经归来，知道硬磕硬碰，自己也没有好果子吃，于是被迫撤除了包围。就这样，兄弟两个不停地在呼罗珊地区交兵对战，打到 1189 年，因为花剌子模军节节胜利，攻取了你沙不儿地区，苏丹沙被迫求和，和跟他争斗多年的长兄缔结了和约。这一年的 7 月 24 日，花剌子模沙特克什扔掉了“沙”的头衔，自称为“苏丹”——因为这个时候，原本呼罗珊和波斯的统治者塞尔柱大君已经不复存在了，西方各塞尔柱小国的君主纷纷自称苏丹，花剌子模实际控制区域比他们都大，干吗不称苏丹呢？

西辽帝国对此似乎也并没有表示反对，或许在他们看来，作为伊斯兰世界的世俗君主“苏丹”，本就该屈居于众汗之汗的菊儿汗之下，对于并不信仰伊斯兰教的耶律直鲁古和他的朝臣们来说，苏丹称号根本一文不值。但他们没有料到，这个称号却极大地提升了特克什的威信，以及他在伊斯兰世界中的发言权。

苏丹沙在和长兄缔结和约并且被迫承认特克什苏丹的头衔之后，转向西南，开始和古尔王朝恶战不休。因为战事进展并不顺利，他厚着脸皮向特克什提出种种要求，索取财物和军事支援，搞得特克什头疼脑热的。终于，特克什再也无法忍受这个毫不懂事的兄弟了，1190 年，他撕毁协议，发兵进攻苏丹沙。不久后，兄弟两人再度谈和，并且一直延续到 1193 年。

这个时候，苏丹特克什的领地已经极大扩展，不仅包括花剌子模本土，还包括了大半个呼罗珊地区，甚至连很多波斯王公也向他表示臣服，他的威名远扬于西方世界——对于这种情况，宗主国西辽竟然不闻不问，也真是件奇怪的事情。就在他和兄弟苏丹沙二次缔结和约后不久，突然有一位使者来到花剌子模，为他敞开了向西攻伐的大门。

帝国袍服上的绣花

派遣使者前来向苏丹特克什请求支援的，乃是阿塞拜疆的领主忽都鲁亦难赤，他因遭到伊剌克（指波斯伊剌克，即今天的伊朗中西部地区，以伊斯法罕省为其中心）的塞尔柱苏丹图格里尔的进攻，希望特克什能够出兵相助。于是特克什亲率花剌子模大军西征，击败了图格里尔，迫其臣服。正当此时，突然听闻那个不安生的兄弟苏丹沙再度去进攻花剌子模，于是他急速回师。因为部将的反叛，苏丹沙的领土瞬间就全部落到了特克什手中。1193 年 9 月 22 日，苏丹沙死掉了——史料并无记载是病死、被杀还是自杀，崛起于花剌子模的那个新苏丹王朝就此控制了整个呼罗珊地区。

城下之盟终究是难以持久的，不管是对于苏丹沙来说，还是对于图格里尔来说都是如此。特克什前脚才离开伊剌克，图格里尔立刻就举起了反旗，迫使特克什于 1195 年前后发动了第二次西征。双方摆开阵势，在剌夷（今伊朗首都德黑兰附近）城下打了一场大仗。据说图格里尔在混战中跌落马下，无巧不巧，老仇人忽都鲁亦难赤挥舞着铁锤冲了过来。图格里尔摘下自己头盔上的面罩，忽都鲁亦难赤哈哈大笑说：“我从所有这些人当中寻找的，正是你，这次敌友之间奔走的目标，也正是你！”抡起一锤，打碎了那位塞尔柱苏丹的天灵盖。

忽都鲁亦难赤砍下图格里尔的首级，挂在骆驼背上，送给了苏丹特克什。特克什滚鞍下马，跪在地上感谢真主的保佑。随即花剌子模大军进至哈马丹（今伊朗哈马丹省的首府哈马丹市），基本上占据了伊剌克全境。

特克什既然自称“苏丹”，雄踞在伊斯兰世界世俗君主的宝座上，那么那位名义上真正的君主——阿拔斯王朝哈里发——又作何感想呢？其实阿拔斯王朝的领地早就四分五裂，群雄并起，诸侯纷争，哈里发实际可掌控的疆土不过首都巴格达及其周边地区而已。一百多年前，塞尔柱人进入巴格达，哈里发还以为救星到了，忙不迭地册封其君主“苏丹”的头衔。当然，塞尔柱苏丹们是不会真心听从哈里发的指示的，巴格达宝座上的哈里发只是一个傀儡。

特克什知道哈里发跟塞尔柱人有仇，为了提升自己的威信，也希望哈里发可以承认他苏丹的头衔，于是在拿到图格里尔的首级以后，立刻派人送去巴格达报功。哈里发纳绥尔拿到人头，大喜过望，他听说花剌子模人是有文化的，不像塞尔柱人那么粗鲁，还以为可以趁机捞到点实惠，就派遣使者前去回礼，并且开价说，希望特克什能够把伊剌克或者起码伊剌克的一部分，交还给他这个名义上的伊斯兰世界最高统治者。

特克什当然不肯把才吃到嘴里的领土再吐出来，不仅如此，他还趁势杀入两河流域，兵锋直指巴格达。哈里发纳绥尔闻报大惊失色，多次派遣使者请求特克什退兵回东方去，都遭到拒绝，万般无奈之下，只好向古尔王朝的君主加苏丁求救。于是古尔人威胁要进攻呼罗珊，迫使特克什撤兵。大概因为长年的征伐使得兵力疲惫吧，对于这次和古尔人的交锋，特克什并没有必胜把握，他头一次被迫望向东方，向宗主国西辽求援。这是公元 1198 年前后所发生的事情，菊儿汗直鲁古在执政二十年后，他的名字终于再度在史料上出现了。

特克什请求西辽出兵攻击古尔王朝，为自己保障呼罗珊的安全。按道理来说，附庸国受到攻击，宗主国是有义务发兵救援的，况且西辽帝国和古尔王朝前不久才刚结下了很深的梁子。

二十多年前的 1165 年，那时候还是承天太后普速完执政的时候，阿姆河以南巴里黑（今阿富汗北部巴尔赫省）地区的突厥统治者向西辽王朝表示臣服，答应每年缴纳贡赋。到了 1197 年，古尔王朝向北扩张，巴米扬地方长官别哈乌丁·沙木吞并了巴里黑——从此，对于西辽帝国来说，来自巴里黑的贡赋就断绝了。

堂堂“天朝”的领土竟然被外人侵占，这使菊儿汗直鲁古恼怒异常，他本就打算发兵去教训古尔人，正好特克什派来了使者，请求牵制古尔军、救援呼罗珊。于是直鲁古就派遣驻扎怛罗斯的大将塔阳古点兵出征。

这位塔阳古，看起来是直鲁古非常宠信的一员将领，志费尼称他为“（西辽）帝国袍服上的绣花”，不过很可能塔阳古并不是他的真正姓名。有专家认为，塔阳古其实是阿拉伯语“哈吉布”的转音，意思是书记官或者侍从。当时伊斯兰世界各国的官僚体制相对简单，君主的真正朝臣只有维齐尔（宰相）、哈吉布和派驻各地的沙黑纳而已，其余绝大多数官员都是割据一方的异密，还有被拔擢参与朝政的宫廷奴隶（比如花剌子模苏丹特克什的祖先，就曾是塞尔柱宫廷中负责君主盥洗的突厥奴）。他们对中原王朝以及沿袭中原王朝传统制度的叠床架屋式的西辽官制完全一头雾水。在他们看来，不掌朝政就不是维齐尔，没有封地就不是异密，没被派出去收税就不是沙黑纳，出身贵族就不是宫廷奴隶……这名将领还可能是啥？他当然就是哈吉布（塔阳古）喽！

因此这位“塔阳古”，他真实的姓名究竟是什么，真实的官职究竟是什么，恐怕永远都是一个谜了。

塔阳古率领西辽大军渡过阿姆河，一路烧杀抢掠。但是看起来直鲁古并没有打大仗的准备，因为他一方面还派遣使者前去古尔王朝，劝说对方交还巴里黑地区，或起码恢复巴里黑对虎思斡耳朵的进贡——他的心还真是不黑，换句话说，这人安于现状，毫无扩张野心。

据说古尔王朝的君主加苏丁是个残疾人，身患麻痹症（或者是半身不遂），连路都走不了，到哪儿去都得人用轿子抬着。古尔王朝的所有军事行动，都由其弟施哈卜丁领导，而这个时候施哈卜丁不在北方，正在南线进攻印度次大陆，仓促间赶不回来。情势如此危急，加苏丁却仍然不肯退让，宁可拖着自己残废的身体亲自上阵。

据说加苏丁首先派遣三名异密统率本部兵马去阻挡塔阳古的侵袭，自己亲率主力部队随后跟进。三将来到前线，在仔细查看了敌军的营地以后，发动了一次夜袭。根据巴托尔德的分析："哈喇契丹人依其旧俗，入夜从不离开营帐，也就是说，夜间不设哨兵。因此，古尔人这次夜袭取得了辉煌战果。"

真是太可笑了，契丹人哪里会有这种旧俗?！若有这种习惯，根本哪一仗都打不赢，只要不是趁着白天猛攻过去冲垮敌军，天色一黑，敌人稍微有点头脑就能让他们大败亏输。契丹民族从唐朝开始登上北中国的舞台，五六百年过去了，打过的仗不计其数，从来也不曾听说有类似事情发生。只有两种可能性，一是巴托尔德所引用的资料是在胡吣（资料来源是伊本·阿西尔的《全史》），二是塔阳古疏忽了防备，夜晚巡哨制度形同虚设——从此后的种种情况来看，这是很有可能的，因为这家伙根本是个没头脑的莽夫，他之所以被称为"帝国袍服上的绣花"，或许和"绣花枕头"是同一个意思……

总之，古尔三将夜袭得手，大挫西辽军士气。第二天一早，塔阳古发起反攻，却没料到加苏丁的主力部队已经开到，与三将联合，杀得西辽方溃不成军。败军退过阿姆河的时候，遭到古尔人从后追击，纷纷落水淹死，真是惨不堪言。

身为宗主国，应附庸国的请求出兵，吃了那么大一个败仗，实在有损威信。换个有头脑的，要么找机会反攻挽回脸面，要么就尽量封锁失败的消息，免得被附庸国看不起。对于西辽这种纯靠威势镇服附庸国、不向附庸国境内派驻军队的大帝国，如果威信丧失，肯定烽烟四起，反叛迭兴。然而很可惜的，那位菊儿汗直鲁古的治国之才，起码是外交之才非常蹩脚，他不但不封锁消息，反而派遣使者去往特克什军中，要求赔偿金。

使者是这样转述菊儿汗的话的：“杀死我的人是你，因此我为每个死者要求一万狄纳尔的补偿。”史料中所载或许有所错讹，因为一万狄纳尔实在不是一个小数目——前面说过，西辽直辖领地内的老百姓，每年所要缴纳的人头税也不过才一狄纳尔而已。据说此战西辽损失了一万两千人，乘以一万就是一亿两千万狄纳尔！花剌子模每年的额定贡赋是三万狄纳尔，突然狮子大开口要求超过年贡四千倍的赔偿，直鲁古的脑袋里进水了吧？虽说花剌子模现在的实辖领地比原本大了三倍还不止，但也拿不出那么多钱来呀！

巴托尔德也提出了这个问题，说“中世纪从无支付如此巨款的事实”。就我们猜想来看，一万狄纳尔，或许是十狄纳尔的错记吧。总共要求十二万狄纳尔的补偿，虽然也是天文数字，以当时的花剌子模国力来看，未必就拿不出来。

可是我为什么要支付这笔巨款呀？特克什立刻加以拒绝，并且答复说：“你的军队只是力图夺取巴里黑，并不是来帮助我的。我没有加入他们当中，也没有命令他们渡河。既然是你这样做的，那我将你向我要的钱留给自己。但是你们之所以向我说这种话和表示这种要求，只是因为你们原来对古尔人束手无策。至于我，已同古尔人言归于好，并加入了他们的国籍，也不再是你们的国籍！”

事实上，花剌子模苏丹特克什一直到死都没有脱离西辽帝国的统治，始终按时缴纳规定数目的贡赋，根据志费尼的记载，他“极力用种种方式讨好菊儿汗”，并且“他临死前告诫他的儿子们不要跟菊儿汗打仗，也不要撕毁已达成的协议，因为‘他是一道其后有可怕敌人的长城’”。

可以想象得到，特克什的主要发展方向一直是西，他想要彻底取代塞尔柱突厥人成为伊斯兰世界的霸主，为此甚至不惜与巴格达哈里发开战，而因为哈里发拉拢古尔王朝对他展开夹击，所以他也多次南下征伐古尔人。对于背靠的东方宗主——西辽帝国，特克什大多数情况下都是恭顺有加的，以刚刚发展起来的花剌子模国的实力，也确实没有力量东西两线开战。

当然，花剌子模和西辽之间确实存在着种种矛盾，偶尔激化，爆发战争也并非完全不可能的事情，但这并非特克什的本意。伊本·阿西尔在《全史》中所记载的西辽出兵巴里黑地区，遭到古尔军队的夜袭和挫败，进而与特克什发生矛盾，依前文所述，存在着种种不合理和矛盾之处。巴托尔德就曾经怀疑过这些记载的可信度，因为有关西辽出兵巴里黑之事，只是一条孤证。

不过伊本·阿西尔的记述，或者不如说“故事”并没有到此完结——暂时假设特克什确实被西辽菊儿汗直鲁古的狮子大开口给激怒了吧，假设他一时头脑发昏，确实说出了“我已同古尔人言归于好，并加入了他们的国籍，也不再是你们的国籍”之类的气话吧，这种话一出口，就等于公然破弃盟约，打算解除双方的宗主国和臣属国关系了，对此直鲁古当然不能置之不理。于是西辽再次派出大军，长驱直入，一直杀到花剌子模的首都玉龙杰赤（又名玉里鞬，即今天土库曼斯坦的库尼亚－乌尔根奇）城下。

玉里鞬的守军顽强抵抗，并且每夜都杀出城外，偷袭契丹人的攻城大军，造成很大的伤亡，而由于此时特克什已经威名远播，控制的领土除花剌子模本土外，几乎还包括了整个呼罗珊和呼罗珊以西的波斯地区，所以他振臂一呼，要求各方诸侯前来拯救穆斯林的危机，于是“大批‘圣战者’前来支援”。西辽军队一看敌军越聚越多，被迫撤围后退。

特克什不依不饶，跟随其后，追杀西辽败兵，一直杀入西喀喇汗国境内，包围了河中名城蒲华。看起来，河中地区的居民与花剌子模人不同，他们仍然忠诚于宗主国西辽——前面提到过，西喀喇汗国的君主“过着安适和快乐的生活，每当朝见菊儿汗时，总受到尊崇礼敬的接待”——因此坚决抵抗，英勇地抗击花剌子模大军。

据说特克什身有残疾——长年在战场上打混的人，很难保证四肢和五官都健全——只有一只眼睛，所以蒲华的军民们就想出个法子来嘲笑和侮辱这位敌军主将。他们找到一条独眼的老狗，给狗披上长袍，戴上高帽子，拖着在城墙上到处游逛，称呼这条狗是“花剌子模沙”。大概怕距离太远，城下的敌军看不清也听不清，他们最后甚至还用弓弩把这条可怜的穿衣狗射入敌营，同时站在城头上齐声高喊：“这就是你们的苏丹！”

花剌子模兵将也反唇相讥，喝骂蒲华人为“背教的叛逆”。攻城战打得非常激烈，并且似乎持续了相当长一段时间，然而无论是西喀喇汗国还是西辽帝国，都没能及时派发援军前来解围，最终蒲华城还是被攻陷了。

被骂为狗、受到如此奇耻大辱的特克什，在此时表现出了一位君主所应该具备的宽容和仁慈，他并没有因此大肆屠杀蒲华城中的居民，反而打开府库，分赐了他们大量钱币。然后特克什在这里稍作停留，就退兵返回花剌子模去了。

地狱的支柱

特克什死于 1200 年 7 月 3 日，他在位近三十年，经过不懈奋斗，使得花剌子模从西辽帝国诸多附庸中最弱小的一个，一跃成为可与宗主国一竞短长的疆域辽阔的大帝国。然而特克什还活着的时候，虽然多次与西辽政权发生矛盾，甚至兵戎相见，却始终没有正式脱离西辽的掌控，换言之，对额外的索贡他是深恶痛绝，但早从西辽德宗耶律大石时代就规定好的贡赋，一直都按时缴纳。

特克什去世的时候，花剌子模国已经完全控制了呼罗珊地区，势力深入“两个伊剌克”，也即波斯伊剌克和两河流域（今伊拉克），只差一步，就要完成自己的梦想了。但特克什给自己的继承人摩诃末留下的遗产，从某种意义上来说，却仍然是一个表面光鲜、内里千疮百孔还有虫在爬的烂果子。

首先，占领区内很多地区、城池还并没有稳定，异密们随时有可能举起反旗；其次，古尔王朝在南方虎视眈眈，只要找到一点空隙，就会长驱直入花剌子模腹地。当然，最严重的问题还是特克什和巴格达哈里发之间公然敌对的关系，这使得他和领地内的宗教界人士矛盾重重，被迫主要依靠突厥军事集团，而这些军事集团的日渐坐大，最终导致了王国的崩溃。

花剌子模境内的突厥军事集团，包括古斯人、康里人、钦察人和浑族人，为了拉拢对方，特克什甚至娶了一位康里公主（一说为钦察公主）为妻，这女人的名字和特克什当年砍掉的庶母相同，也叫图尔罕，或者翻译为秃儿汗。

这位图尔罕哈敦（“可敦”，王后之意）为特克什生下了一个儿子，名叫摩诃末——其实这名字若用现在惯常的翻译法，应该写成穆罕默德，但出于习惯，咱们还是写为摩诃末吧。特克什去世，摩诃末继承了父亲的宝座，不过一开始称“阿老丁”，数月后改称沙，后来权力稳固了才自称苏丹。

花剌子模沙摩诃末初登基的时候，国内形势并不算好，他的侄子兴都汗起而争位，向古尔王朝借兵，夺取了一些呼罗珊的城池。为了稳定国内局势，摩诃末被迫更加倚重那些突厥军事贵族，而这些军事贵族全都团结在他老娘图尔罕哈敦周围，这就使得花剌子模的政权二分——摩诃末是表面上的君主，图尔罕哈敦是真正的统治者，并且这个真正的统治者最终搞垮了花剌子模王朝。

1202 年，也就是花剌子模苏丹特克什去世两年以后，他的宿敌、古尔王朝苏丹加苏丁也与世长辞了，摩诃末趁机发兵呼罗珊去收复失地。1204 年，加苏丁那位能征惯战的兄弟施哈卜丁远征印度归来，继承了苏丹的宝座，他席不暇暖，立刻集结兵马直取花剌子模。

摩诃末闻报，匆匆从呼罗珊赶回花剌子模，一方面按照祖、父抵御外敌的惯例掘开阿姆河以阻挡敌军前进的速度，一方面匆忙派遣使者前去虎思斡耳朵，向菊儿汗直鲁古求援。

掘河放水的策略阻碍了古尔军整整四十天，为花剌子模赢得了宝贵的准备时间，当两军最终在花剌子模首都玉里鞬东面某处运河边相遇的时候，据说摩诃末已经集结起了七万大军。古尔朝军队的数量虽然不明，但看起来可能比花剌子模军更多，并且施哈卜丁还从印度带来了大群战象，以至于志费尼比喻说“只要他们愿意，他们能够把乌浒水（阿姆河）变成一片平川，用血把平原变成一条乌浒水”。

施哈卜丁仗着兵力优势，打算抢先渡过运河，直取摩诃末的大本营。但他还没来得及行动，突然一道洪流从东向西汹涌开来，与花剌子模军呈夹击之势——那正是直鲁古派来的援军，主将还是那位塔阳古，副将是西喀喇汗国的君主奥斯曼。根据记载，契丹军的数量为一万，西喀喇汗国的军队数量不详，但应该在一万以上。

古尔军遭到前后夹击，瞬间就全线崩溃了，士卒逃散。塔阳古、奥斯曼率领西辽军紧追不舍，最终在俺都淮（今阿富汗西北部的安德胡伊）追上了施哈卜丁。这场战斗异常惨烈，从白昼一直杀到天黑，各自收兵休息一晚后，第二天凌晨，西辽大军发起了总攻。据说“那支军队（指古尔军）的所有残余者，共五万人，死于战场”——这个数字有点夸张，但可知西辽军队取得了全面胜利，古尔军死伤惨重。

当施哈卜丁发现麾下士兵或者阵亡，或者逃散，自己身边只剩下一百人左右的时候，他再也无法坚持下去了，匆忙后退，逃入俺都淮堡固守。西辽军略作准备，就发起了猛烈的攻城战，小小的俺都淮堡无法抵御如此强劲的攻势，很快就被打开了一个缺口。眼看大军即将一拥而入，把施哈卜丁拖出来绳捆索绑、抓为俘虏，正在此时，奥斯曼突然拦在了塔阳古的身前。

奥斯曼对塔阳古说：“你就算捉到施哈卜丁又有什么用？高兴的只有花剌子模人，菊儿汗能够得到什么好处呢？”他主张写信给施哈卜丁，劝其缴纳赎金，以交换自己的性命。

塔阳古答应了奥斯曼的请求，于是奥斯曼这样写信说：“为了伊斯兰的尊荣，我不愿一个穆斯林苏丹落入异端罗网，死于他们之手。因此对你说最好交出你所有的一切，诸如大象、马匹、动产和不动产，作为你人身的赎金。以这个理由，我将替你斡旋，求得这些人的同意。”施哈卜丁无路可走，只好接受了条件。

当然，奥斯曼信中所说的话肯定有所夸大，如果真要施哈卜丁交出“所有的一切”，那么他身为古尔王朝的苏丹，就应该把整个国家都奉献出来，成为西辽帝国的附庸。然而事实上古尔朝从来都不曾臣服于西辽，施哈卜丁只是缴纳大量财宝（包括剩下的全部战象），赎回了自己的性命而已。

俺都淮之战给予古尔王朝沉重的打击，但并没能彻底将其摧垮，不仅如此，反而使得施哈卜丁把北线的进攻目标从花剌子模移向了西辽。在侥幸逃得残生以后，施哈卜丁立刻答应了摩诃末的请求，两国签署和平协议，同时积极地招兵买马，随时准备对西辽发动复仇之战。

俺都淮之战发生一年以后，也即 1205 年，古尔王朝的巴里黑总督伊马杜丁·欧马尔突然发兵攻取了西辽辖下的忒耳迷城，据说那是一座“世所公认”的坚固城堡——无疑，此乃施哈卜丁对西辽帝国发动全面进攻的前奏。

然而只有前奏，可以预见的随之而来的狂风暴雨却瞬间消散了。原来施哈卜丁担忧国库空虚，无法维持对庞大的西辽帝国的长期战争，就先率军向南，远征印度，想去抢点钱来花使。古尔军所向披靡，施哈卜丁很快就搜集到了足够的军用物资，班师回朝。1206 年三月，施哈卜丁进军到阿姆河南岸，在此地修筑起一座简易的前线堡垒，堡垒的一半突入水中。

就是这个简单的失误，竟然要了这位古尔苏丹的性命，有几名刺客趁着黑夜游过阿姆河，秘密潜入堡垒。此时施哈卜丁正在休息，一声没吭就做了刺客的刀下之鬼——这几名刺客，一说是印度教徒，一说是伊斯玛仪派的。

施哈卜丁多次远征印度，确实和印度教徒仇深似海，但要说这些印度教徒会大老远跑来阿姆河边刺杀仇敌，似乎有点荒诞。而伊斯玛仪派乃是伊斯兰教什叶派比较激进的一个分支，也叫“七伊玛目派”，11 世纪末，谢赫（指宗教长老）霍山（哈桑·本·萨巴赫）在伊斯玛仪派中又开创出阿萨辛派，割据波斯西部的阿拉木特堡（意为“鹰巢”），中国史书中称之为木剌夷朝。这个霍山，人称“山中老人”，可以说是现代恐怖分子的始祖，他训练了大群刺客，专门从事暗杀和他不对付的哈里发、苏丹，以及其他达官贵人的活动，甚至一直跑到地中海边，去刺杀基督教十字军的将领们。要说是伊斯玛仪派，甚至是木剌夷朝的刺客杀死了施哈卜丁，还比较靠谱一点。

如果下手的真不是印度教徒，而是伊斯玛仪派刺客，背后主使会是谁呢？本着“谁得益，谁可疑”的原则，嫌犯就只有两个——花剌子模沙摩诃末，或者他老娘图尔罕哈敦。

因为施哈卜丁一死，古尔王朝瞬间分崩离析，他麾下的突厥军官们纷纷自立为王，摩诃末趁此机会，不仅完全夺回了呼罗珊地区，还把势力伸入古尔朝本土，并于1208年迫其臣服。

到了这个时候，整个伊斯兰世界没有一国有花剌子模那般广大的领土，也没有一位君主有摩诃末那么强大的权柄，于是摩诃末日益骄横起来，自称苏丹，并且想学习古尔朝的加苏丁和施哈卜丁，自诩为伊斯兰世界的解放者。

然而这个解放者要怎么当？自己还是异教徒（西辽）的藩臣，每年还得向虎思斡耳朵进贡钱财，怎么能算是“解放”穆斯林呢？而这个时候的西辽王朝在直鲁古统治下，朝政日益腐败、官员日益骄横、军队战斗力下降，此消彼长，已经完全无法控制本就离心倾向很强的花剌子模了，两国关系终于走到了彻底决裂的边缘。

就在古尔朝苏丹施哈卜丁遇刺的同一年，河中重镇蒲华突起动乱，成为花剌子模与西辽之间爆发全面战争的导火索。

蒲华是仅次于河中府（萨末鞬）的西喀喇汗朝第二大城市，但从西喀喇汗朝归属西辽统治前不久，就已经处于半独立状态了。桃花石汗虽然仍在蒲华派驻总督，但这位总督并无权柄，充其量也就是一名负责收税的“沙黑纳”而已，城市实权掌握在一个世袭的宗教家族手中，习惯上称之为“布尔罕王朝”。

布尔罕王朝历代首领都冠有“萨德尔·贾罕”的头衔，意思是“世界的支柱”。当西辽降服西喀喇汗国之后，虽然指定桃花石汗同族的阿尔普特勤为蒲华总督，但实权仍牢牢捏在这些萨德尔·贾罕手里。

萨德尔·贾罕们在蒲华城外拥有大片良田，在城里也掌控着超过半数的商队和手工业作坊，他们不但为了自己家族的利益压榨百姓，还以西辽菊儿汗的名义收取贡赋。要知道，收税这种活动层级越多，越容易上下其手，层层盘剥，菊儿汗直接向西喀喇汗国征税，西喀喇汗国的桃花石汗就添加上自己所需，再把份额下发给蒲华总督，然后蒲华总督添上一笔后交给萨德尔·贾罕……落到老百姓头上，这数额比西辽规定的一人一枚狄纳尔多了不知道多少倍！

也就是说，大石的善政经过其附庸，再经过附庸的异密，再经过地方豪门，层层下来，给蒲华百姓们套上了异常沉重的经济枷锁。在这种情况下，萨德尔·贾罕的家财越聚越多，蒲华百姓们则贫苦不堪，怨声载道，他们背地里都称呼自己的首领为“萨德尔·贾罕纳姆”，意思是“地狱的支柱”。

1206年，百姓们终于再也无法忍耐下去了，在蒲华城中爆发了规模庞大的起义，起义领袖是一个“卖盾者的儿子”，和从前那位大名鼎鼎的塞尔柱苏丹相同，也叫桑贾尔。萨德尔·贾罕家族财产都被剥夺了，本人也被赶出了城外，于是他凄凄惶惶地向萨末鞬和虎思斡耳朵求救。

然而奇怪的是，无论西喀喇汗国还是西辽王朝都未派兵来帮助萨德尔·贾罕镇压起义。猜测起来，大概桃花石汗很想趁着这个机会把布尔罕王朝连根拔去，把蒲华城归于自己的直接统治吧。而西辽按照惯例，是不大插手附庸国事务的。是呀，如果附庸国有所请，我当然有义务出兵，但得桃花石汗来请，你萨德尔·贾罕算什么东西?!

萨德尔·贾罕等来等去等不到救兵，无奈之下，又往玉里鞬派出了使者，摩诃末得报大喜过望。花剌子模垂涎河中的花花世界，已经不止一代，现在摩诃末终于找到了一个出兵的好借口，更重要的是，他此刻军力极大膨胀，野心和信心也极大膨胀，心说就算桃花石汗或者菊儿汗起兵前来抵挡，我也未必怕他。于是摩诃末亲自率军杀向蒲华。

起义者在赶走萨德尔·贾罕以后，就放松了警惕，光想着研究城市自治了，完全没料到花剌子模会发兵来攻，摩诃末几乎没有遭遇什么抵抗就入了城。他本是打着调解者的旗号入城的，但一等站稳脚跟，就立刻残酷地屠杀起义者，把起义领袖桑贾尔投入泽拉夫尚河活活淹死了。

就以蒲华城的陷落为起点，西辽这座百年巨厦开始碎砖裂瓦，一步步迈向彻底崩塌之路。更重要的是，与此同时，在东方数千里外的蒙古草原上，铁木真在斡难河畔被蒙古各部推举为大汗，称“成吉思汗”——

历史车轮开始飞速地旋转起来。

第七章
起儿漫：终局的荒草残垣

西辽在承天太后普速完时代丧失了对东方和北方各草原民族的掌控，这些民族陆续落到女真人手里，接受金朝的册封。其中有一个部族名叫蒙古，很可能就是当初曾经支援过契丹辽朝末帝耶律延禧的阴山室韦谟葛失。蒙古乞颜部中有一个据称血统颇为高贵的氏族叫孛儿之斤，该氏族贵族也速该在 1162 年得到他的长子，起名为铁木真，这是西辽仁宗夷列驾崩的前一年。

摩诃末的故事

1206 年，也即西辽末帝、菊儿汗直鲁古统治的第 28 年，花剌子模苏丹摩诃末，攻陷了蒲华城。

摩诃末知道富庶的河中地区也是菊儿汗心中最爱，且是西辽帝国的重要财政来源，自己兵发河中，原本就不是为了帮助萨德尔・贾罕，而是想趁机将整个河中一口口吃掉，那就势必会引发虎思斡耳朵的警觉甚至是讨伐。于是他在出兵的同时，还四处派遣使者，游说河中各城，也包括萨末鞬城的桃花石汗奥斯曼，说契丹人的统治如何残暴，压榨如何凶狠，作为穆斯林应该联合起来，一起反抗异教徒的压迫，云云。

这个时候的西辽王朝已经在走下坡路了，无论官员还是军队都骄奢淫逸，不再像大石时代，能够很快安定被征服地区的人心。某些学者认为，西辽为了保护河中地区这一重要财政来源，是有在西喀喇汗国境内驻兵的，这些军队纪律败坏，引起当地百姓的普遍反感。不过以西辽一贯的国策，再加上西部多次战争都反应迟缓，所调将领也是直辖领内怛罗斯的塔阳古，从这三点来看，这一认定恐怕要打上个大大的问号。

不过西辽中后期几乎所有战争都爆发在帝国西方，东面自从可敦城、谦谦州丧失以后，就没有再打过什么仗，而派军西征，总得经过河中地区，这些军队趁机搜掠物资，压迫人民，从而使得河中百姓、贵族们开始反感西辽的统治，这倒在情理之中。再加上各地沙黑纳“一反从前的做法，开始作威作福，无法无天”，因此摩诃末的煽动竟然取得了预想之外的好效果。

摩诃末在夺取蒲华以后，仍然将城池交给萨德尔·贾罕去管理，但这个时候萨德尔·贾罕头上已经不再压着一个西喀喇汗国总督了，他转而成了花剌子模的附庸。摩诃末随即出城朝东方前进，并且向桃花石汗奥斯曼派去了使者。

奥斯曼曾多次应虎思斡耳朵的命令，与摩诃末并肩作战，攻击古尔王朝，两人间或许存在一定的私交，起码奥斯曼并不反感摩诃末，加上一方面大军压境，另一方面他自己也想摆脱西辽的统治，于是就打开萨末鞬城门，迎接花剌子模大军进入。两位君主还签订盟约，打算共同反对宗主国西辽——其实在此以前，奥斯曼对西辽就已经存在很严重的分离倾向了，他冲制了自己的钱币，在上面刻有“苏丹之苏丹”的称号，摆明了要跟众汗之汗菊儿汗分庭抗礼。

事态发展到这一步，菊儿汗直鲁古再也不能装聋作哑、置之不理了，于是他立刻征发了一支大军，总数达三万，浩浩荡荡杀向河中府，直逼萨末鞬城下。对于这场战争，史料上并无详细记载，只知道联合了花剌子模和西喀喇汗国的军队，竟然也无法取得胜利。最终萨末鞬被攻破，奥斯曼重新拜伏在菊儿汗的脚下，而摩诃末也只得悻悻退兵，回老家花剌子模去了。

猛虎虽老，雄威仍在。这一仗可实在把奥斯曼吓得不轻，自己差点儿就人头不保了，要不是恪于保留河中为附庸国的传统，要不是西辽远征军力量不足以长期占领萨末鞬城，要不是自己投降得快，可能脑袋就此搬家了。可是虽然表示了臣服，西辽大军也暂时交还萨末鞬城撤退了，奥斯曼的心里还是充满了不安——菊儿汗未必会直接吞掉自己的国家，却有可能废黜自己的桃花石汗地位，让别的亲戚登上宝座。不行，我得想个好主意扭转局面。

奥斯曼想出来的办法倒也可行，他派遣使者前往虎思斡耳朵，请求直鲁古把公主下嫁到萨末鞬。对于直鲁古的家庭状况，史料记载寥寥，甚至没有提到过他有儿子，只提到一位信奉佛教的公主。有可能直鲁古确实只有一个女儿，因此奥斯曼心想：我若是做了菊儿汗的女婿，别说可以消除老丈人的愤怒和疑虑，说不定连做菊儿汗的继承人，将来掌握整个西辽帝国的资格都有啦！

他想的是很美，然而可惜的是，直鲁古一口回绝了奥斯曼的请求。

从西辽的创建者德宗耶律大石开始，这一家族的人丁始终并不繁茂。仅就目前所有的史料分析来看，大石可能曾经有过很多个子女，但等到了中亚细亚，开国称尊以后，就只剩下了一个儿子夷列和一个女儿普速完；夷列只有两个儿子，其中一个还在内斗中被干掉了，光剩下了直鲁古，而普速完很可能并没有生育，或者子女都被公公萧斡里剌杀光了。直鲁古如果确实只有一个女儿，并没有儿子，那么他一心想着招婿入门，好延续家族和王朝，从而不肯答应桃花石汗奥斯曼的请求，那就可以原谅了。若非如此，直鲁古实在是昏了头！

西辽最终覆灭的一个很大原因，就是直鲁古嫁错了女儿，没有嫁给应该嫁的人，最后还被迫送给了一头养不熟的“白眼狼”。

奥斯曼请求联姻的建议被菊儿汗直鲁古一口回绝，他又羞又气，于是转而投入了花剌子模的怀抱。1210 年，摩诃末再次率领大军出征河中，奥斯曼同意以摩诃末之名诵念虎图拜和铸造钱币。所谓虎图拜，是指伊斯兰教长在礼拜时讲解教义的一种形式，以谁的名义诵念虎图拜，便表示承认此人为教中的最高尊长。一般情况下，是应该以巴格达哈里发之名诵念虎图拜的，不过哈里发早就变成了光杆教主，当时中亚细亚各国往往改念自己的君主之名——摩诃末的老爹特克什在兵进两河、打败阿拔斯军队后，就曾经把自己的名字搬进过虎图拜。

摩诃末趁此机会把富庶的西喀喇汗国从西辽身边拉到自己麾下，成为花剌子模的附庸，他随即派遣老娘图尔罕哈敦家族的脱儿惕阿巴为萨末鞬总督，监护奥斯曼。此外，他还加固萨末鞬城防，并且煽动河中地区穆斯林的宗教情绪，宣布对西辽帝国发起“圣战”。新的一场大战，决定西辽和花剌子模两个帝国命运的大战一触即发。

在大战之前，咱们先说一下花剌子模和西辽决裂、兵发河中的种种缘由，这在穆斯林史料中存在着数种不同的记载，并且相互矛盾。我们还是先叙述几个有趣的小故事，然后再逐一将其梳理成线吧。

第一个故事，1210 年，“当契丹的使者们在秃失率领下如常前来征收贡赋时，秃失按照他们一贯的做法，高踞在算端（苏丹）旁边的宝座上，对王者不予适当的礼敬”，“既然一个高贵的灵魂不屑于受所有贱货的侮辱，算端下令把那个蠢人碎尸万段，把他的尸体投进河里”。

这话说得很清楚，既然这个名叫“秃失”的收税官是“按照他们一贯的做法”坐上苏丹的御座，也就不存在侮辱摩诃末的问题，纯是摩诃末故意挑事，借着杀死收税官来挑起战争。

第二个故事，据说摩诃末因为骄傲而“中止了两三年的贡赋，迟迟不尽他的义务”，菊儿汗直鲁古因为摩诃末拖欠贡赋而感到愤怒，就派遣自己的宰相马合木·巴伊（另一种翻译则为马合木·太，并说“太”乃“舅父”之意）前往玉里鞬催促。此时摩诃末正打算去攻打钦察人，还不想和西辽翻脸，但同时又心感屈辱，就把这个烫手山芋扔给他老娘图尔罕哈敦了。图尔罕哈敦盛情款待了马合木·巴伊一行人，并且补交了拖欠的年贡。然而马合木·巴伊“已看清算端的野心和无礼，并发觉他的脾气已达到他认为他的身份对他来说高得不能在任何人面前低声下气，或者丝毫屈尊”，所以回报菊儿汗说：“算端是不老实的，不会再纳贡了。”

上述两个故事都来自志费尼的《世界征服者史》，第三个故事则见于《全史》和《札兰丁传》，并被《多桑蒙古史》所采用。故事说，摩诃末在杀死西辽的收税官以后，立刻起兵攻打西辽，但是吃了个大败仗，连自己也当了俘虏。不过好在契丹人、起码是契丹的前线将领并不认识摩诃末，于是和摩诃末同时被俘的一员花剌子模将领就指着他说：“这家伙只是我一个奴隶而已。”这位花剌子模将领按照中亚打仗的惯例，提出用赎金来交换自己的自由，等商量好价钱，契丹人就放“奴隶”摩诃末回去准备赎金。

先前到处都传说苏丹摩诃末已经战死了，他的兄弟阿里失儿和叔父额明木勒克趁机竖起反旗，自立为君。好在摩诃末回去得及时，安定了众人之心，把这些反叛都扼杀在了摇篮之中。

三个故事讲完，我们来从头梳理一下摩诃末向西辽竖起反旗的过程吧，顺序很可能是这样的：1206 年，桑贾尔领导蒲华人民起义，同年年底，摩诃末将忒耳迷城转赠给西辽王朝。1207 年，摩诃末攻取蒲华，并且联合奥斯曼反抗西辽，随即就在萨末鞬城下吃了败仗，侥幸逃脱。全靠图尔罕哈敦帮儿子补交了多年来拖欠的贡赋，表示愿意继续服从西辽的统治，才勉强渡过这场危机。摩诃末约在 1207 年年底或 1208 年年初回到花剌子模，并在 1208 年 3 月 30 日进入你沙不儿，稳定了呼罗珊的局势。这个时候，东方的局势又有所改变，西喀喇汗国的君主奥斯曼因为求婚被拒而第二次和虎思斡耳朵翻脸，转而臣服于花剌子模。于是摩诃末就于 1210 年杀死西辽的收税官，卷土重来，第二次进入河中地区，并且接管了萨末鞬城。

这里剔除了摩诃末战败被擒和马合木・巴伊出使花剌子模之事，因为与其他情节相矛盾，并且太过戏剧化，有九成的可能是伪造的。

摩诃末再次进入萨末鞬城，彻底吞并河中地区的消息传到虎思斡耳朵，菊儿汗耶律直鲁古大怒如狂，立刻就打算点集兵马，再派大将塔阳古西征。然而大军未动，突然后院起火，有快马从东方跑来，禀报说高昌回鹘国王也起兵造反，把西辽派去的少监围困在哈剌火者（今新疆维吾尔自治区吐鲁番市以东约 45 公里处）的一所房屋中，推倒墙壁，把他给活活压死了。

东西两头都有乱子，这可怎么办才好？是该先征讨花剌子模呢，还是该先平定高昌的叛乱呢？直鲁古本就是一名既平庸又昏庸的君主，一下子慌了手脚。于是召集群臣商议，众人议论纷纷，谁也拿不出好办法来。

就在这个时候，突然有一个年轻人站了出来，拍着胸脯说可以为菊儿汗分忧。这年轻人说："我的人很多，他们遍布叶密立地区、海押立、别失八里，人人都在欺侮他们。如我获得允许，我可以把他们召集起来，靠这些人之力就能支援和加强菊儿汗。我绝不能背离菊儿汗指定的方向，哪怕竭尽全力也要完成他的任何命令，绝不掉头不顾。"

直鲁古定睛一看，此人非他，乃是东方草原上乃蛮族的王子屈出律，前不久因为吃了败仗、族群被打散而跑来请求自己的庇护。直鲁古头脑一昏，竟然认为这小子挺勇敢，挺可靠，并且终究是国破家亡之人，还怕他对自己不利吗？于是立刻赏赐给屈出律大量财宝，并且封给"汗"的头衔，让他去东方招兵买马。

屈出律得到财宝后，立刻骑上快马，头也不回地出了虎思斡耳朵城。此时，无论直鲁古还是西辽群臣，谁都料想不到，他们放走的竟然是一匹白眼恶狼。正是这个屈出律，最终宣告了庞大的西辽帝国的彻底覆灭……

第二个亚历山大

西辽在承天太后普速完时代丧失了对东方和北方各草原民族的掌控，这些民族陆续落到女真人手里，接受金朝的册封。其中有一个部族名叫蒙古，很可能就是当初曾经支援过契丹辽朝末帝耶律延禧的阴山室韦谟葛失。蒙古乞颜部中有一个据称血统颇为高贵的氏族叫孛儿之斤，该氏族贵族也速该在 1162 年得到他的长子，起名为铁木真，这是西辽仁宗夷列驾崩的前一年。

铁木真 8 岁的时候，也速该被仇家毒死，从此这一家庭就被族人抛弃，被迫独自游牧，艰苦度日——其时 1170 年，西辽崇福七年，西辽和西喀喇汗国的军队对战花剌子模沙伊勒，在阿模里俘虏了葛逻禄军事长官艾亚尔伯克。

铁木真成年以后，依靠义父、克烈部首领脱斡邻勒（王罕）和义兄弟、札答兰部首领札木合的帮助，击败仇敌、收拢部族，势力逐渐膨胀起来。1189 年，他被乞颜部贵族公推为汗，从此开始了统一蒙古草原的艰难历程。1189 年是西辽末帝直鲁古天禧十二年。

到了 1199 年，铁木真与脱斡邻勒合兵一处西征，大败草原西部最为强大的乃蛮部——那正是塔阳古在阿姆河边被古尔军杀得大败亏输的第二年。

必须详细介绍一下这个乃蛮部，在《辽史》和《金史》中，它被写作粘八葛或者粘拔恩。这个部族操突厥语，原本居住在吉利吉斯地区，后来南下在阿尔泰山一带游牧。他们曾经归从于耶律大石的领导，接受西辽牌印，但如前所述，1175 年，乃蛮部首领撒里雅、寅斯特和康里部酋长孛古率领三万户脱离了西辽的统治，归附了金朝。

在接受金朝册封以后，乃蛮首领自称“太阳汗”，这是一个音译的词汇，也可以写成“塔阳汗”。“塔阳”一词很可能来源于汉语的“王”，所以太阳汗或者塔阳汗的意思就是王汗，和克烈部首领脱斡邻勒自称“王罕”是相同的。

乃蛮部在草原上日益强盛起来，多次与同样强大的克烈部交战。正因如此，脱斡邻勒才会拉着义子铁木真远征乃蛮。战斗虽然取得了胜利，乃蛮部却并没有灭亡，一直延续到 1206 年才被铁木真彻底征服。

再回到 1199 年，当脱斡邻勒和铁木真合兵击败乃蛮部之后，两个部族很快失和。1201 年，铁木真击败与自己争夺东部蒙古草原霸权的札木合，札木合逃到克烈，煽动脱斡邻勒攻打铁木真。1203 年，铁木真先胜后败，攻灭了克烈部，所控制的疆界与乃蛮相接，引起了太阳汗的极大恐惧。于是翌年也即 1204 年，太阳汗纠集被铁木真所灭的各部残兵东征，结果在纳忽山（今巴颜乌拉山，在内蒙古自治区锡林郭勒盟境内）遭逢惨败，太阳汗本人也身负重伤，没过多久就咽了气。

铁木真趁势急进，攻灭了太阳汗所部，太阳汗的儿子屈出律逃去依附伯父不欲鲁汗——这位不欲鲁汗本是太阳汗的哥哥，因为争权失败而率众迁走，其族被称为“古出古惕乃蛮”。

1206 年，铁木真在斡难河畔被拥戴为“成吉思汗”，标志着强大的蒙古帝国的正式建立。当年他再次兵发乃蛮部，在莎合水（今蒙古国科布多河上游）附近生擒了不欲鲁汗。屈出律和同样依附于不欲鲁汗的蔑儿乞部酋长脱脱在逃亡过程中被铁木真追上，脱脱当场被蒙古军射死，屈出律福大命大，继续西逃，一路上历经坎坷，竟然逃到了西辽的首都虎思斡耳朵。

高昌回鹘从耶律大石去世后就两头讨好，既向西辽进贡，也向金朝称臣。本来这两条船踩得稳稳的，可是突然之间北面的乃蛮部被灭，高昌王（此后恢复旧称“亦都护”）发现一个勃然新兴的强大蒙古帝国出现在自己面前。据说西辽中期以后，派驻高昌的沙黑纳（少监）作威作福，“对亦都护和他的将官百般凌辱，撕毁他们的荣誉面纱”，遭到高昌贵族和平民的一致憎恨。于是高昌王就于 1209 年杀死这名沙黑纳，宣布脱离西辽的统治，归服于铁木真。不仅如此，他甚至应召亲自前去觐见铁木真，受到了优礼相待。

消息传到虎思斡耳朵，直鲁古吃惊之下昏了头，被屈出律的花言巧语所蒙蔽，派他前往东方去召集人马。

其实屈出律所说的那番话，一半是真，一半是假。真的是前半部分，他果然朋友遍天下，大批在草原争霸战中被铁木真打败的部族都陆续西迁到了西辽境内，屈出律振臂一呼，立刻兵将云集。但他后半句话是假的，在招募到了一支强大的军队以后，他不仅没有回去支援直鲁古，或者向已经背叛了虎思斡耳朵的高昌回鹘发起进攻，反而逐步蚕食西辽本土，甚至最后连耶律大石西征时的第一根据地叶密立城也给端了下来。

直鲁古对此事却是两眼一抹黑，还天真地以为屈出律是辛辛苦苦地在东方为他平定叛乱呢。既然有这个可靠的小伙子保障自己的后院，那自己还有什么忧烦呀！正好发动大军向西，去解决河中问题。于是在 1210 年秋季，直鲁古就派遣大将塔阳古率领大军西征，很快逼近了萨末鞬城。

1210年八月或九月的某一个礼拜五，花剌子模的军队渡过锡尔河，遭遇了塔阳古所统率的西辽大军，双方展开激战——战场是在今乌兹别克斯坦西境的安集延附近，有一片名叫亦剌迷失的草原，巧的是，这片草原位于怛罗斯河谷，因此也可以称其为又一次怛罗斯之战。

摩诃末看到西辽军队虽然盔甲鲜明、武器精良，人数上却要稍逊己方一筹，心知定是一场恶战。于是按照惯例，他搭起祭坛，请伊斯兰教长在全军面前进行战前祈祷："主啊，协助穆斯林的军旅和部队吧！"此举是为了煽动士兵们的宗教热情，鼓舞他们的士气。

祈祷完毕，摩诃末指挥军队全线出击。在两军接近的时候，他们先互相射箭，然后"抛开弓矢，拔出刀剑"，展开激烈的肉搏。按照古代伊斯兰史料记述的惯例，整场战斗的过程起伏和战术运用全都不详，只会堆砌一些毫无实用价值的修辞，志费尼是这样写的：

"铜鼓喧闹，战笛鸣响，大地像星空一样从它的位子上出现；将官们高举他们的战旗，骁勇武士捐弃他们的生命"，"尘土如云雾般飞扬，刀剑如闪电般出鞘"……

战斗的结果是西辽军队大败，"算端成了'确实，吾人获胜'这面旗子的主人，而他的敌人变成了'吾人必将向罪犯复仇'的目标"，"算端军中一人获胜，敌军千人溃败，一头狮子对千只羚羊，一只鹰对千只鹧鸪”。就连塔阳古本人也在战斗中负了伤，委顿在地，而当花剌子模士兵将要砍下他的脑袋的时候，据说“一个女孩站在他身旁，有人要割他的头时，她喊道：‘这是塔阳古！’”于是塔阳古就被绑了起来，进献给苏丹摩诃末——虽然战场上出现一个女孩是件很奇怪的事情，但志费尼并没有做任何解释。

这个塔阳古的名字在史料中出现次数并不多，但除了追杀古尔朝苏丹施哈卜丁到俺都淮堡以外，几乎就没有打过一场胜仗，而就连唯一的一次胜利，也因为贪图赎金而纵放了施哈卜丁——否则西辽恐怕会先花剌子模一步降服古尔王朝。考虑到塔阳古并非人名，只是“哈吉布”也即侍从官、书记官的意思，或许各条记载中的塔阳古并非一人。如果确是一人，是同一个怛罗斯的守将，是同一个“帝国衣袍上的绣花”，那这条绣花实在是太粗糙、太丑陋了，而菊儿汗直鲁古也明显没有知人之明。

花剌子模军在亦剌迷失草原之战中取得了决定性的胜利，从此将西辽帝国的势力彻底驱逐出河中地区。当然，摩诃末并不指望靠这一仗就能把西辽帝国给打垮，他并没有继续东进，反而下令撤兵，并在后退途中攻克了西辽治下的名城讹打剌。请大家记住这座城池的名字，这是花剌子模攻取的第一座西辽城池，仅仅八年以后，它就会成为这个新兴帝国覆灭的根由。

离开讹打剌以后，摩诃末回归出发地萨末鞬城，“苏丹的苏丹”奥斯曼恭贺他取得胜利，并且提出娶摩诃末一女为妻。摩诃末与直鲁古不同，爽快地答应了这一请求，并且把奥斯曼带回玉里鞬，为他和自己的女儿举办了盛大的婚礼。酒酣耳热之际，他下令把塔阳古处死，尸体投入汹涌的阿姆河。

花剌子模帝国从此真正独立了，并且达到了它的鼎盛阶段。与此同时，东方数千里外的草原上，另外一个新兴帝国正准备展开摧枯拉朽的复仇之旅，翌年也即 1121 年，铁木真亲率大军南下讨伐金国……

打个比方来说，花剌子模是一株顽强生长的小草，曾经在它头上压着两块巨石，一是西方的塞尔柱帝国，二是东方的西辽帝国。把握天时、地利、人和，这株小草最终凭借自己的力量掀翻了这两块巨石，使得自己可以顺利生长。对于花剌子模的统治者来说，内心的欢欣与轻松是无须多言的。所以当年特克什在杀死中亚细亚最后一位塞尔柱苏丹图格里尔以后，连巴格达哈里发也不放在眼里。而特克什的儿子、继承人摩诃末能力不如其父，轻狂更有过之，在取得了亦剌迷失草原之战、击败西辽大军以后，竟连“苏丹”的头衔也无法满足他日益膨胀的虚荣心了。

战斗才刚结束，还没有回归花剌子模，摩诃末就在官方文书中给自己加上了“第二个亚历山大”的称号。此外，他还对臣子们说：“桑贾尔（被耶律大石在卡特万击败的前塞尔柱大君）的统治很长，倘若写这些称号是为了吉祥，那么让他们写作‘苏丹桑贾尔’吧。”

等回到花剌子模，把女儿嫁给西喀喇汗国的苏丹奥斯曼，并且处死了西辽将领塔阳古之后，他又在自己的印玺上刻上了新的尊称——“大地上真主的影子”。

一般情况下，自信快速膨胀者必会很快遭到当头棒喝，这在中外历史上屡见不鲜。当然，在取得意想不到的胜利之后，只有真正的英雄才会依然保持清醒的认识，如摩诃末之类平庸之辈是无法压制自己的热血、不使其冲昏头脑的。亦剌迷失草原之战的胜利虽然给予西辽帝国以很大的打击，但并没能将西辽的武装力量彻底摧毁，战斗是在怛罗斯附近展开的，而西辽军队主将塔阳古又长年驻扎在怛罗斯，很可能摩诃末消灭的不过是西辽一支地方驻军而已。他在取得胜利以后，就高奏凯歌回归花剌子模，既没有继续前进扩大战果，也没有从外交方面对战败国西辽施压，这就使直鲁古有时间重新整合部队，做好反攻的准备。

在摩诃末离开花剌子模期间，重镇毡的爆发了叛乱，因此女儿的婚礼还没有结束，他就率军前往毡的。就在此时，菊儿汗直鲁古整备了一支大军，并且破天荒地亲自统率，浩浩荡荡地开往河中地区，反攻萨末鞬城。

摩诃末闻报，急忙派遣使者到各地去召集军队，第三次进入河中。还没等他开到战场，西辽大军就已经团团包围住萨末鞬，并且据说先后发动了 70 多次强攻。然而萨末鞬军民作战英勇，守备严密，一直等到花剌子模援军开到，城池也没有陷落。

因为长时间攻不破萨末鞬城，西辽军队士气低落。直鲁古看到花剌子模援军汹涌而来，正在考虑是战是退，然而“螳螂捕蝉，黄雀在后”，他突然得到消息，割据叶密立的屈出律正式竖起了反旗，正在率兵向虎思斡耳朵挺进……

最后一次狩猎

菊儿汗直鲁古真是倒霉到家了。

西辽大军多次出征河中，这位昏庸的皇帝都没有亲自前往，只派了怛罗斯的塔阳古领兵，结果塔阳古兵败被俘，让摩诃末扔河里淹死了，直鲁古这才被迫亲征。但他先是屯兵坚城萨末鞬之下，难以攻克，随即又遭到花剌子模和屈出律的前后夹击，无奈之下，只得勒兵后退。

那一边摩诃末才刚做好进攻的准备，突然一夜之间，敌人跑了个干干净净。他正在莫名所以，突然有名使者来到军中，献上了一封来自远方的书信。摩诃末展信一看，不禁拍案大喜，原来写信的不是他人，正是曾被菊儿汗倚为东面长城的乃蛮王子屈出律。

屈出律希望和花剌子模联起手来，从东西两个方向夹击西辽。他的提议是：如果花剌子模军首先取胜，就可获得包括七河地区和喀什噶尔在内的所有土地，自己一毫不取；如果自己首先取胜，那么西到河中的费纳客忒（今乌兹别克斯坦首都塔什干的西南方，锡尔河东岸）就全部归屈出律，花剌子模不得再有异议。

摩诃末心说西辽大军才刚从萨末鞬城下撤退，我只要猛追上去，定能轻易赢得战争。再趁胜直进，眨眼就能杀到虎思斡耳朵城下，你屈出律还远得很呢，哪里有你的份儿？你就老老实实地帮我牵制住西辽东部的援军吧。于是他欣然应允，签署了协议。

摩诃末指挥三军，越过萨末鞬城向东，快速挺进，果然很快就追上了西辽军队。直鲁古一看情况不妙，若不返身应战，被敌人衔尾而击，局面就不好收拾了，于是匆忙勒束所部，朝向西方摆开阵列。眼见恶战在即，胜负难知，谁想却突然有一名密使快马驰入了西辽军中。

菊儿汗的朝廷里有个叛将屈出律，那边花剌子模也并非铁板一块，派出密使前来觐见直鲁古的是花剌子模派驻萨末鞬的总督脱儿惕阿巴和另一员大将亦思法合八忒。

前面说过，脱儿惕阿巴是摩诃末之母图尔罕哈敦的族人，也就是说，他是一名钦察或者康里贵族。图尔罕哈敦的权势本就在儿子摩诃末之上，他的族人们更是仗着这层关系骄横不法，谁都不把苏丹放在眼里。因此脱儿惕阿巴等人密谋造反，打算在和西辽军队作战之时率领所部主动后撤，他们派遣密使通知直鲁古，并且说："如果因为我们的举动，菊儿汗赢得了胜利，那就请支持脱儿惕阿巴为花剌子模的君主，亦思法合八忒为呼罗珊的君主。我们将永远做您忠诚的仆人。"

真是山重水复疑无路，柳暗花明又一村，这份送上门来的大礼谁会不收？这回轮到菊儿汗直鲁古心中窃喜了，立刻盖上自己的玉玺，回信应允。

西辽和花剌子模的军队就在这种晦暗不明的态势下展开了决

战。这个时候的花剌子模疆域广阔，东部基本吞并了河中地区，西部囊括波斯和伊拉克，比残破的西辽王朝要大得多，兵源也更充足。摩诃末仗着兵力优势快速突进，他所率领的中军很快便与西辽中军混战成一团，杀得难解难分。

战至半酣，西辽军队的右翼首先吃不住劲了，在花剌子模军左翼优势兵力的猛攻下，伤亡惨重，队列散乱，被迫向后收缩。直鲁古这个着急呀，心说脱儿惕阿巴和亦思法合八忒那两个家伙怎么还不动手，难道自己是中了摩诃末的奸计吗？

其实直鲁古并未中计，脱儿惕阿巴和亦思法合八忒是真的想要夺取摩诃末的天下，因此他们绝对不能允许花剌子模打赢这一仗。就在菊儿汗直鲁古心急如焚的时候，突然前线快马传报，敌军右翼毫无征兆地朝后退却了。

“好，就趁这个大好机会发动反击，把花剌子模人打垮！”虽说直鲁古比起他能征惯战的祖父耶律大石要差上一万倍，但两军恶战之际的这种明显战机他还是会把握的，于是立刻挥军直进，很快就击垮了花剌子模军的左翼，对摩诃末亲自指挥的中军形成了包夹之势。

这个时候，脱儿惕阿巴和亦思法合八忒率领花剌子模的右翼部队假装战败，已经退到阵后，正好堵住了摩诃末中军的撤退之途。如果摩诃末此时率军后退，必然会落入两员叛将预先设计好的陷阱，那么中亚的局势就要彻底改变了。

然而可惜的是，正因为双方中军恶战不休，全都搅成一团，摩诃末早就退无可退。他眼见西辽兵马从四面八方汹涌杀来，自己哪怕插上翅膀也飞不出去了，万分危急之下，突然福至心灵，跳下战马，脱掉自己华丽的盔甲和袍服，换上了所俘获的西辽兵的服装……

和花剌子模军队一样，西辽军队也是由多民族战士组成的，有契丹人，有奚人，有汉人，恐怕更多的还有突厥人和回鹘人，相互间全都脸生，甚至连语言也不通。正因如此，摩诃末改装易帜，竟然混在西辽军里好几天都没有被发现。

花剌子模军因为苏丹失踪和指挥系统的突然消失而大败，全线崩溃，但西辽军一方面损失也不小，另一方面屈出律还在后面捣蛋，也没有追击的打算。双方就此罢兵，摩诃末好不容易才找到个机会骑马逃出，一直逃到费纳客忒河边。

本来已经乱成一团的花剌子模败兵因为苏丹的回归而重新集结起来，退回萨末鞬城，而脱儿惕阿巴和亦思法合八忒的阴谋也就此破产，终究没能得到他们垂涎已久的花剌子模和呼罗珊。但经此一败，摩诃末再也不敢和西辽军队作战了，他退回花剌子模，从此以后即便向东进军，也再没有超越过河中地区。

摩诃末是战败了，那么和他签有征服和瓜分西辽协议的屈出律又如何呢？在收到摩诃末签署的同盟合约之后，屈出律急忙快速出兵，首先攻占了虎思斡耳朵南方的重镇讹迹邗，抢掠到大量物资和装备，然后直线北上进攻虎思斡耳朵。

如果屈出律不是贪欲作祟，在讹迹邗大肆抢掠，耽搁了几天，而是直取虎思斡耳朵的话，或许西辽将会就此覆灭。然而他就慢了这么一小步，直鲁古所部主力大军已经击败了摩诃末，奏着欢歌凯旋了。屈出律才到虎思斡耳朵城下，就看到无数西辽军向他汹涌杀来，其中还簇拥着菊儿汗写着方块契丹字的王旗，不禁吓得心胆俱裂。他就这么吃了个大败仗，士卒大半被俘，自己被迫凄凄惶惶地逃回了东方老窝。

事态发展至此，似乎西辽帝国暂时稳定了下来，直鲁古有机会扫平叛逆，重振声威。但这个时候，西辽的国库已经因为数次战争尤其是战败而变得异常空虚，统治者为了充实国库而残忍地搜刮百姓，别说那些附庸国和附庸部族了，就连帝国直辖领土也是暴乱不断，社稷大厦岌岌可危。

根据志费尼的记载，在亦剌迷失草原之战以后，西辽败兵一路烧杀抢掠，逃回虎思斡耳朵。虎思斡耳朵的居民“一心盼望算端（指摩诃末）征服该地区”，紧闭城门，不放他们进入，“以为算端就在他们后面”。于是“散在四方的契丹军队都集中起来”，猛攻自己的首都整整十六天，最后“驱赶着他们从算端军中虏获的大象去攻打城门，把城门摧毁”。败兵进城以后，屠杀居民达三天三夜，“大名绅中四万七千名被列入遇害者之中”。

因为抢掠和支付军饷，国库中已经空无所有，宰相马合木·巴伊唯恐自己的私财被菊儿汗没收，建议“把军士从屈出律那里夺回的私财再行集中”，为此遭到“异密们”的猜疑和嫉恨，他们各自退兵回去，并在各地煽动叛乱。

志费尼作为一名穆斯林史学家，习惯于夸大伊斯兰国家君主或者将领的战绩，刻意贬低除自己主子（比如蒙古人）以外的“异教徒”，因此他的上述记载是混乱的、夸张的、难以取信的。首先，亦剌迷失草原之战西辽方的主将是塔阳古，并无记载菊儿汗直鲁古离开了虎思斡耳朵，皇帝尚在城内，怎能允许百姓们为了响应花剌子模苏丹摩诃末而紧闭城门呢？其次，如果是亦剌迷失草原之战的败兵进攻首都，又怎会有“散在四方的契丹军队都集中起来”之事，他们手头又怎么会有“从算端军中虏获的大象”呢？再次，那时候怎么会有“从屈出律那里夺回的私财”？最后，如果连都城都经过如此惨重的洗劫，直鲁古还有力量重整大军，于1210年去进攻萨末鞬吗？

如果志费尼时间记载错误，此事其实是发生在直鲁古打败摩诃末和屈出律以后，那么既然战胜而归，虎思斡耳朵的百姓又怎敢闭城固守？因为西辽帝国实行宗教信仰自由的政策，所以首都虎思斡耳朵城中除穆斯林外还有大批摩尼教徒、佛教徒和景教徒，穆斯林们有能力将这些人排除在外，为了迎接同教的苏丹摩诃末而与菊儿汗作战吗？

况且，如果杀进城中的不是败兵而是菊儿汗直鲁古，他有必要对自己的百姓开如此大的杀戒吗？光穆斯林的“大名绅”，能有四万七千名之多？他以后还在不在这座城里当皇帝了？！

志费尼有一段话颇费思量，是说这场攻守战中，“马合木·太（马合木·巴伊）和菊儿汗的异密们试图与他们缔和，并提出忠告，但他们不愿相信他们”。这前两个“他们”究竟指的谁？是城外的军队还是城内的百姓？这种指代不明的情况在古代伊斯兰史料中屡屡可见、不可胜数，留给后人以无穷的谜团。

假使志费尼的这段记载还有一些可信之处，那我们只能判断：西辽帝国后期军纪败坏，尤其在亦剌迷失草原之战大败之后，败兵到处劫掠，甚至可能一度进攻过首都虎思斡耳朵；因为败兵的洗劫、屈出律等叛乱分子的抢掠，加上军费开支过大，西辽的府库很快就见了底，而宰相马合木·巴伊也无法拿出有效的手段来解决财政危机，反而拆东墙补西墙，把情况越搞越糟。

曾经辉煌的西辽帝国，至此真是江河日下、无力复振了，它的覆灭之期很快就将到来。

西辽帝国岌岌可危，可是作为君主的直鲁古看起来并没有励精图治之意，他不仅没能解决内部的主要矛盾，也没有及时派发军队去彻底剿灭屈出律，使得屈出律在帝国东部重新站稳了脚跟，并且厉兵秣马，随时打算卷土重来。

就在屈出律被西辽军队在虎思斡耳朵城下打败的一年以后，1211 年，直鲁古突然兴致高涨，带着部属出城打猎去了。游牧民族本就有狩猎的习俗，尤其在每年秋季，动物们都忙着储备过冬的能量，个个吃得膘肥体壮，正是狩猎的大好时节。西辽的皇室是契丹人，保留了一定游牧民族的习性，西辽直辖领地内又有大片草原和牧场，很适合狩猎。当年塔不烟或者夷列不就是在狩猎的过程中撞见金使粘割韩奴，并且把他给砍了脑袋的吗？

然而此时西辽境内已经混乱不堪，屈出律还虎视在侧，挑这个时候出城狩猎，实在不是一个好主意。果然，听闻直鲁古出城的消息，屈出律大喜过望，马上点起一支精锐骑兵，亲自率领着长途奔袭，直扑西辽皇帝的猎场。

《辽史》上记载得很简略，只是说“(直鲁古)时秋出猎，乃蛮王屈出律以伏兵八千擒之，而据其位”。《世界征服者史》中相对详细一些：“他（指屈出律）听说菊儿汗和他的军队分开来，城镇和农村都受到压迫，而且大部分军队离他很远，这是他再利用他的时机，像从云中射出的闪电一样袭击菊儿汗，完全出其不意地把他擒获……他的所有军队四散，并离得老远，因此别无他法，他向屈出律称臣，在他面前屈膝。”

菊儿汗直鲁古就这样半途终结了他人生中的最后一次狩猎，这也是西辽王室的最后一次狩猎。直鲁古的被擒，宣告着西辽帝国实际上的灭亡——虽然在名义上还多维持了七年时间。

信仰的敌人

契丹民族的大英雄、西辽德宗耶律大石于1124年七月离开夹山天祚帝行营，开始了他艰苦卓绝的复国之路，1130年二月整兵西征，两年后在叶密立称帝，肇建庞大的西辽帝国。1137年，耶律大石亲率大军在卡特万与塞尔柱大君桑贾尔展开决战，大获全胜，旋即降伏了西喀喇汗国和花剌子模国，势力直逼呼罗珊和波斯——距离他称王创业，已经过去了整整 13 个年头。

卡特万决战的六年以后，耶律大石终于在虎思斡耳朵驾崩，他的继承人，无论是妻子塔不烟，还是儿子夷列、女儿普速完，都相对地安于现状、不思进取，更没有东征恢复契丹辽朝旧日山河的任何举措。普速完执政的 1165 年，阿姆河以南的巴里黑地区向西辽称臣，这可谓西辽王朝的全盛时期，疆域也达到了最大。

全盛以后就开始走下坡路，就在巴里黑降伏的七年以后，东北方的粘拔恩部（乃蛮部）降附金朝，此后不久，可敦城和谦谦州也都失去了。但即便如此，交到末帝直鲁古手上的仍然是西域和中亚细亚首屈一指的大帝国，谁又能想到仅仅三十多年以后，那个昏庸的家伙就会把家底全都丢光，甚至连自己都做了叛臣屈出律的阶下囚呢？

帝国西部，首先是花剌子模崛起，脱离西辽掌控，而且花剌子模苏丹摩诃末还于 1210 年彻底吞并了河中地区。帝国东部，高昌回鹘于 1209 年宣布脱离西辽的统属，归降蒙古帝国，直鲁古派遣屈出律前去讨伐，但那个心怀叵测的小子不但拥兵自立，还把帝国的旧都叶密立给端掉了。

不仅如此，帝国南方的喀什噶尔与和田地区，东北方的巴尔喀什湖地区也是叛乱不断。有一个小故事，是说某一年（具体时日无考，但肯定是在直鲁古统治的中后期），喀什噶尔地区的君主、土库曼王穆罕默德·本·玉素甫起兵作乱，直鲁古调动兵马前往镇压，传令的使者一路北进，来到巴尔喀什湖地区，要求阿儿斯兰汗协同出兵。

这又是哪个阿儿斯兰汗呢？原来当年耶律大石进攻东喀喇汗国，不费一兵一卒进入喀喇斡耳朵以后，很快又降服了东喀喇汗国境内的葛逻禄人，把他们中的大部分迁徙到巴尔喀什湖周边地区，使其成为一个与南迁喀什噶尔的东喀喇汗国相分割的单独政体——你们不是有仇吗？干脆分开来就不会出事了吧。这些葛逻禄人的首府设在海押立（今哈萨克斯坦境内，巴尔喀什湖以南，塔尔迪库尔干以东），首领也自称阿儿斯兰汗。西辽帝国对待他们一如对待各附庸国，发给银牌，每年派遣沙黑纳去收税。

西域地区的葛逻禄人主要分为两支：原西喀喇汗国境内的一支是在普速完时代被缴了械，迁去喀什噶尔；原东喀喇汗国境内的这一支倒是活得挺优哉，有自己稳定的牧场，也有了自己的王（阿儿斯兰汗）。可惜再悠闲的生活也会被乱局打破，再忠诚的心也会被昏君践踏。

直鲁古为了讨伐喀什噶尔，下令葛逻禄阿儿斯兰汗派兵协助。但当阿儿斯兰汗领兵前来会合的时候，却从西辽将领沙木儿·塔阳古（名叫沙木儿的侍从官）口中得知了一个惊人的消息。

沙木儿告诉他："陛下早就已经对你不满了，他想趁这个机会杀掉你。如果你胆敢造反，那就有理由除掉你；如果你虽然表示服从，但在战斗过程中对穆斯林表现出一丝一毫的温情，也可以用讨伐不力为借口，取你的性命。为今之计，你只有服毒自杀，那么我就向陛下求情，允许你的儿子继位。”

这话听起来很假，不像是菊儿汗直鲁古有什么阴谋，倒像是沙木儿本人想用花言巧语除掉阿儿斯兰汗。不管怎样，为了保住家庭和族人，阿儿斯兰汗无奈之下只得听取了“建议”，服毒自尽。事后直鲁古也果然派一名沙黑纳护送其子回到海押立，继承他的产业。这位新的阿儿斯兰汗因此对契丹人怀恨在心，加上沙黑纳频繁插手族中的事务，他实在忍无可忍，就在 1211 年杀死西辽沙黑纳，投靠了铁木真。

1121 年，就是这一年，原本庞大的西辽帝国已经四分五裂，菊儿汗直鲁古还能够勉强控制的地区就只有虎思斡耳朵周边，以及南方三天两头造反作乱的喀什噶尔与和田地区了。可就在这种情况下，他老兄还有心情出城去打猎，结果遭到屈出律的袭击，就在猎场上做了俘虏。对于契丹民族、西辽帝国来说，这是一个大悲剧，但对于直鲁古本人来说，却一点也不值得可怜。

屈出律虽然在猎场上俘虏了菊儿汗直鲁古，却并没有实力一口就吞掉残存的西辽帝国。

当年耶律大石拿下东喀喇汗国几乎不费吹灰之力，但那只是表象，他在暗地里做了大量的分化和拉拢工作，因此才能水到渠成，看似登上的是一把“不费他分文的宝座”。屈出律的情况却截然不同，他虽然能够拉拢那些被蒙古人打散、从东方迁徙过来的散兵游勇，在虎思斡耳朵周边却并无人望，不仅如此，还人人都视其为叛臣，人人欲杀之而后快。

不过这小伙子头脑挺好，更有满肚子的花花肠子，他左思右想，竟然想出一条妙计来。于是他下令把直鲁古押解上来，亲解绑缚，磕头跪拜说："下臣是不得已才造反的，并不想伤害陛下的性命，还请陛下宽心。只要陛下答应我的条件，您立刻就可以恢复自由。"

直鲁古一辈子锦衣玉食，打一出生就是大帝国的王子甚至很可能是太子，更进一步就做了皇帝，从来没吃过丝毫苦头，屈出律的这次奇袭，可把他吓得不轻，于是一边筛糠一边许诺："你说，只要能留下朕的性命，朕无所不允！"

"很简单，陛下您没有儿子，不如收我做干儿子，把菊儿汗的宝座让给我，那样，您就变成了我的父亲，变成了太上皇，我还怎么可能伤害您呢？"

换作一位稍有骨气的君主，定然会拍案大骂，要屈出律死了这条心，然而既昏庸又怕死的直鲁古竟然立刻就答应了——祖父耶律大石英雄的血脉，似乎一丁点儿都没有遗传给他。

就这样，屈出律挟持着直鲁古，昂首挺胸步入虎思斡耳朵城，占据了菊儿汗的宝座。依照约定，他并没有改变西辽的国号，但也没有恢复直鲁古的自由，他把那位"太上皇"软禁起来，虽然"朝夕问起居"，真把对方当老爹供着，却也绝对不让这老爹走出宫殿一步。

屈出律是想利用直鲁古的正统菊儿汗身份来稳定自己的统治，

拉拢契丹贵族们的心，就像当年古斯人把桑贾尔关进笼子里一样。然而桑贾尔一辈子打仗，体格也好，还有机会被关三年后脱身而出，直鲁古就没有这种本事，更没有这种好命了。他在软禁中又活了整整两年，终于郁闷地咽了气。

屈出律可谓真正的“窃国大盗”，为了稳固这个偷来的国家，他不仅仅尊奉直鲁古为太上皇，还娶了一位契丹贵族女子为妻——有一种说法，此女正是直鲁古的公主，那么屈出律以女婿的身份继承菊儿汗之位，倒也算名正言顺了。

然而，这位契丹公主虽然帮助屈出律稳定了政局，可是另一方面，却也直接地害苦了屈出律。原来公主是虔诚的佛教徒，虔诚到不能允许其他宗教的存在，屈出律是基督教徒（聂斯脱利派），他才一求婚，公主就说：“除非你改变信仰，否则我宁可死，也不会嫁给异教徒的。”

既然可以背叛主子，当然也可以背叛神灵，屈出律二话不说，立刻就改宗，不仅如此，为了博取公主的欢心，他还定佛教为国教，在全国范围内大力推行，并且打击信仰人数最多的伊斯兰教。

西辽帝国原本是以宗教自由为重要旗号，才能将各民族都拢聚在一起的，屈出律这么一搞，把人心都给打散了。一开始推行佛教的政策还是在帝国直辖区域也即七河地区，后来推广到喀什噶尔与和田地区，立刻就闹出了大乱子。

前面提过喀什噶尔与和田的统治者、土库曼王穆罕默德·本·玉素甫曾经掀起反旗，菊儿汗直鲁古派兵镇压，活捉了玉素甫，逮回虎思斡耳朵下了大牢——这一仗还引发了一个小插曲，葛逻禄阿儿斯兰汗就在战斗过程中服毒自尽，最终导致帝国北方巴尔喀什湖周边地区的丧失。等到屈出律窃踞帝位以后，马上就把玉素甫从牢里放了出来，表态说："只要你发誓服从我，我就放你回去，恢复你的王位。"

玉素甫喜从天降，忙不迭地答应，于是屈出律果然派兵护送他回喀什噶尔。然而这家伙已经被关了好几年，喀什噶尔早就推选出了新的土库曼王，还得到了虎思斡耳朵的承认，现在听说旧国王要回来，贵族们全都慌了神，心说他复位以后若是搞场大清算，咱们都得倒霉呀。干脆一不做，二不休，派遣刺客前去……正当玉素甫在屈出律士兵的护卫下得意扬扬进入喀什噶尔城门的时候，突然射出来一支冷箭，当场要了他的小命。

这么一来，喀什噶尔、和田的贵族们等于是摆明了要和屈出律作对。屈出律闻报大怒，可是他刚占据菊儿汗的宝座，根基还不稳，这个时候要是离开虎思斡耳朵率军南征，恐怕会捡了芝麻、丢了西瓜。这人心肠很恶毒，于是他并不亲自前往讨伐，而只派遣小部队前去骚扰，一连三四年，每到秋收就派兵去把喀什噶尔周边地区的庄稼烧光。百姓们收不到粮食，整个喀什噶尔与和田地区就此闹起了大饥荒，无奈之下，只得表示愿意归服屈出律。

于是屈出律这才离开虎思斡耳朵，统率大军，浩浩荡荡地开进喀什噶尔城，据说他把每一名士兵都派去百姓家中居住，"共聚一堂，同住一屋，处处看得见奸淫烧杀"。进而他又开入和田，强迫当地居民放弃伊斯兰教，改信佛教或者基督教。

西辽帝国虽然并不把臣民分为三六九等，但很明显，曾经的菊儿汗是契丹人，很多官员、贵族也都是契丹人，契丹人的身份地位无形中是最高的。屈出律窃踞帝位以后，为了讨公主老婆欢心，更为了表示自己是西辽帝国正统的继承人，对契丹人也给予优待。他虽然下令伊斯兰教徒改变信仰，却对契丹人网开一面，于是和田的很多老百姓干脆改穿契丹人的长袍，假装自己是契丹人，以逃避宗教压迫。

屈出律下令捣毁和田的伊斯兰教礼拜堂，把宗教学者三千多人都押解到城外，骄横地呵斥道："你们这群人中，谁个胆敢跟我辩论有关宗教和国家的事，而且胆敢不向我让步，不怕惩罚和酷刑？"

可想不到，话音刚落，还真有人敢站出来反驳，这人就是德高望重的伊斯兰教长阿老丁·穆罕默德。老教长精研学问许多年，只要他不惧怕权威，敢于侃侃而谈，屈出律怎会是他的对手？最终屈出律理屈词穷，恼羞成怒，竟然脏话连篇。阿老丁·穆罕默德怒喝道："闭住你的鸟嘴，你这信仰的敌人，你这该死的屈出律！"

恼怒的屈出律就把老教长捆绑起来，凌虐了好几天，却始终得不到他所期盼的胆怯和屈服。最后，他下令把阿老丁·穆罕默德钉死在礼拜堂的大门上，这一残暴的行为激起了喀什噶尔与和田地区百姓的普遍憎恨。

不向你们要别的东西

当屈出律在猎场上擒获西辽末帝直鲁古，窃取了菊儿汗的宝座以后，他曾经的盟友、花剌子模苏丹摩诃末派遣使者前来，想要分一杯羹。使者说："因为我们联合消灭了他们（指契丹人），我们应该瓜分他们的国家。"

到嘴的肥肉，谁肯吐出一半来？屈出律当下冷冷地回答说："我对你除去剑之外再没有别的，而你们的勇气不如契丹人强，国家不如他们光荣，你要知足，并保持缄默，否则我到你那里，对待你将比对待契丹人更坏。"

屈出律听说摩诃末已经率兵东进，很明显的，使者若是带不回满意的答复，他就要亲手前来抢夺，于是也立刻点兵向西迎战。摩诃末不敢和屈出律正面对战，派兵从侧翼骚扰，袭击辎重、抢掠村庄。屈出律派遣使者嘲讽摩诃末："国王不这样做，强盗才这样做。如果你是苏丹，像你说的，那我们应该会战；或是你打败我，占领我手中的国家，或是我这样对你做。"可是摩诃末置之不理，我行我素，两军始终没有接仗，屈出律却已经焦头烂额了。

这是在残存的西辽帝国西境，而在帝国南境，屈出律于1213年重新征服喀什噶尔与和田地区，还没有回师，就听闻东面的伊犁河谷闹起了暴动，首脑是葛逻禄人斡匝儿。于是屈出律急忙转道向东，前去讨伐，可是连打了好几仗都失败了。

当然，斡匝儿也知道屈出律的挫败只是暂时的，自己兵力有限，长期对战下去很难寻找到取胜的把握，得找个靠山帮忙。于是他派遣使臣前往蒙古，表示愿为铁木真的仆从。铁木真大喜，让自己的长子术赤和斡匝儿联姻，结成儿女亲家。斡匝儿非常感动，干脆自己跑一趟，千里迢迢前往蒙古草原去觐见、谢恩，受到了隆重款待。

有了蒙古人做靠山，还怕什么屈出律呀？斡匝儿这家伙就此头脑发热，回来以后耽于玩乐，再也不理政务了。1217 年的某一天，他也跟西辽末帝直鲁古犯了同样不可饶恕的错误，强敌在侧，竟然只率领少数随从离开根据地也力麻里（今新疆伊犁霍城县西北方）去打猎。屈出律故技重施，率兵突袭，当场擒下了斡匝儿。

随即屈出律绑着斡匝儿来到也力麻里城下，高喊守军开门。可是还没有得到回应，突然探马来报："有一支蒙古军队正向此处开来。"屈出律被蒙古人打怕了的，闻言急忙撤围而走，并在途中杀掉了已经没有丝毫利用价值的斡匝儿。

他的这一举动，更加激怒了蒙古人。

暂且放下屈出律的生死，我们把久在西域的目光移回中原大地上去。先简单叙述一下蒙古族的崛起，顺便还可以提提虽不如耶律大石却也算契丹民族一时英豪的耶律留哥。

铁木真盟会草原各部，被尊为成吉思汗，是在公元 1206 年，也即西辽末帝直鲁古的天禧二十九年。这一年也是南宋宁宗赵扩的开禧二年，在宰相韩侂胄的谋划下，发动了规模浩大的“开禧北伐”。

韩侂胄早就有北伐金朝、恢复中原故土的梦想，就在这一年四五月份，他怂恿赵扩削掉了高宗赵构时代大奸臣秦桧的王爵，并且追谥他为“缪丑”——这是一个最低劣、最卑鄙的谥号。同时，还恢复冤屈而死的岳飞的名誉，加封为“鄂王”。

一系列举措鼓舞了主战派的人心，随即宋军分三路大举北进，一开始连打了好几个小胜仗，女真人被迫抽调北线以防备蒙古的兵马前来堵截。宋军虽然口号喊得山响，气势汹汹，然而多年不经战阵，士兵疲弱，将领也大多胆怯无能，竟然瞬间就土崩瓦解，被迫由攻势转为守势。韩侂胄本是个机会主义者，没有杀身成仁的勇气，一看前线败了，立刻转向，派遣使者前去求和。金人看到宋军不堪一击，知道北方蒙古才是大敌，于是也不为已甚，提出条件说：“把韩某的人头拿来，我们就退兵。”

其实这个时候，南下的金兵也早已成了强弩之末，灵璧（今安徽省宿州市灵璧县）一战，宋将毕再遇手提双刀，亲率二十一骑闯阵，竟然就杀退了五千金兵。如果韩侂胄具有破釜沉舟的勇气，顶住压力继续作战，最终胜负还未可知呢，可惜那家伙权谋有限、勇气不足，搞北伐与其说是为了国家社稷，还不如说是为了自己的名声前途，吃几个败仗立刻就蔫儿了。他想罢兵谈和，冷了主战派的心，更使得主和派纷纷跳将出来。最终在奸臣史弥远等人的策划下，暗杀韩侂胄，当真捧了他的脑袋前去求和。

金人倒也明白事理，给了韩侂胄一个谥号，叫作“忠缪”。忠就是忠诚，缪就是错乱，意思是说这姓韩的对国家是忠的，办出事来却颠三倒四，妄动刀兵，结果自取其辱。

就这样，南宋最后一次大规模北伐宣告失败，没能动得金朝一根汗毛。不过他们倒是帮忙牵制住了部分金兵，为蒙古草原上的铁木真赢得了宝贵的时间。铁木真就趁着这个机会招兵买马、扩充势力，1209 年，他大举进攻西夏，迫使夏主求和称臣。消息传到高昌，和州回鹘王，蒙古人称之为畏吾儿亦都护——巴尔术阿而忒·的斤慌了神，立刻前往觐见铁木真，表示愿意摆脱西辽的控制，归附蒙古。

通过降伏西夏和高昌回鹘，铁木真保障了自己的侧翼，随即大举南下，进攻金朝。1211 年，也就是西辽末帝直鲁古在打猎的时候当了屈出律俘虏的那一年，蒙古军队在野狐岭（今河北省张家口市万全区西北）大败金兵三十万，金朝从此一蹶不振。

仿佛是历史的重演一般，在野狐岭之战的近一百年前，契丹辽朝的天祚帝耶律延禧在护步答冈被女真兵打败，就此宣告了北中国的统治权从契丹族手中转移到女真族手中。而这次野狐岭之战，却宣告了女真族统治的终结，蒙古大军即将入主中原。

野狐岭之战鼓舞了那些多年来受女真统治者欺压的契丹百姓之心，契丹人纷纷掀起反旗，以策应蒙古军，反抗金朝的暴政。为了阻止叛乱的发生，金朝想出一个馊主意，下令把契丹人分散开来，由女真人每两户夹着一户契丹人，作为监视。可是这么一来火上浇油，北边千户、契丹贵族耶律留哥振臂一呼，群起响应，很快就拥兵十余万，极大地打击了女真族的统治。

1213年，耶律留哥自称辽王，建都咸平（今辽宁省开原市老城镇）——就在西辽被乃蛮族的屈出律篡夺之后不久，东方的契丹民族重新建立起了自己的国家。不过耶律留哥这个人很看得清时势，他知道蒙古勃兴的势头不可阻挡，于是否决了臣子们要他称皇帝的建议，反而北上觐见铁木真，表示归从。他这个辽王一直当到1220年去世，始终对蒙古国忠心不二，而铁木真也始终对他礼遇有加。

契丹族最后的能人除了这个耶律留哥外，还有一个耶律楚材，据说是太祖阿保机的九世孙——耶律大石是第八代，所以楚材算大石的侄子辈。1215年，蒙古兵攻克燕京，铁木真听说有位耶律楚材精通汉文、学识广博，就请他出山当参谋，耶律楚材对于蒙古帝国的建立，可谓居功至伟。

可是前面说过，就连耶律楚材这么博学的人，都要在跟随铁木真西征以后才在西辽故地找到一个名叫李世昌的前西辽贵族，才学会了本民族的文字，可见在中原故地，因为女真族的文化钳制政策，已经没有什么人会说契丹话、用契丹字了。

契丹族的最后灭亡，很大程度上要归咎于本民族文化，尤其是文化最重要代表的语言文字的消亡。

铁木真是在称成吉思汗的同一年，也即1206年，第二次进攻乃蛮部，生擒了不欲鲁汗，赶走了屈出律。蒙古军忙着收兵回去对付仇人金朝，也没有穷追，屈出律这才得以逃出生天，跑到西辽。

可是没过两年，他就篡夺了西辽的菊儿汗之位。消息传来，铁木真如何不惊？再加上葛逻禄人斡匝儿前来归附，和铁木真的长子术赤成了儿女亲家，斡匝儿请求蒙古发兵攻打屈出律，更是正中铁木真的下怀。

于是 1218 年，铁木真派遣大将哲别和速不台各率领一支规模不大的部队向西进发。哲别前去增援斡匝儿、攻打屈出律，速不台的使命则是追击败逃的蔑儿乞残余势力。可惜哲别来晚了一步，倒霉的斡匝儿已经在猎场上被屈出律给逮住了，并且正押着他去叫降也力麻里城。

一听说蒙古军队杀到，屈出律闻风丧胆，转身就逃。据说蒙古兵进城以后，“除屈出律外不向我们（城中居民）要什么东西”，“并且派一名使者在城内宣布，人人均可信仰自己的宗教，遵守自己的教规”。

原本在西辽统治下信仰自由的百姓们，这几年实在是被屈出律的野蛮政策禁锢得透不过气来，一听到这种命令，无不欢天喜地，欢迎蒙古人的到来。原西辽境内的许多城池都起而反抗假菊儿汗屈出律的统治，主动开门接纳蒙古军，而蒙古军也不稍作停留，如同疾风一般猛追他们的敌人。因为铁木真的命令很简单明确：“杀死那个卑劣的屈出律，把他的脑袋送到我面前来！”

最终屈出律仅携带少数亲信随从逃进一座名叫达拉兹的山中，走迷了路。蒙古兵随后追来，碰到一群猎人，问他们：“有无看到这般的一群人？”猎人们回答说：“看见过，他们刚跑过去。”于是蒙古人就说：“这些人是屈出律和他的部下，从我们掌中逃脱。如果你们捉住屈出律，把他交给我们，那么我们不向你们要别的东西。”

当时西辽境内，不憎恨屈出律的人恐怕寥寥无几，于是猎人们一口答应，果然追上了屈出律一行人，把他们团团包围起来。屈出律就这样做了阶下囚，被猎人们绳捆索绑地献给蒙古军。哲别下令砍下屈出律的人头，然后把他随身携带的所有财物都赏赐给了猎人们。

窃夺西辽政权的屈出律就这样丧了命，但他可悲的下场并不能给同样愚昧的花剌子模苏丹摩诃末作出榜样。

摩诃末一直想要和屈出律平分西辽的土地，两国间经常爆发战争，这次他听说屈出律前往东方去攻打斡匝儿，以为机会来到，就亲率大军前往征伐。这边哲别和速不台先后完成了任务，正打算班师回朝，突然看到远处尘土飞扬，花剌子模大军浩浩荡荡地杀了过来。

花剌子模军迎面撞上的是速不台所部。速不台心想，成吉思汗的命令是要我剿灭蔑儿乞人，可没让自己和别人干仗，于是派遣使者前去花剌子模军中，诚恳地表示并无敌意。然而摩诃末狂妄惯了，一看蒙古兵数量不多，竟然主动发起了攻击。

速不台被迫迎战，并且在恶战当中亲率精锐兵马直取摩诃末的中军。蒙古兵骁勇善战，又是以寡敌众，个个抱着必死的决心，竟然一击得手，堂堂苏丹差点就做了俘虏。多亏摩诃末的长子札兰丁匆忙赶来救援，才勉强挡住了蒙古军的突击。

这一仗从白昼直杀到黑夜，各自收兵，速不台趁着黑夜拔营而去，回到了蒙古草原。就这样，蒙古和花剌子模的第一次交锋落下了帷幕，但两国间的战争也就从此发端，一发而不可收拾……

百年名教垂

蒙古和花剌子模之间是有仇的。

就在铁木真称成吉思汗后不久，一批花剌子模商人来到蒙古草原，他们欺负对方是个“野蛮民族”，就狮子大开口，为自己贩运的织物索取高价。铁木真大怒，嚷道：“这家伙是否认为我们这儿从前根本没有过织品？”他一方面把自己库藏的高级货色全都搬出来向商人们展示，另一方面下令把对方拘押起来，货物也全部没收。

花剌子模商人慌了，于是告饶说：“我们把这些织品全都献给大汗。”铁木真看对方服软，自己挣回了面子，也就转怒为喜，反而花高价买下他们的货物。原本蒙古草原荒僻之地，确实没什么好东西，好东西全是东西方的商人们贩运而来的，不过此时铁木真已经统一了草原大漠，作为大汗，他的财力当然不是一般商人可比的，再用老眼光看人，也难怪这些花剌子模人会遭受一时的屈辱。

蒙古人仰赖商队惯了，这时候财雄势厚，铁木真就想着不如我也派出商队去，大家互通有无吧。于是命令自己麾下的将领、贵族们各家出两三个人，凑齐一支庞大的商队，载运着无数奇珍异宝，跟那些花剌子模商人回去。他还给花剌子模苏丹摩诃末写了一封信，说："从今以后，因我等之间的关系和情谊的发展，那仇怨的脓疮可以挤除，骚乱反侧的毒计可以洗净。"

要说铁木真丝毫没有向西发展的企图，那是不确切的，不过当时他正忙着攻打西夏和金朝，没空西征，因此想和花剌子模搞好关系，或许可以东西夹击那可恶的屈出律。况且，那些远来商人的吹嘘也给铁木真造成了错觉，以为花剌子模是中亚首屈一指的大国，兵强马壮，他没有信心在短期内将其打垮。

就这样，蒙古商队跟随着花剌子模商队一路往西。这是一趟商业之旅，也是一趟和平之旅。可惜，迷梦瞬间就被打破了，当商队来到讹打剌城的时候，却突然遭到了守将的扣留。

前面说过，讹打剌是花剌子模攻取的第一座西辽城池，摩诃末派老娘图尔罕哈敦的一个亲戚担任守将，并且封他为哈只儿汗，意思是"强大的汗"。哈只儿汗垂涎蒙古商队带来的财物，突起黑心，于是污蔑商队为盗匪，货品是赃物，下令把那些蒙古人全都砍头，货物充公。

蒙古商队中有一名驮夫幸运地逃出生天，凄凄惶惶跑回去禀报铁木真。据说铁木真闻报后大怒如狂，独自登上一个山头向上天祈祷了三天三夜，说："我非这场灾祸的挑起者；赐我力量去复仇吧！”

不过直到这个时候，铁木真还是有点畏惧“中亚大国”花剌子模的实力，因此他先写信给摩诃末，要求他交出凶手，两国还可以恢复和平的局面。摩诃末明知道哈只儿汗这事做得实在恶劣，但一方面他骄横惯了，不打算低头认错，另一方面老娘图尔罕哈敦又一个劲儿地为自己亲戚说情，于是他回信铁木真，严词拒绝了对方的正当要求。不仅如此，摩诃末还杀死了蒙古正使巴合剌，把两名副使剃掉胡须赶了回去。

当时无论伊斯兰教徒还是蒙古人，凡男子都把自己的胡须看得很重，认为那是成年男性的重要标志，剃掉胡须乃是奇耻大辱。这两名副使逃回蒙古，铁木真更是怒不可遏，他这才下定决心，召集兵马准备西征，在此之前，他先派遣哲别、速不台等将去讨平屈出律和蔑儿乞人，以打通西进的道路。他倒是没想到，速不台竟然会迎面撞上花剌子模大军，更没有想到据其回报，花剌子模军其实是“银样镴枪头”。

于是，就在屈出律被杀的第二年，也即 1219 年，成吉思汗铁木真亲率大军征讨花剌子模，这也是历史上著名的蒙古西征的发端。

铁木真亲率大军西征之际，花剌子模的疆域已经扩展到最大。在东部，摩诃末吞并了西喀喇汗国，并将都城从玉龙杰赤迁徙到河中名城萨末鞬（也即河中府）；在南部，1215 年灭亡了古尔王朝；在西部，1218 年前后进军巴格达，威逼哈里发。然而如此庞大的疆域，其实只是一个徒有其表的空架子罢了，境内大大小小的割据势力只是名义上听从摩诃末的领导。不仅如此，花剌子模宫廷内部也是派系林立，图尔罕哈敦掌握着大部分政务，就连苏丹也不过是半个傀儡。

这样一个瞬间膨胀的松散帝国，倘若没有很好的外部环境，一旦遭到强力打击，是很容易分崩离析的，可惜骄横的摩诃末却看不清这一点。

而在蒙古方面，虽说兵强势壮，但此前与花剌子模的交往不深，对中亚细亚的情况了解有限。铁木真因为受到奇耻大辱而不得不发兵前往征伐，否则他大汗的威望就会下降，但本身却并没有必胜的信心。正因为这样，他在临行前听取了妃子也遂的建议，宣布第三个儿子窝阔台为继承人，一旦自己在征伐途中遭逢不测，无法活着回到蒙古，就让窝阔台继任汗位。

由此可见，铁木真对于攻打花剌子模是下了很大决心的，但是否能成功，他自己心里也一点儿底都没有。

这次西征动员了超过半数的蒙古军队，除了大将木华黎继续对金作战外，多达十五万到二十万的蒙古骑兵浩浩荡荡向西开拔。当年秋季，铁木真进入今天的新疆维吾尔自治区境内，驻兵额尔齐思河畔，然后分兵四路攻打花剌子模——

第一路，由次子察合台、三子窝阔台统率，直取战争的导火索讹打剌城；第二路，由长子术赤统率，进攻名城毡的；第三路由阿剌黑那颜（那颜是蒙古贵族的称号，也即千户长）率领，进攻忽毡；主力则跟随铁木真和其第四子拖雷，绕过萨末鞬，直取蒲华也即布哈拉城。

蒙古兵一路势如破竹，很快就深入了花剌子模的腹地。只有讹打剌那个惹祸精哈只儿汗知道蒙古人绝对不会放过自己，因此抵抗得异常顽强，讹打剌城竟然苦守了整整五个月才被攻破。城池陷落后，哈只儿汗被俘虏，押送到铁木真帐前，铁木真冷笑着说："你不是贪财吗？那我就让你因财而死。"下令把银子融化成汁，灌进哈只儿汗的口鼻，把他活活地烫死了。

1220 年三月，已经拿下蒲华的铁木真亲率大军进攻花剌子模新都萨末鞬，摩诃末不敢抵挡，抢先南逃，城中的康里族守军打开城门迎降，但铁木真还是把三万康里兵卒全数屠杀，并且纵兵大掠。一年以后，丘处机来到这座河中名城，据《长春真人西游记》所载："方算端氏（指摩诃末）之未败也，城中常十余万户，国破而来，存者四之一（四分之一）。"

到了 1220 年秋季，蒙古军已经尽占河中地区，随即进取花剌子模旧都玉龙杰赤，经过长期围困后，将其攻陷。

铁木真恨摩诃末入骨，还在围攻萨末鞬的时候，就派遣哲别、速不台等将率领数万精骑追杀那个逃亡苏丹。蒙古人在后面一路追，摩诃末在前面狼狈逃窜，比当初的屈出律还要凄惨。不过他也算福大命大，最终也没有沦落为蒙古人的俘虏，而是在当年年底逃到里海一个小岛上，随即就病死了。

想当年摩诃末的老爹特克什临终之际，曾经告诫儿子不要和西辽菊儿汗打仗，因为"他是一道其后有可怕敌人的长城"。可惜摩诃末不听劝，和屈出律联手把那座长城推倒了，终于“可怕敌人”从蒙古草原上汹涌杀来，覆灭了好不容易才崛起的花剌子模帝国。不过摩诃末的死并不意味着花剌子模的灭亡，他的继承人札兰丁又继续奋战了很多年，直到 1231 年才兵败逃亡到今天土耳其东部的深山中，被当地库尔德人杀死。

至此，花剌子模这个曾经风光一时的中亚大国，被蒙古人摧枯拉朽地击败，彻底灭亡。

还是继续来说西辽帝国，这个帝国自屈出律被杀后可谓名实俱亡，那么它辖下的土地又归了谁人呢?

铁木真第一次西征就到 1222 年秋季为止，因为听说西夏有不稳的动向而班师东归。回到蒙古以后，他把所统辖的广阔土地赏赐诸子——这些土地即包括西辽的全部和花剌子模的大部分疆域。

第四子拖雷受封蒙古本土；第三子窝阔台受封原西辽北境和东境，其中心地区就是当年耶律大石登基称帝的叶密立城；第二子察合台受封西辽西境与河中地区；长子术赤受封花剌子模故地。

就这样，辉煌一时的西辽帝国灭亡了，而他的敌人也瞬间化为飞灰，大半个亚洲都沦为蒙古军铁蹄下的烟尘。

当耶律楚材跟随铁木真西征，来到中亚以后，他不仅仅跟随李世昌学习契丹文字，也详细地打听了从耶律大石建立西辽，直到末帝直鲁古覆亡的史事，两个契丹人，一个从本土而来，一个居住在西辽故地，都是失去祖国的遗民，相互间一定有太多太多的感慨和哀伤要倾吐吧?

于是耶律楚材写下一首五言绝句，以赞颂和悼念西辽帝国——

后辽兴大石，
西域统龟兹，
万里威声震，
百年名教垂。

在诗歌的标题中，作者注解道："大石林牙……克西域数十国，幅员数万里，传数主，凡百余年，颇尚文教，西域至今思之。"

而伴随着西辽帝国的灭亡，契丹这个古老民族也逐渐在历史长河中销声匿迹，融入其他民族中去了。在蒙古人的统治下，按照征服先后将人民分为四个等级，即最高贵的蒙古人、次等的色目人、第三等的汉人和最下等的南人。所谓色目人，乃是指蒙古大军数次西征所征服的民族，主体为回鹘人、突厥人，但是也包括跟随耶律大石迁居的汉人、奚人、渤海人和契丹人；所谓汉人，是指原金朝统治下的百姓，既包括北宋的遗民，也包括女真人和被女真族征服的契丹人、奚人、渤海人。就这样，契丹民族在西的变成了色目人，逐渐融入回鹘、突厥诸部中，在东的则演变成"汉人"了。

原本要在中原地区或者中亚细亚各民族中区分出契丹人，是很容易的事情。来自草原和密林的北方游牧民族、渔猎民族男子大多有剃发的习惯——女真人是剃去前额的头发，在脑后扎辫子；蒙古人剃得少，仅仅刮掉刘海，在两侧耳际扎辫子。只有契丹人的剃发样式最奇怪，是剃光头顶的毛发，留下四周一圈。

当契丹民族征服北中国，契丹辽朝雄踞东亚之时，其统辖下许多民族的百姓，甚至包括周边很多民族的百姓，也都仰慕契丹族的文化，甚至学习契丹族的服装和发式。西夏党项人原本是“蓬发”的，也即既不像契丹人那样剃头，也不像汉人那样梳发髻，而是随便头发如同乱草一般自由生长。等到元昊建国以后，颁布“秃发令”，要国内男子一律剃头。怎么剃呢？就按着契丹人的样式剃！

元昊下达“秃发令”，是为了提升国家、民族的文化素养，与大国，也就是契丹辽朝接轨。但这是在契丹民族最为强盛的时代，等到辽朝被灭，等到蒙古人统治了中国和中亚细亚以后，不仅仅党项人，也包括很多契丹人和女真人，反倒依从蒙古人的发式了。其后明朝建立，恢复中原，生活在北中国的契丹人已经统一被称为“汉人”，也就跟从了汉人留发梳髻的传统。

契丹族的文字已经消亡，契丹族的语言逐渐没落，契丹族的服装发式也不可再见，到了这个时候，曾经辉煌一时的契丹民族终于彻底消亡了。即便耶律大石以及其后的耶律留哥再如何奋战，终究没能挽回民族终结的命运。

最后的契丹王朝

耶律大石西征，他本人最远到达起儿漫，这地方即今天乌兹别克斯坦纳沃伊省首府纳沃伊城北方不远处的卡尔马纳一带。就在蒙古人统治了中亚以后不久，在这个地方，西辽也即喀喇契丹帝国又奇迹般地得到了一次复兴，中亚史上称为“起儿漫王朝”，中国史学界则习惯叫它“后西辽”。

这个后西辽又是由谁建立的呢?

蒙古大军如同疾风一般杀入西域、杀入河中地区、杀入呼罗珊、波斯，甚至一直西征到东欧平原，所征服的广袤领土，当然无法在短时间内稳定下来，依然有无数割据势力存在，或降或叛——后西辽的创建者博剌克就是其中之一。

这个博剌克本是西辽大臣，至于他是契丹人、奚人、渤海人，还是被征服的回鹘人或者突厥人，那就无从考证了，只能从名字上判断他应该不是汉人。1210 年，西辽大军在怛罗斯吃了一个大败仗，连主将塔阳古都当了花剌子模军的俘虏，随即就被苏丹摩诃末扔进河里喂了王八。据说博剌克当时是塔阳古的副将，同时被俘，但侥幸未死，从此成为摩诃末的宠臣。

还有一种说法，博剌克并未参与怛罗斯之战，他是在战后奉命出使花剌子模之时遭摩诃末扣押的。博剌克学识渊博、赫赫有名，摩诃末欣赏他的才华，要求他侍奉自己，但博剌克坚决不肯答应。直到西辽灭亡，博剌克已成亡国之人，无处可去，这才勉强归从于花剌子模，并且受到摩诃末的宠信，很快就被提拔为“异密”。

摩诃末儿子众多，他在征服了大片领土以后，按照传统给儿子们分封土地，长子札兰丁统治今天的阿富汗，加秃丁统治波斯伊剌克，鲁克那丁统治两河流域。博剌克被分配到加秃丁麾下为将，并被任命为伊朗中西部伊斯法罕地区的统兵官。

1219年，蒙古大军西征，当时花剌子模的总兵力要超过蒙古人，但分散在各地各城，仓促间很难集结起来。唯一的对策就是暂时放弃动乱频繁的河中地区，收缩防线，再集中兵力发起反攻。于是摩诃末召集诸臣商议：该收缩到哪里去才好呢？

部分大臣提出“我们应尽我们的一切力量不失去伊剌克（指波斯伊剌克）和呼罗珊的国土”，建议在阿姆河西岸筑起防线。还有一些大臣提出向南收缩，暂时前往印度河流域，待时而举。摩诃末赞同第二种意见，于是率领百官南下，可刚来到巴里黑，儿子鲁克那丁派遣的使者就到了，请求父亲暂时退到两河流域去。

真是无稽之谈，古往今来哪有这样收缩防线的？按照鲁克那丁的建议，将要彻底放弃花剌子模帝国三分之二的领土，到那时候，即便摩诃末顺利到达两河流域，也会人心涣散、部众离心，还怎么和蒙古人见仗呢？其实鲁克那丁是想趁机把父亲劫持到自己的势力范围内，那么他就有机会成为继承人，成为下一代的苏丹了。

也不知道摩诃末是没有看清儿子的企图，还是单纯的胆怯，他竟欣然接受了这一建议。大臣们纷纷劝阻，可他谁的话都不听。这时候，长子札兰丁站了出来，劝说道：“我的看法是，我们应当尽可能地把军队集中起来，进攻他们（指蒙古人）。而如算端无心这样做，让他去伊剌克，把军队交给我，以此我可以开赴前线，跟他们打仗，狠狠地揍他们！”

然而摩诃末却向来不信任自己这个儿子，反而冷笑着回答说：

“不要为一顶王冠失去你的头，因为没有国王生下来就有一顶王冠。”说完了话，掉头向西就逃。

札兰丁是摩诃末的长子，作战勇猛，威信很高，然而他却不得祖母图尔罕哈敦的欢心，图尔罕哈敦强令摩诃末废黜了札兰丁的继承权，准备把苏丹之位传给小儿子——摩诃末那个小儿子和札兰丁同父异母，是图尔罕哈敦同族女子所生。摩诃末一开始觉得有点对不起札兰丁，但后来看札兰丁越来越不顺眼，总觉得这个儿子会因为愤怒而起来造反，抢班夺权，他又怎么可能把兵马全都交给札兰丁呢？

不肯听从札兰丁良言相劝的摩诃末，他的下场我们已经提到过了，是在逃亡途中，病死在里海中的一个小岛上。临终之际，这个糊涂苏丹终于醒悟过来，下旨让札兰丁继承苏丹的宝座。

札兰丁继任为花剌子模苏丹以后，立刻集结残部，冲破蒙古军的重重封锁，在 1221 年春天回到自己的属地。据说他随即纠集了十万大军，向北开拔到八鲁湾（今阿富汗首都喀布尔以北），歼灭蒙古前军千余人。铁木真派遣大断事官失吉忽都忽率军前往征讨，结果也被札兰丁杀败，据说蒙古三万大军只有数百人得以逃脱——这就是历史上著名的八鲁湾之战，是蒙古西征过程中所吃过的最大败仗。

铁木真听闻败报，大为恼怒，于是亲自率兵前来攻打札兰丁。因为部下将领不合，札兰丁自知没有胜算，所以打算渡过印度河南撤，结果在渡河之时被蒙古大军追上，几乎全军覆没。最后札兰丁抛下妻儿，独骑跃入汹涌的印度河，奋力泅渡到了对岸。岸上的蒙古军看到此情此景，无不瞠目结舌，就连铁木真也赞叹说：“为父者应有这样的儿子！因逃脱水和火的双旋涡，他将是无数伟绩和无穷风波的创造者。一个俊杰焉能不重视他？”

正因为八鲁湾和印度河畔的两场大战，使得札兰丁声望如日中天，原花剌子模的臣属莫不心向往之，认为只有他才能使国家复兴。这其中也包括了后西辽的缔造者博剌克，他摆脱了主子加秃丁的控制，率军从伊斯法罕经起儿漫南下，打算前往印度去投奔札兰丁。

在起儿漫地区有一个名叫古瓦希尔的城堡，挡住博剌克的去路，他正在挥军猛攻，突然听闻札兰丁已经从印度归来了，即将赶到，于是急忙准备了很多礼物前去迎接。为了表示忠心，他还把自己的女儿许配给札兰丁为妻。

古瓦希尔城堡的守将听说札兰丁前来，立刻开门投降，于是博剌克和札兰丁并辔进城，就把这里当作复国的根据地。当札兰丁继续北上，前去恢复故土之时，博剌克向他请求赏赐，得到了整个起儿漫地区——起儿漫王朝也即后西辽就这么建立起来了。

札兰丁虽为一时雄杰，但中亚细亚各割据势力犬牙交错，他在调和矛盾、归拢人心方面做得并不是很好，因此虽然几乎每战必胜，兵马却越打越少，最终十年奋战，还是逃不脱败亡的下场。而博剌克在稳固了起儿漫地区的统治以后，大举向外扩张，竟然把自己的故主加秃丁也宰掉了。他还派遣使者前往巴格达，向哈里发表示自己信奉伊斯兰教，希望得到苏丹的头衔。反正是惠而不费的空名，哈里发慨然应允。

不过这个首脑称苏丹的后西辽国却并非独立王国，因为时势的逼迫，博刺克很快就降伏于蒙古人的铁蹄之下，甘于当一个附庸。1235 年，蒙古第二任大汗窝阔台要求博刺克入朝觐见，博刺克以年纪老迈、无法远行为托词，把儿子鲁克那丁（和摩诃末那个封在两河流域的儿子同名）送去了蒙古。

鲁克那丁还没能见到窝阔台，博刺克就先去世了，他的侄子、鲁克那丁的堂兄忽都不丁登上了苏丹之位。等鲁克那丁朝见之时，他对窝阔台说："起儿漫本是我父亲统治的领土，父亲去世，应该由我继承，希望大汗您能够恩准。"窝阔台看他态度恭敬，心中欢喜，于是一口答应，并且下令召忽都不丁到蒙古来效力。

就这样，鲁克那丁登上后西辽王位，忽都不丁则成为蒙古官员，还拜铁木真时代就深受重用的名臣镇海为师。窝阔台之后是贵由，贵由之后是蒙哥，蒙古汗位终于从窝阔台系转到拖雷系手中，嗅觉灵敏的忽都不丁一看变了天，立刻跑去抱蒙哥的粗腿，于是蒙哥把起儿漫转封给了他。

鲁克那丁闻讯，急忙收敛钱财西逃，他本想前去依附巴格达哈里发，但哈里发害怕得罪蒙古人，不敢收留，最终只得转身前去蒙古请罪。1254 年前后，鲁克那丁被处以死刑，忽都不丁正式复位，成为后西辽的苏丹。

忽都不丁死后，苏丹之位传给儿子哈加吉，因为哈加吉年幼，所以由太后忽特鲁格·土尔罕摄政——就像当年的感天皇太后塔不烟和承天太后普速完一般。这个忽特鲁格·土尔罕本是博剌克的小妾，不知怎的就和忽都不丁勾搭上了，竟然一跃成为苏丹的王后和摄政太后。

哈加吉成年以后，因为与忽特鲁格·土尔罕不睦而逃亡印度，于是忽特鲁格·土尔罕名正言顺地当起女王来了。据说这位女王兴修水利，建造坎儿井（地下灌溉渠），对于起儿漫经济的发展贡献良多。她去世之后，将王位传给儿子札兰丁·苏尔哈特密什，但苏尔哈特密什当政不过短短的九年，后西辽就又落到了女主帕的沙·哈敦手中。

这位名叫帕的沙的哈敦（王后）本是忽特鲁格·土尔罕的女儿、札兰丁·苏尔哈特密什的妹妹，但她仗着夫家的势力害死哥哥，抢夺了起儿漫地区的统治权。她老公究竟是谁呢？原来竟是蒙古拖雷系的藩王、伊利汗国开国君主旭烈兀之孙乞合都汗。伊利汗国势力最为强盛的时期，疆域东起阿姆河、西濒地中海、北跨高加索、南抵波斯湾，比当年摩诃末统治下的花剌子模苏丹国还要庞大。起儿漫之地正位于伊利汗国境内。作为伊利汗阿鲁浑（旭烈兀之孙、阿八哈之子）亲兄弟的乞合都，想让老婆占据后西辽的王位，那真是再简单不过的事情了。

历史总会产生很多意料之外的巧合：西辽帝国由耶律大石创建，大石死后其妻塔不烟当政，然后是儿子夷列，再然后是女儿普速完；而后西辽在忽都不丁死后，则由其妻忽特鲁格·土尔罕摄政，然后是儿子札兰丁·苏尔哈特密什，再然后是女儿帕的沙·哈敦。更巧的是，这位帕的沙·哈敦的下场也与普速完相似，不是寿终正寝，她在 1294 年于内乱中被杀。

帕的沙·哈敦死后，合赞汗（阿鲁浑之子、乞合都之侄，继承了伊利汗位）为起儿漫王朝任命了一个新的统治者，从此后西辽的苏丹之位便不再由博剌克的后裔世袭了。后西辽彻底并入伊利汗国是在 1303 年，前后总共 80 年——耶律大石所创建的西辽帝国若从 1132 年（大石在叶密立称天祐皇帝、菊儿汗）开始算，到 1211 年（末帝直鲁古被屈出律所俘），恰巧也是 80 年整。

契丹民族最后的复兴就这样化作了荒草残烟，但不可否认的是，耶律大石及其后裔，也包括跟随他西征的契丹人、汉人、奚人、渤海人及其后裔（博剌克家族很可能也在其中），凭借他们不懈的努力在中亚细亚历史上留下了浓重的一笔。东西方的武力在卡特万草原展开了猛烈碰撞，东西方的文化却在西辽境内得到了更为强烈的融合。契丹民族确实是消亡了，但其身影在历史长河中是无法抹杀的。古代西方之认识中国，从他们对中国的习惯称呼上便可查见中国王朝的影响力——一是秦，二是契丹。

凤凰在烈火中燃尽，然后于火中再生，佛家称为“涅槃”。或许换一个角度来看，契丹民族并没有消亡，契丹文化更没有灭绝，他们融合进了别的民族和民族文化中，获得了新生，也获得了真正的涅槃。